Willie Jolley

Alles wird besser!

Dieses Buch ist meiner Mutter gewidmet, Catherine B. Jolley, für die Jahre persönlicher Opfer, die sie brachte, um meinem Bruder und mir eine gute Bildung zukommen zu lassen, und dafür, dass sie mir bei jedem Projekt, das ich jemals begonnen habe, Mut gemacht hat. Gott ist wahrlich ein guter Gott, weil er uns mit einer Mutter wie Dir beschenkte!

Und es ist auch meinem Vater gewidmet, Levi H. Jolley, der so früh verstarb und uns doch so vieles lehrte!

Willie Jolley

Alles wird besser!

Rückschläge als Chance nutzen

Aus dem Amerikanischen
übersetzt von Carolin Wolf

mvg

Die Deutsche Bibliothek – CIP-Einheitsaufnahme

Jolley, Willie:
Alles wird besser! : Rückschläge als Chance nutzen / Willie Jolley.
Aus dem Amerikan übers. von Carolin Wolf. – Landsberg am Lech :
mvg, 2001
(mvg-Paperbacks ; 08698)
Einheitssacht.: A setback is a setup for a comeback <dt.>
ISBN 3-478-08698-1

Dieses Werk wurde vermittelt durch die Literarische Agentur Thomas Schlück GmbH, 30827 Garbsen.

Titel der amerikanischen Originalausgabe: „A Setback Is a Setup for a Comeback“
Aus dem Amerikanischen übersetzt von Carolin Wolf.

Umschlaggestaltung: Vierthaler & Braun, München
Satz: mi, Ambros-Sirch
Druck- und Bindearbeiten: Presse-Druck, Augsburg
Printed in Germany 08698/3013702
ISBN 3-478-08698-1

Inhalt

Danksagung

Vor allen anderen möchte ich meinem Freund und Vater danken, meinem Mentor und Meister, meiner Hilfe und Hoffnung, meinem Licht und meinem Herrn, meinem Führer und meinem Gott ... Sein Name ist Jesus und ich bin so dankbar für alles, was Er für mich getan hat! Ich danke meiner Frau Dee, die nicht nur meine Frau ist und die Liebe meines Lebens, sondern auch meine beste Freundin und eine großartige Redakteurin und Geschäftspartnerin. Ich möchte meinen Kindern danken, William und Sherry Latoya, für ihre Liebe und Unterstützung in all meinen Bemühungen. Dank gebührt meinem Bruder Noble und seiner Familie für ihren starken Glauben und ihre Unterstützung. Und Dank an meine angeheirateten Verwandten, Rivers Sr., Rivers Jr., Edith und Shirley Taylor für ihre Ermutigung und Unterstützung.

Ich bin allen Leuten sehr dankbar, die zu diesem Buch beigetragen haben. Ich möchte allen danken, die ich interviewt habe, jedem, der Geschichten eingereicht hat, und all den Menschen, deren Geschichten mich über die Jahre inspiriert haben. Besonderen Dank schulde ich all meinen Lesern und Rhonda Davis Smith, David Metcalf, RaeCarol Flynn, Darlene Bryant und Brad und Terry Thomas. Dank gebührt auch der Chevy Chase Regional Library Washington, D.C., die mir ermöglichte, in Frieden und Ruhe zu arbeiten.

Danke, danke, danke an alle bei St. Martin's Press. Verleger, Vertriebs- und Werbeleute und alle im Büro, Ihr seid großartig – besonders jene, die ich für die beste Lektorin der Welt halte, Jennifer Enderlin. Sehr dankbar bin ich auch meinem Freund und Agenten Jeff Herman, der mich zu St. Martin's Press brachte und sicherstellte, dass die Menschen rund um den Globus die Worte und Ideen von Willie Jolley lesen können.

Besonderen Dank an Rick Frishman von Planned Television Arts, der so vielen Leuten von diesem Kerl namens Willie Jolley erzählt hat, und dafür, dass er mich Jeff Herman vorstellte. Du bist der Beste!

Ich danke all meinen Rednerfreunden, die so hilfsbereit waren und mich für die Verlagsbranche „geschult“ haben – Greg Godek, Mark Victor Hanson, Jack Canfield, Harvey Mackay, Dennis Kimbro, Charlie „Tremendous" Jones, Dave und David Yoho, George Fraser, Iylana Van Zant und natürlich meinem Kumpel und Mentor Les Brown. Und danke an alle meine Freunde bei der National Speakers Association (NSA), die mir alles über Rhetorik beibrachten und über die Kraft des Gebens und Teilens. Dank auch an jeden bei der NSA, der in Buchhandlungen lief und dafür sorgte, dass meine Bücher „gut platziert" waren und den Leuten zuriefen: „Kauft dieses Buch von Willie Jolley!" Ohne Euch hätte ich das nicht geschafft. Ihr seid die besten Freunde der Welt!

Abschließend danke ich allen Radio- und Fernsehsendern, die mich interviewten und mir ermöglichten, meine Botschaften der Welt mitzuteilen; und allen Medienleuten, die Geschichten schrieben und meine Bücher, die Musik und die Botschaft bekannt machten. Und ich bin allen Menschen so dankbar, die im ganzen Land kamen, um mich zu sehen. All den Menschen bei meinen Reden, all den Vereinen, die ich besuchte, all den Schülern und Studenten, vor denen ich sprach, all den Leuten in meinen Klubs der Gesegneten und Auserwählten und jedem, der meine Bücher, Videos und Kassetten kaufte. Ich freue mich über jeden Einzelnen. Dank auch jenen, die mich auf der Straße ansprachen, mir schrieben oder E-Mails schickten und mich wissen ließen, dass meine Worte und Lieder etwas Besonderes waren. Das ist der Grund, warum ich tue, was ich tue. Ihre Ermutigung war der Brennstoff, der mein Feuer nicht verlöschen ließ.

Danke an alle und möge Gott euch weiterhin segnen und erhalten. Ich liebe euch alle sehr.

In jedem Leben kommt der Moment,
da du dich entscheiden musst,
aufzustehen und deine Träume wahrzumachen
oder zurückzufallen und deine Ängste zu durchleben.
In diesem Augenblick der Entscheidung
musst du deine Vision beim Schopf packen
und die Kraft tief in dir drin zum Leben erwecken!
Dann wirst du sehen,
dass Träume wirklich wahr werden können
und dass alles wahrhaftig möglich ist ...
Wenn du nur daran glaubst!
In nur einer Minute ... kann sich dein Leben verändern!

In nur einer Minute kannst du lernen, dass ein Rückschlag nichts anderes ist, als der erste Schritt zu einem Comeback!

Willie Jolley

Sie haben nur eine Minute Zeit,
nur sechzig Sekunden,
die Ihnen aufgezwungen werden,
ohne dass Sie es ablehnen könnten.
Sie haben nicht danach verlangt,
es sich nicht ausgesucht,
aber es liegt bei Ihnen, sie zu nutzen.
Sie leiden, wenn Sie verlieren,
Sie müssen Rede und Antwort stehen,
wenn Sie sie missbrauchen,
nur eine kleine, kurze Minute, aber es steckt eine
Ewigkeit darin!

Dr. Benjamin Mays

Vorwort

Die Minute, da Sie eine Entscheidung treffen und in Aktion treten ... ist die Minute, die Ihr Leben verändert!

Willie Jolley

Wie alles anfing

Es war ein wunderschöner Samstagabend im Herbst des Jahres 1989. Ich war auf dem Weg zu meinem nächtlichen Auftritt im Newsroom Café. Ich fühlte mich großartig. Ich hatte gerade meinen dritten *Wammie* (die Version des Grammy für Washington, D.C.) als bester Jazzsänger gewonnen und wusste, beide Shows an diesem Abend waren ausverkauft. Und es wurde eine herrliche Nacht mit jeweils einem wundervollen Publikum. Später an jenem Abend bekam ich die aufregende Mitteilung, der Besitzer des Klubs wolle mich sprechen.

Ich zögerte nicht, denn nach einer Nacht wie dieser konnte das eine Gehaltserhöhung und Ausweitung des Vertrages bedeuten. Wir setzten uns und er sagte: „Sie waren großartig heute Nacht! Das Publikum liebt Sie und Sie haben sich in letzter Zeit wirklich gut gemacht. Sie haben soeben die Preise für den besten Jazzsänger und den besten Künstler gewonnen. Sie haben alles getan, was wir von Ihnen wollten, deshalb fällt mir das hier schwer. Wir haben uns entschieden, uns zu verändern! Wir mögen Sie und Ihre Band, aber wir haben entschieden, Kosten einzusparen, Sie wissen schon, verkleinern bis zur richtigen Größe, Personal umorganisieren." (Sie können es nennen, wie Sie wollen; es bedeutet schlicht und einfach ... *gefeuert.*)

„Wir haben uns also entschieden, diese Neuheit aus anderen Klubs auszuprobieren. Es wird Karaokemaschine genannt! Wir wollen das etwa einen Monat lang ausprobieren."

„Einen Monat?", sagte ich. „Was ist mit meinen laufenden Kosten?" (Ich lernte in jener Nacht, dass sich niemand um deine Kosten schert, außer du selbst und die Leute, denen du Geld schuldest!)

Ich war schockiert. Ich war verletzt und ich war am Boden zerstört! Ich konnte es nicht glauben. Ich hatte so hart gearbeitet, um die

Gäste für den Klub zu gewinnen, und ich wurde dafür mit einem Rausschmiss belohnt und durch eine Karaokemaschine ersetzt! Ich hatte von Leuten gehört, die ihre Jobs verloren, aber ich hatte nie erwartet, das könnte auch mir passieren. Es war ein Rückschlag! Ein sehr harter Rückschlag! Doch im selben Moment war es auch der Anfang eines phantastischen Comebacks, eines Comebacks, das mich lehrte, dass ein Rückschlag wirklich nichts anderes ist als der erste Schritt zu einem neuen Anfang.

Der Wendepunkt

Von genau diesem Moment an begann ich, mein Leben zu ändern. Ich ging nach Hause und erzählte meiner Frau, ich hätte die Nase voll davon, dass mir ein anderer ständig vorschriebe, was ich singen solle und was nicht und wann ich singen solle und wann nicht. Ich hatte die Nase voll davon, dass jemand anderer mein Schicksal kontrollierte. Die Zeit war reif; ich fing an, mein Leben zu ändern.

Ich telefonierte mit meinen Bandmitgliedern und erzählte ihnen, was passiert war und dass ich mich entschieden hatte, einen anderen Weg einzuschlagen. Sie wünschten mir Glück, aber Glück war nicht das, worauf ich setzte; ich setzte auf mich! Ich war mir noch nicht ganz sicher, was ich tun würde, aber ich war mir sicher, ich würde mein Leben ändern, und ich wusste, Glück war dabei nicht der entscheidende Faktor ... ich war es!

Ich hatte gelesen, „die wahre Definition von Glück ist, wenn Vorbereitung auf die gute Gelegenheit trifft“ und „wenn du keine gute Gelegenheit hast, dann schaffe dir eine.“ Ich war es leid, wie ein Musiker zu denken, immer „auf meinen Durchbruch wartend“, auf jemanden, der mich entdecken und zum Star machen würde. Ich entschied, mein Denken zu ändern, meine Taten und meine Ergebnisse: Ich wollte aufhören, „auf meinen Durchbruch zu warten“ und anfangen, „meinen Durchbruch herbeizuführen“.

Ich erinnerte mich an ein Zitat über Glück von Lucille Ball. Sie hatte am Beginn ihrer Karriere einen Rückschlag einstecken müssen und war von einem Filmstudio gefeuert worden. Ein Studiogeschäftsführer hielt sie für eine Schauspielerin ohne Talent. Daraufhin liehen sie und ihr Mann sich Geld und schufen ihre eigene Show. Sie wurde *Ich liebe Lucy* genannt und wurde ein Riesenerfolg! Tatsächlich wurde sie zur erfolgreichsten Fernsehshow jener Saison und vieler folgender. Die Show *Ich liebe Lucy* wurde eine der größten, jemals produzierten Fernsehshows und Lucille Ball wurde zu einer der besten Comedy-Schauspielerinnen aller Zeiten. Es gibt ein berühmtes Zitat von ihr über Glück: „Ich habe herausgefunden, dass ich desto mehr Glück habe, je härter ich arbeite." Ich bin völlig ihrer Meinung.

Ich engagierte mich für das neue Konzept, mein Glück zu machen, statt darauf zu warten. Der Anfang war ein Job als Berater in einem Junior College. Meine Aufgabe bestand darin, mit Studenten zu reden, die sich in der Schule nicht gut machten, und sie zu überreden, an der Schule zu bleiben. Dort lernte ich zuerst über die Macht der Motivation. Als das Semester vorüber war, wurde mir der Job eines Drogenbeauftragten an den öffentlichen Schulen von Washington, D.C., angeboten, wo ich mit Kindern reden sollte, um sie von Drogen und Alkohol fern zu halten. Ich begann Reden zu halten und stellte fest, dass Menschen von meinen Reden wahrhaftig inspiriert und motiviert wurden.

Nachdem sie gehört hatten, wie ich zu den Kindern gesprochen hatte, luden die Lehrer und Direktoren mich ein, bei ihren Verbandstreffen zu reden. Ausgehend von den Verbandstreffen bekam ich Einladungen, vor anderen Gruppen zu sprechen, und dann auch in ihren Kirchen. In den Kirchenversammlungen saßen Leute, die für große Gesellschaften arbeiteten und mich in ihre Firmen einluden.

Die Leute in den Gesellschaften erzählten ihren Freunden in anderen Firmen von mir und die Angelegenheit kam ins Rollen.

Kurze Zeit später hörte mich Les Brown, „der Motivator", bei einer Veranstaltung in Washington, D.C., reden und singen und er fragte mich, ob ich an einer neuen Tour mit Gladys Knight teilnehmen wollte, der *Motivation and Music Tour*. Es gefiel ihm, dass ich sowohl durch Reden motivierte als auch sang, und er hielt mich für einen großartigen Vorspann zu ihrem Programm. Ich ging also mit Les und Gladys auf Tour und es eröffneten sich weitere Möglichkeiten. Zu den öffentlichen Reden kamen Radio und Fernsehen, dann Bücher und Kassettenaufnahmen, weitere Touren und Konzerte.

Bedenken Sie nur ... ich könnte immer noch in einem verrauchten, kleinen Nachtklub singen, wenn ich nicht gefeuert und von einer Karaokemaschine ersetzt worden wäre! Manchmal würde ich am liebsten den Kerl umarmen, der mich entließ. Er half mir zuallererst dabei zu lernen, dass ein Rückschlag nichts anderes ist als der erste Schritt zu einem Comeback!

Rückschläge

Mussten Sie je einen Rückschlag einstecken? Hatten Sie schon einmal ein Problem, dass Sie förmlich umhaute? Mussten Sie jemals in Ihrem Leben eine schmerzliche Situation durchstehen? Wurden Sie je enttäuscht, brach Ihnen schon einmal jemand das Herz? Haben Sie je etwas oder jemanden verloren und glaubten nicht, dass Sie Ihr Gleichgewicht wiederfinden könnten? Steckten Sie schon einmal in einer Zwickmühle und der Boden wurde Ihnen unter den Füßen weggezogen, so dass Sie einfach nicht wussten, was Sie tun sollten? Nun, wenn die Antwort zu einer dieser Fragen Ja lautet, dann wird dieses Buch eine Hilfe für Sie sein.

Dieses Buch ist ein praktischer Ratgeber, um Ihre Rückschläge in Comebacks zu verwandeln: wie Sie angesichts von Widerständen und Not gewinnen können, wie Sie die dunklen Seiten des Lebens in helle verwandeln können, Ihre Narben in Sterne und Ihren Schmerz in Kraft.

Haben Sie sich je gefragt, wie manche Leute eine Million Dollar verdienen und sie dann verlieren können, eine zweite Million verdienen, diese wieder verlieren und dann eine dritte Million machen, während andere sich nicht einmal über Wasser halten können? Warum wird bei manchen Leuten scheinbar alles, was sie berühren, zu Gold? Warum? Nun, sie kennen die Formel, das Rezept für Erfolg, und können daher wieder und wieder Erfolg produzieren. Ihnen widerfährt Unglück, sie müssen Rückschläge einstecken, aber sie kennen die Formel und können diese Rückschläge beständig in Comebacks verwandeln. Dieses Buch kann Ihnen das Rezept in die Hand geben, um Ihre Probleme effektiv in Chancen zu verwandeln, Hindernisse in neue Möglichkeiten und jeden Rückschlag zu einem neuen Anfang. Es handelt auch von der Macht wichtiger Momente, die unser Leben verändern, und wie wir aus ihnen das Beste machen können. Es geht nicht nur um die Kraft eines Comebacks, sondern auch um die Macht des Prozesses.

In diesem Buch werden Sie entdecken, wie aufregend es ist, Rückschläge, diese Augenblicke der Herausforderung und Veränderung, in Momente des Triumphs zu verwandeln. Sie werden lernen, den Erfolg aus den Klauen der Niederlage zu reißen und Hoffnung auch in verzweifelten Situationen zu finden. Wenn Sie gesehen haben, dass es möglich ist, und gezeigt bekamen, wie es möglich ist, dann können auch Sie jene herausfordernden Zeiten in Zeiten des Triumphs verwandeln, Ihre Hindernisse in neue Möglichkeiten und Ihre Rückschläge in Comebacks.

Die VEAW-Formel

Dieses Buch hat vier Teile: eine vierteilige Formel, um jeden Rückschlag in ein Comeback zu verwandeln. Die vierteilige Formel wird VEAW-Formel genannt und beinhaltet

a) die Macht der Vision,
b) die Macht der Entscheidung,
c) die Macht der Aktion,
d) die Macht des Wunsches.

Dies ist die von mir entdeckte Formel, die Rückschläge in Comebacks umwandelt. So wie bei anderen Formeln, bedeutet auch diese Arbeit. Wenn Sie zwei Teile Wasserstoff mit einem Teil Sauerstoff zur Reaktion bringen, so erhalten Sie Wasser. Das Gleiche gilt für diese Formel. Nehmen Sie eine Vision und fügen Sie Entscheidungsfähigkeit, Tatkraft und Wünsche hinzu, so können Sie und werden Sie Ihre Rückschläge in Comebacks verwandeln.

Die VEAW-Formel enthält zwölf Schritte oder Tipps (d. h. Techniken, Ideen, Prinzipien und Strategien für den Erfolg). Die Kapitel sollen Ihnen Einblicke und Anstöße geben, wie andere ihre Rückschläge in Comebacks verwandelten und wie Sie es ihnen gleichtun können. Es werden Ideen, verbunden mit Beispielen und Geschichten, dargestellt, wie Ihre Niederlagen zu einem neuen Anfang werden können. Geschichten von Berühmtheiten und weniger Berühmten, aber Geschichten von Leuten, die außerordentliche Ergebnisse mit speziellem Handwerkszeug und besonderen Techniken erzielten, die ihr Leben umkrempelten. Techniken, die auch Sie anwenden können.

Die zwölf Schritte geben Ihnen einen besonderen Aktionsplan an die Hand, Schritt für Schritt, Punkt für Punkt ein effektiver Ratgeber durch den Prozess der Umwandlung von Rückschlägen in Comebacks. Und diese zwölf Schritte funktionieren, ganz egal, welcher Art der Misserfolg ist.

Die zwölf Schritte lauten:

1. Perspektive: Überprüfen Sie Ihre Vision ... Was sehen Sie – denn das, was Sie sehen, ist das, was Sie bekommen!
2. Bedenken Sie: Im Leben sind Sie manchmal die Windschutzscheibe und manchmal das Insekt!
3. Konzentrieren Sie sich auf Ihr Ziel: Wo wollen Sie hin? Ist der Traum nur groß genug, spielen Probleme keine Rolle!
4. Treffen Sie Entscheidungen: Sie mussten einen Rückschlag einstecken, was wollen Sie jetzt tun?
5. Keine Panik, sonst verlieren Sie an Kraft! Beschließen Sie, ruhig zu bleiben und in sich gesammelt, und denken Sie an das Positive!
6. Halten Sie inne und denken Sie nach: Treten Sie einen Schritt zurück, sehen Sie genau hin, überprüfen und überdenken Sie die Lage. Welche Möglichkeiten haben Sie?
7. Treten Sie in Aktion: Auch wenn Licht und Kameras vorhanden sind, wird nichts passieren, wenn Sie nichts tun!
8. Übernehmen Sie Verantwortung: Stellen Sie sich dem Problem, vollziehen Sie es nach, beseitigen und ersetzen Sie es!
9. Ziehen Sie aus Ihrem Ärger Vorteile: Nutzen Sie ihn und schütteln Sie ihn nicht einfach ab!
10. Glauben Sie an sich: „Sie sind gesegnet und auserwählt!“
11. Sagen Sie „Ja!“: Engagieren Sie sich für Ihre Verpflichtung! Seien Sie siegesgewiss, denken Sie nicht an Niederlage und geben Sie nie auf!
12. Alles ist gut: Seien Sie dankbar!

Am Ende jedes Kapitels werde ich Ihnen spezielle Punkte nennen, die „Merksätze“ genannt werden. Es sind wichtige und wertvolle kleine Weisheiten mit „Aha-Effekt“ – besondere Informationen, die den Ausschlag für unsere Comebacks geben können. Ich habe herausgefunden, dass das Leben uns oft „Merksätze“ anbietet, wir aber erkennen sie nicht inmitten all der Aktivitäten und Informationen, mit denen wir bombardiert werden. Das Gleiche gilt auch für dieses Buch. Es enthält viel Information und vieles, was Ihre Aufmerksamkeit erregen kann, aber ich möchte nicht, dass Sie die besonderen Punkte überlesen. Diese hatten einen derart positiven Einfluss auf mich, so dass ich es für wichtig erachte, diese für Sie herauszuheben.

Ich verfolge mit diesem Buch ein paar besondere Ziele. Mein erstes Ziel ist es, Leute zu inspirieren, denn wir alle benötigen Inspiration. Viele Leute glauben, das Wort *Inspiration* hätte etwas mit Religiosität zu tun, das stimmt, aber nicht ausschließlich. Die meisten religiösen Mitteilungen sind inspirierend, aber inspirierende Informationen müssen nicht unbedingt religiöser Natur sein. Definieren wir das Wort zunächst.

Inspirieren bedeutet „einhauchen." Gesetzt den Fall, Sie hörten eine Nachricht, die lautet, John Doe habe um 10.02 Uhr sein Leben ausgehaucht, dann wüssten Sie, dass der Lebensatem ihn um 10.02 Uhr verließ. Nun, inspirieren ist das Gegenteil von aushauchen. Es bedeutet, der Lebensatem wird bewahrt, anderen wird etwas eingehaucht. Viele Menschen fühlen sich entmutigt, niedergeschlagen, deprimiert und mutlos, weil das Leben ihnen so übel mitspielte, dass sie sich besiegt fühlen. Sind sie aber inspiriert, so ist neue Vitalität, neue Energie vorhanden.

Wir alle brauchen von Zeit zu Zeit Inspiration. Ich glaube, wir sollten beständig nach Inspiration Ausschau halten. Tun wir das, so entdecken wir sie normalerweise auch. Manche finden sie in der Musik oder in Gemälden oder beim Anblick einer schönen Szenerie, wie einem Sonnenuntergang. Egal, wo wir sie ausfindig machen, wir sollten sie immer annehmen, weil sie uns Erneuerung und Erfrischung bietet.

Der Autor und Redner Dr. Wayne Dyer sagt, man sollte täglich versuchen, sich zu erneuern, gerade so, wie man täglich sein Äußeres (den Körper) reinigt und regeneriert. So sollten Sie auch täglich Ihr Inneres waschen, nähren und regenerieren. Inspiration muss Teil Ihrer täglichen Routine werden, sonst erleidet Ihr spirituelles Selbst Mangel und kann den Zusammenhalt verlieren.

Denken Sie daran, wie es den meisten Leuten ergeht, wenn sie morgens aufwachen. Sie schalten das Radio ein und hören von all den Morden, Brandkatastrophen, Erdbeben und Tragödien und wie schlecht es um die Wirtschaft stehe (selbst, wenn es gut um sie steht, werden manche Leute schwarz sehen). Und so beginnen sie ihren Tag. Nein, Sie brauchen Inspiration!

Ich weiß, wie wichtig Inspiration für mich ist. Ich habe es zum Teil meiner täglichen Routine gemacht, von positiven Anregungen zu lesen und zu hören. Wenn ich aufwache, nehme ich mir die Zeit zum Beten und zum Meditieren, zum Lesen in der Heiligen Schrift oder ich höre mir etwas Positives an. Statistiken zeigen nämlich, wenn man in den ersten zwanzig Minuten des Tages etwas Positives liest oder hört, so steigert das die eigene Produktivität drastisch. Warum ist das so?

War es an diesem Morgen, als Sie aufwachten, draußen regnerisch, nass und klamm, was will Ihr Körper dann normalerweise? Zurück ins Bett! Ganz genau. Scheint aber, wenn Sie aufwachen, die Sonne und die Vögel singen und es ist einfach ein wunderschöner Tag, dann wollen Sie jedoch aufstehen und den Tag nutzen, um keine Minute davon zu verpassen.

Das Gleiche gilt für Ihre Psyche. Wenn Sie aufwachen und hören, wie schlecht es um die Welt steht und wie viel negative Dinge in der vergangenen Nacht passierten, so schafft das eine dunkle Wolke über Ihrem Gemüt. Sie stehen vielleicht auf und sehen dem neuen Tag nicht sonderlich enthusiastisch entgegen. Ganz anders aber, wenn Sie nach dem Aufwachen etwas Positives, wie *Löwe und Gazelle* lesen:

Jeden Morgen wacht in Afrika eine Gazelle auf
und weiß, sie muss schneller laufen als der schnellste Löwe
oder sie wird getötet und gefressen.
Jeden Morgen wacht in Afrika auch ein Löwe auf
und weiß, er muss schneller laufen als die langsamste Gazelle
oder er wird verhungern.
Es macht keinen Unterschied, ob du der Löwe oder die Gazelle bist ...
Wenn die Sonne aufgeht, dann solltest du lieber rennen!

Oder Sie könnten aufwachen, in der Heiligen Schrift lesen und etwas daraus ausrufen wie den folgenden Text: „Das ist der Tag, den Gott gemacht, lasset uns freuen und dankbar sein!“

Was immer Sie tun, machen Sie es sich zur Gewohnheit aufzuwachen und den Tag mit etwas Positivem, Kraftvollem und Inspirierendem zu beginnen. Wenn Sie Ihren Tag positiv anfangen, dann beginnen Sie ihn mit einer neuen Perspektive, einer neuen Einstellung und mit neuer Spannung. Sie finden es spannend, am Leben zu sein. Und wenn Sie es spannend finden, am Leben zu sein, dann werden Sie auch eher bereit sein, mehr auszuprobieren. Wenn Sie mehr ausprobieren, dann werden Sie auch mehr erreichen. Programmieren Sie sich lieber selbst, statt zuzulassen, dass die negativen Neinsager Sie programmieren. Entscheiden Sie sich für das Gewinnen!

Zu inspirieren bedeutet auch, wirklich wichtig im Leben anderer zu sein. Mutter Teresa hat Millionen und Abermillionen von Menschen inspiriert durch Selbstaufgabe und Anderssein. Sie sagte: „Wenn ich nie den ersten Menschen in Kalkutta aufgelesen hätte, dann hätte ich auch nie die anderen Zweiundvierzigtausend aufgehoben!" Prinzessin Diana inspirierte Millionen von Menschen dadurch, dass sie über die reine Pflichterfüllung hinausging und sich der Hilfe für andere widmete. Mahatma Gandhi inspirierte Millionen, weil er sich zur Hilfe für andere verpflichtete, selbst wenn das persönlichen Schmerz und Unbehagen für ihn selbst bedeutete. Viele können anderen „neues Leben einhauchen" durch die Art, wie sie leben, und weil sie sich dem Anderssein widmen.

Wenn Sie Inspiration erfahren, dann können Sie diese mit Ihren Freunden und Ihrer Familie teilen. Viele Jahre lang sang ich, um meinen Lebensunterhalt zu verdienen. Ich war nicht daran interessiert, Leute zu inspirieren, sondern wollte sie beeindrucken. Ich sang laut und kraftvoll und hörte die Ahs und Ohs aus dem Publikum mit Freude, weil sie beeindruckt waren. Als ich aber ein Redner wurde, machte ich wirklich harte Zeiten durch, schwierige und schmerzhafte Zeiten, die mir halfen zu erkennen, dass ich nicht nur dazu da war, um zu beeindrucken, sondern, viel wichtiger, um zu inspirieren. Sobald ich meinen Blickwinkel geändert hatte und mich der Inspiration widmete statt Eindruck zu schinden, geschahen wundervolle Dinge in meinem Leben und meiner Karriere. Ich lernte das Dienen und Teilen. Cavett Robert, die Kapazität unter den motivierenden Rednern, sagte: „Dienen ist die Miete, die wir für den Platz, den wir auf der Erde einnehmen, bezahlen." Jim Rhon, der große Philosoph der Motivationskultur, sagt: „Der Dienst an vielen ist der Pfad, der zur Größe führt." Und schließlich lehrte auch Jesus Christus, der Zimmermann aus Galiläa, dass die die Größten sein werden, die vielen dienen. Dienen und das Teilen von Inspiration sind viel wichtiger, als bedient werden und andere zu beeindrucken.

Als nächstes möchte ich Informationen liefern. Man sagt „Information ist Macht", aber sie hat nur Macht, wenn sie genutzt wird. Um wirklich Macht zu haben und etwas zu verändern, brauchen Sie ein paar nützliche Anleitungen, wie man die Informationen nutzt. Wenn ich die Informationen und Anleitungen mit Ihnen teile, so wie andere sie mit mir teilten, und Sie wiederum die Information mit anderen teilen, die dann ebenfalls die Information weitergeben, dann schaffen wir ein Netzwerk an Menschen, die sich nicht vor Rückschlägen fürchten. Sie werden wissen und darauf vertrauen, dass sie durch Niederlagen wachsen, und sie werden diese nutzen, um sich zu zukünftigen Erfolgen anzutreiben. Der Schlüssel liegt in dem Willen, Informationen zu teilen (und Sie können nicht mitteilen, was Sie nicht wissen, Sie können nicht führen, wenn Sie nicht gehen). Daher halte ich es für wichtig mitzuteilen, was ich aus meinen Fehlern und ebenso aus meinen Erfolgen gelernt habe, aus meinen Schmerzen wie aus meinen Freuden.

Als ich eben erst im Musikgeschäft anfing, hörte ich mir eine Bluessängerin in Washington, D.C., an namens Mary Jefferson. Sie war unglaublich! Nach ihrer Vorstellung erklärte ich ihr, ich sei Jazzsänger, wolle aber auch lernen, den Blues zu singen, so wie sie. Sie lächelte und sagte: „Baby, ich kann dir die Noten und Worte beibringen, das würde dich aber noch nicht zum Bluessänger machen. Schau, Baby, du musst leiden, um den Blues zu singen!"

Ich habe diese Lektion nie vergessen. Mir fiel auf, dass es zwar für die Leute nett ist, von meinen Leistungen zu hören, aber es ist wichtiger zu hören, dass ich Kämpfe durchstand. Wir können helfen, wenn wir von unseren Erfolgen erzählen, es hilft aber viel mehr, wenn wir von unseren Schmerzen mitteilen und wie wir die Stürme des Lebens bewältigten.

Schließlich wollte ich meine persönliche Philosophie in diesem Buch mitteilen, die auch meine theologischen Perspektiven enthält. Nach meinem Collegeabschluss verspürte ich den großen „Wunsch zu inspirieren" und so dachte ich, ich sollte ein theologisches Seminar besuchen, da Prediger für mich die Einzigen waren, die sich mit Inspiration beschäftigten. Nach drei Jahren aber und einem Magister in Theologie hatte ich immer noch nicht den Ruf zum Predigen erhalten. Es war so verwirrend. Ich wusste, ich wollte inspirieren, aber ich hatte noch nicht die Berufung zum Predigen erhalten. Was sollte ich tun?

Eine sehr schmerzhafte Zeit, da niemand, auch ich nicht, verstand, warum ich all die Jahre auf dem College und im Seminar durchmachte und kein Prediger wurde. Ich schloss das Seminar ab und bekam eine Kirche angeboten, konnte aber nicht annehmen, da ich glaubte, das Predigen sei eine Berufung von Gott und sollte nicht leichtfertig angetreten werden. Ohne Berufung konnte ich diesen Dienst nicht beginnen, so verfolgte ich also meine andere Liebe, die Unterhaltungsbranche.

Ich wurde Jinglesänger und Sänger in Nachtklubs (eine ziemliche Kehrtwende, nicht wahr?). Ich sang Jingles für viele Werbespots und erhielt fünf aufeinander folgende Musikpreise der Region Washington. Drei für den besten männlichen Jazzvokalisten und zwei für den besten inspirierenden männlichen Vokalisten. Ich trat jede Nacht vor Publikum auf und hatte durchaus Erfolg, bis zu meinem Rückschlag mit dem Karaoke, eine Niederlage, die mein Leben änderte und mir half, meine Bestimmung zu finden!

Nach jenem Rückschlag nahm ich einen Job für die öffentlichen Schulen von Washington, D.C., als Drogenberater an und begann damit, mit Kindern über Drogen zu reden. In jenem Jahr fand ich meine „Rednerstimme" und entdeckte eine Fähigkeit, Motivation, Inspiration und Unterhaltungswert zu mischen. Davon ausgehend kreierte ich ein Konzept, „InspirTainment" genannt, erst Kindern vorgestellt, dann Colleges und Gesellschaften, dann Menschen in ganz Amerika, schließlich der ganzen Welt. Dieses Buch wird einiges aus der „InspirTainment-Philosophie" mitteilen, etwas Inspiration, etwas Motivation, einige theologische Ideen, und ich hoffe, es wird auch unterhaltsam sein.

Ich möchte auch klarstellen, dass ich über meinen Glauben sprechen werde, da ich der Meinung bin, der Glaube ist ein wichtiger Bestandteil von Erfolg und der Überwindung von Herausforderungen. Ich erinnere mich, dass ein befreundeter Anwalt nach dem Erscheinen meines ersten Buches schrieb: „Ich finde Dein Buch gut, aber ich bin etwas verwundert. Ich dachte, es wäre ein Buch über Erfolg, und dann lese ich fortwährend von Gott in Deinem Buch. Ich verstehe nicht, was Gott mit Erfolg zu tun hat." Ich schrieb zurück: „Es ist ein Buch für den Erfolg und ich habe daher meine Philosophie des Erfolgs mitgeteilt. Ich bin der Meinung, dass mein Glaube und mein Erfolg untrennbar verbunden sind. Ich kann nicht das eine ohne das andere haben. Es ist, als würde man versuchen, die Feuchtigkeit vom Wasser zu trennen, die Hitze vom Feuer. Mein Glaube und mein Erfolg können nicht voneinander getrennt werden!“

In diesem Buch werde ich Ihnen immer wieder kleine Leckerbissen aus der Bibel erzählen, die direkt von Erfolg und der Überwindung von Hindernissen handeln. Ich glaube wirklich, dass die Bibel eines der größten je geschriebenen Handbücher über den Erfolg ist. Es vermittelt unglaubliche Erfolgsstrategien und -techniken und sowohl eine Formel für Erfolg als auch eine Formel, um Ihre Rückschläge in kraftvolle Comebacks zu verwandeln.

Kurz gesagt, dieses Buch handelt also vom Lösen von Problemen, vom kreativen Denken, Motivieren, Führen und vom Glauben. Wenn Sie sich diese Konzepte aneignen können, so können Sie Ihre Niederlagen in Comebacks verwandeln. Also, „los geht's“ ... Es ist an der Zeit, einige Rückschläge in Comebacks zu verwandeln!

Einleitung:

In nur einer Minute ... können Sie aus einem Rückschlag ein Comeback machen!

Ich sprach mit meinem Freund, dem Redner, Professor und Bestsellerautor Dennis Kimbro darüber, wie traurig es sei, Leute zu sehen, die einen Rückschlag im Leben einstecken mussten, zurückgeworfen wurden und einfach aufgaben. Während unseres Gesprächs äußerte Dennis: „Willie, wir müssen den Leuten helfen einzusehen, dass eine Niederlage nicht das Ende der Straße bedeutet. Es ist wie ein neuer Anfang in Wartestellung!“

„Du hast Recht“, gab ich zurück. „Es ist wie der Auftakt zu einem Comeback.“

„Genau.“

„Genau! Wow, das ist es, Dennis ... ein Rückschlag ist wirklich der erste Schritt zu einem Comeback.“

Ich bin der Meinung, wir müssen uns eine neue Denkweise angewöhnen, was unsere Herausforderungen anbelangt, die wirklichen und die eingebildeten. Wir müssen unsere Rückschläge als zu akzeptierende Situationen sehen, statt sie abzulehnen, denn ohne Rückschläge könnte es konsequenterweise auch keine Comebacks geben. Wenn wir ein Comeback wollen, müssen wir von etwas zurückkommen. In anderen Worten, Rückschläge sind Vorbedingungen für Comebacks. Auch die Not ist Teil der Gleichung. Durch Not und Herausforderungen schafft das Leben Stärke. Unglück schafft eine Herausforderung, eine Herausforderung schafft Veränderung und Veränderung ist absolut notwendig für Wachstum. Ohne Veränderungen und Herausforderungen kann es kein Wachstum und keine Entwicklung geben.

Sehen wir den Tatsachen ins Auge: Die meisten von uns fürchten Not und Veränderung. Jemand sagte mir einmal, die Einzigen, die einen Wechsel gern hätten, seien nasse Babys. Veränderung ist jedoch absolut notwendig, damit es Entwicklung geben kann. Erfolgreiche Menschen heißen nicht nur Veränderungen willkommen, sie tun auch alles, um diese zu schaffen und zu beschleunigen! Sie verstehen, dass Veränderung ein notwendiger Bestandteil von Erfolg ist, und um sich zu entwickeln, muss man bereit sein, sich zu verändern.

Sind Sie bereit, sich zu verändern?

Die Zeit birgt Veränderungen, alles, was war ... ist nicht mehr und was ist ... wird bald nicht mehr sein. Beständige Veränderung ist die einzige Realität!

Sid Malwhed

Niemand kann seine Vergangenheit ändern, aber wir ALLE unsere Zukunft!

Colin Powell

Erwarten Sie mehr von der Zukunft, als Sie in der Vergangenheit hatten? Wollen Sie in der Zukunft mehr darstellen als in der Vergangenheit? Wollen Sie in der Zukunft mehr tun als in der Vergangenheit? Wenn die Antwort zu irgendeiner dieser Fragen „Ja" lautet, so müssen Sie sich ändern!

Um einen Rückschlag in einen Auftakt für ein Comeback zu verwandeln, müssen Sie bereit sein, einiges anders zu machen. Sie müssen bereit sein, sich zu ändern! Sie müssen bereit sein, Ihr Denken zu ändern, Ihren Blickwinkel, Ihre Einstellung und Ihr Handeln. Und Sie müssen das jetzt tun!

Ich habe ein neues Motivationskonzept entwickelt, das effektiv die Veränderung Ihres Lebens, Ihrer Perspektiven und Ihres Denkens unterstützt. Es heißt „Transformation-Motivation". Transformation-Motivation ist eine Motivationsform, die zu positivem Handeln führt, was wiederum eine Umwandlung einleitet, und diese Umwandlung führt zu Ergebnissen. Die Heilige Schrift sagt: „Werde verwandelt durch die Erneuerung deines Geistes", was bedeutet, dass wir umgewandelt werden durch die Erneuerung und Veränderung unseres Denkens. Unser Denken bestimmt unser Handeln und unser Handeln bestimmt unsere Resultate.

Was ist der Schlüssel zur Veränderung Ihres Lebens? Was benötigen Sie, um Ihre Probleme in kraftvolle Möglichkeiten und dann in

Realitäten zu verwandeln? Was ist besonders wichtig, damit Ihre Rückschläge zu Comebacks werden? Es ist ganz einfach: *Sie müssen sich entscheiden!* Der erste Schritt, um einen Rückschlag zu einem neuen Anfang werden zu lassen, liegt in Ihrer Entscheidungsfähigkeit. Sie müssen sich einfach dafür entscheiden!

Und wie lange dauert es, bis Sie sich entscheiden können und Ihr Leben ändern? Das dauert nur eine Minute! In dem Augenblick, da Sie eine Entscheidung treffen und handeln, ändern Sie Ihr Leben! Und um effektiv eine Entscheidung zu treffen, zu handeln und Ihr Leben zu ändern, müssen Sie eine Vision haben, denn Ihre Vision bestimmt Ihre Entscheidungen. Dann bestimmen Ihre Entscheidungen Ihr Handeln und Ihre Taten schaffen Veränderung.

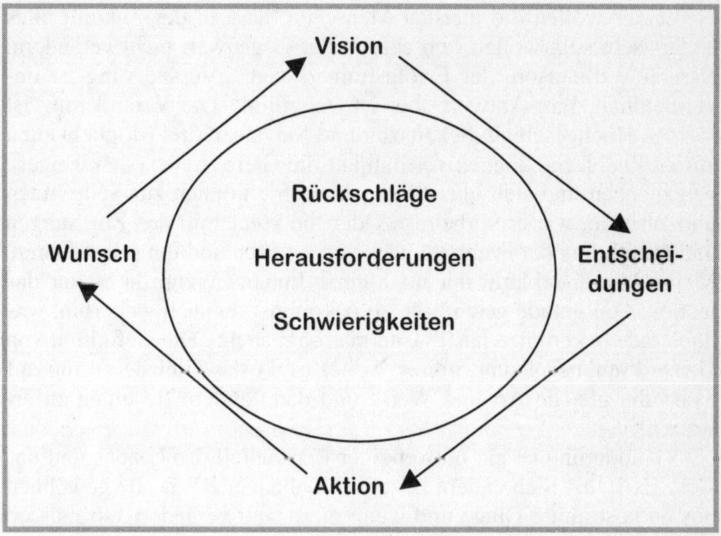

Wie Sie sehen, bestimmt Ihre Vision Ihre Entscheidung, was zu Ihrem Handeln führt und zur Entscheidung anregt, was wiederum zur Vision zuruckfuhrt und der Kreislauf beginnt von vorne. In der Mitte des Kreises finden sich Herausforderungen, Schwierigkeiten und Rückschläge, denn solange Sie den Bewegungs- und Entwicklungsprozess (denn Sie „gehen“ nicht nur einfach durch) durchlaufen, werden Sie Rückschläge, Herausforderungen und Schwierigkeiten vergegenwärtigen müssen. Diese Rückschläge, Herausforderungen und Schwierigkeiten jedoch können überwunden werden durch beständiges Anwenden der Formel von Vision, Entscheidung, Aktion und Wunsch, der VEAW-Formel. Und diese vier Komponenten schaffen zusammen eine positive Veränderung und Umwandlung in Ihrem Leben.

Vision, Entscheidung, Aktion und Wunsch werden Ihr Leben transformieren, verändern, und Sie werden Ihre Rückschläge in Comebacks verwandeln. Sie erreichen jetzt Ihr Ziel vielleicht nicht in einer Minute, aber Sie können auf jeden Fall Ihre Richtung in einer Minute ändern! Und der Augenblick, da Sie Ihre Richtung ändern und handeln, ist der Augenblick, in dem Sie Ihr Leben ändern!

Leider wollen die meisten Menschen, dass in der Zukunft alles anders sein soll, wollen sich aber in der Gegenwart nicht verändern. Ramon Williamson, der Erfolgstrainer, sagt: „Veränderung ist unvermeidlich, Ihre Antwort aber ist freiwillig!" Die Veränderung ist wie ein Hochgeschwindigkeitszug und Sie haben drei Möglichkeiten zur Auswahl. Sie können vor ihm auf die Gleise treten, sich weigern wegzugehen und sich überrollen lassen. Sie können zur Seite treten und zusehen, wie er vorbeirast. Oder Sie können in den Zug steigen und mitfahren oder eventuell nach vorne gehen und ihn selbst fahren. Meine Mutter erklärte mir als kleiner Junge: „Wenn du weiter das tust, was du gerade getan hast, so bekommst du auch weiterhin, was du gerade bekommen hast!" Und man sagt auch: „Die Definition von Geisteskrankheit lautet, immer weiter exakt das Gleiche zu tun auf exakt die gleiche Art und Weise und dann andere Resultate zu erwarten!"

Veränderung ist ein notwendiger Bestandteil des Lebens und unserer Existenz. Sich ändern ist jedoch unbequem. Wir alle gewöhnen uns an bestimmte Dinge und wenn diese sich verändern, so müssen wir uns neu arrangieren und darauf einstellen, und das ist unbequem. In der Entwicklung vom Kind zum Teenager machen wir unangenehme Veränderungen durch. In der Phase vom Teenager zum jungen Erwachsenen machen wir wieder unangenehme Änderungen durch. In jeder Phase des Lebens erleben wir beständig Veränderungen, und das ist unbequem. Daher nennen wir sie Wachstumsschmerzen*.

Wir machen vielleicht die Erfahrung einer Veränderung durch einen neuen Arbeitsplatz und müssen uns neu darauf einstellen. Oder wir verlieren vielleicht unseren Arbeitsplatz, müssen uns in unserem Job neu ausrichten oder werden bei der Stelle unserer Träume übergangen. Es wird unangenehm sein. Wir machen vielleicht die Erfahrung vom Wandel in unseren Beziehungen, durch eine Trennung oder eine Scheidung oder den Tod des oder der Geliebten. Wir machen vielleicht die Erfahrung von Umschwüngen in unserem persönlichen Umfeld, mit unseren Finanzen oder unserer Gesundheit oder der Gesundheit unserer Familie oder unserer Freunde. Veränderungen können viele Gründe haben und die meisten sind unangenehm, aber sie passieren und wir müssen an ihnen wachsen. Es ist eine Tatsache, dass Veränderungen absolut notwendig sind für die Entwicklung. Und Rückschläge sind Teil des Prozesses aus Veränderung und Entwicklung.

Jeder mit einem gewissen Maß an Erfolg musste auch Rückschläge hinnehmen, wie Thomas Edison, Walt Disney, George Washington Carver, Michael Jordan, Steven Spielberg, Oprah Winfrey** oder jeder andere Erfolgsmensch. Sie alle hatten Rückschläge. Die gemeinsamen Anteile sind eine Vision (ein großer Traum), Entscheidungsfähigkeit (der Wille, harte Entscheidungen zu treffen), Aktion (entscheidende Handlungsfähigkeit auf dem Weg zur Erfüllung des Traumes) und Wunsch (Fortfahren mit vollem Engagement bis zur Erreichung des Zieles).

Eine meiner Lieblingsgeschichten handelt von Dr. Seuss, dem Kinderbuchautor, der von fast jedem Verleger des Landes abgewiesen wurde. Nur ein Verleger glaubte an ihn, aber mehr brauchte er nicht, und es war der Beginn eines Riesenerfolgs.

Rückschläge sind Teil des Erfolgs, ein sehr großer Teil. Und Rückschläge sind nichts anderes als Comebacks in Wartestellung. Haben Sie eine Minute Zeit, so können Sie an Ihrem Comeback arbeiten.

---

* Im Amerikanischen feststehender Ausdruck für das Erwachsenwerden: „Growing Pains“ (Anm. d. Ü.)

** Bekannte Schauspielerin und Talkmasterin in den USA (Anm. d. Ü.)

Es dauert nur eine Minute!

In jedem Comeback gibt es eine ausschlaggebende Minute, den Moment, da der Umwandlungsprozess beginnt und sich der Lauf der Dinge aus der negativen in eine positive Richtung verkehrt. Haben Sie je ein Sportereignis gesehen, wenn ein Team dabei ist zu verlieren und sein Schicksal scheint besiegelt, doch in nur einer Minute, einem Augenblick, ändert sich alles? Ein Impuls ändert die Verhältnisse, Energie ändert die Seiten und das Verliererteam wird plötzlich zum Gewinnerteam. Es ist spannend, faszinierend und bezwingend. Und es begeistert alle Beteiligten, ebenso wie alle Beobachter.

Wir alle haben Momente im Leben, in denen wir zu verlieren scheinen, aber dann, plötzlich, in nur einem Augenblick, ändert sich alles. Ein Impuls kann Veränderung bewirken, Energie kann Veränderung bewirken und wir verändern uns. Wir beginnen von neuem und lernen zu gewinnen. Genauso spannend wie im Sport. Faszinierend und einfach umwerfend! Es verändert unser Leben und das anderer. Das Wichtigste ist die Fähigkeit, solche Augenblicke herbeizuführen, immer wieder, um beständig unsere Comebacks zu zünden.

Im abschließenden Kapitel meines letzten Buches *It Only Takes a Minute to Change Your Life** erzählte ich ein paar Geschichten über Leute, deren Leben sich in einer Minute änderte. In nur einer Minute, einer bestimmenden Minute, entschieden diese Menschen sich für die Veränderung. Die meisten erfolgreichen Menschen können eine Minute nennen, einen Moment, in dem sich ihr Leben veränderte und dieser lag gewöhnlich in Zeiten der Not. Und in genau diesen Minuten der Not waren sie in der Lage, ihre Berufung und ihr Lebensziel beim Schopf zu packen.

Ich erzählte die Geschichten von Rosa Parks, Martin Luther King Jr., Nathan Hale und vom Apostel Paulus. Alle erlebten schier unglaubliche Momente der Not, die sie prägten. Rosa Parks hatte ihren entscheidenden Moment, einen Augenblick höchster Not, als sie sich 1955 weigerte, ihren Sitzplatz in einem Bus aufzugeben und in den hinteren Teil des Busses zu gehen, einfach nur wegen ihrer Hautfarbe. Sie lehnte es ab, sich von der Stelle zu bewegen, und entschied sich, sitzen zu bleiben. Sie wusste, sie brach damit ein Gesetz, aber

* Liegt bisher nicht in deutscher Übersetzung vor (Anm. d. Ü.)

sie war entschlossen, wenn nötig auch ins Gefängnis zu gehen. Sie wurde verhaftet und in jenem Moment änderte sich ihr Leben und der Lauf der Geschichte. Martin Luther King Jr. war ein sechsundzwanzigjähriger Prediger, der zufällig der neue Pastor einer kleinen Kirche in Montgomery, Alabama, zu jener Zeit war. Er wurde gefragt, ob er den Busboykott anführen und die Leute geistlich unterstützen wolle. Er war jung, neu in der Gegend und versuchte in seinem neuen Dienst an Stabilität zu gewinnen, aber er sagte: „Ja, ich werde es tun", und in jenem Augenblick bestimmte er sein Schicksal und veränderte die Geschichte.

Nathan Hale wurde hinter den feindlichen Linien während des Revolutionskrieges gefangen genommen und sofort zum Tode verurteilt. Seine handschriftliche Nachricht an seine Eltern, die Einzige, wurde vor seinen Augen zerrissen. Trotz allem traf er die Entscheidung, seine Würde zu bewahren, und bestimmte in jenem Moment sein Schicksal und den Fortgang der Geschichte. Als er die Stufen des Galgens hinaufstieg, hielt er inne und sprach: „Ich bedaure, dass ich nur dieses eine Leben habe, um es für mein Land zu opfern." In einer Minute, einem entscheidenden Moment, entfachte er eine Revolution. Er lieferte einer sich quälenden Schar von Siedlern den einigenden Ruf, der sie inspirierte und ihnen half, eine Armee zu bilden und entgegen allen Erwartungen zu gewinnen.

Ich erzählte auch die Geschichte des Apostels Paulus, der eine entscheidende Minute, einen bezwingenden Moment, der sein Leben und die Geschichtsschreibung änderte, auf dem Weg nach Damaskus erlebte. In einer Minute wurde aus dem größten Verfolger dieser Gruppe, die sich Christen nannte, der vehementeste Verteidiger des Glaubens. Entscheidende Minuten, bezwingende Momente, die Leben verändern und den Lauf der Geschichte.

Oh, was für eine Minute! Diese entscheidenden Momente, die uns erheben oder uns fallen lassen, zerbrechen oder aufbauen, die uns herausfordern und verändern und möglicherweise auch die Geschichtsschreibung ändern können. Jene Momente sind meist das Ergebnis von Not, von Rückschlägen, aber wir dürfen nicht vergessen, ohne Rückschläge gäbe es keine Comebacks. Eine Minute kann ausschlaggebend sein, kann alles entscheiden.

Was ist mit jenen Augenblicken, die unser Leben schmälern oder in einen Scherbenhaufen verwandeln können? Was tun, wenn Sie von Problemen heimgesucht werden und es Sie unvermutet trifft?

Was tun, wenn Sie Ihrem Ziel zustreben und das Leben Ihnen ein Schnippchen schlägt? Was tun, wenn Sie zurückgeworfen werden? Was tun, wenn alles, wofür Sie gearbeitet haben, in einem kurzen Augenblick zerstört wird? Ich sage, Sie müssen lernen, wie Sie Rückschläge in Comebacks verwandeln können. Ich sage, Sie müssen diese Momente nutzen, um Ihre Zukunft zu bestimmen, nicht um sie zu ruinieren, und Sie müssen verstehen, dass eine Niederlage nichts anderes ist als der erste Schritt zu einem neuen Anfang.

Was ist ein Rückschlag (und was ist keiner)?

Bevor wir zu weit voranschreiten, denke ich, sollten wir sichergehen, dass wir alle das Gleiche unter einem Rückschlag verstehen. Wir müssen sicherstellen, dass wir über eine gute Definition des Wortes *Rückschlag* verfügen. Durch kulturelle und geografische Unterschiede entstehen häufig sehr viele Definitionen für dieselben Wörter.

Ich hörte einmal Dr. Frederick K. C. Price von den Ever Increasing Faith Ministeries in Kalifornien über die Bedeutung der Semantik sprechen. Er sagte, die Semantik, die allgemeine Definition von Wörtern, sei besonders kritisch, was die wirksame Vermittlung von Meinungen betreffe. Ohne klare, einheitliche Definitionen sei zu viel Spielraum für Irrtümer gegeben. So wie wenn Ihnen jemand erzählt: „Ich sah kürzlich einen Fuchs in der Straße!“ Einige würden an ein kleines Pelztier mit vier Beinen, einem Schwanz und einer spitzen Nase denken. Ein anderer hält es vielleicht für ein Pferd oder einen Schmetterling. Es könnte sehr missverständlich sein, wenn Sie nicht deutlich machen, welchen Fuchs genau Sie meinen. Daher müssen wir sichergehen, dass wir über eine einheitliche und effektive Definition des Wortes *Rückschlag* verfügen.

In *Wahrig Deutsches Wörterbuch*[*] wird Rückschlag definiert als *ungünstige Wendung einer zunächst günstigen Entwicklung.* Ist Ihnen aufgefallen, dass die Wörter „Tod“, „Ende“ oder „Abschluss“ nicht auftauchen? Das zeigt, ein Rückschlag bedeutet nicht das Ende! Wie der Autor und Berater John Capozzi sagt: „Eine Wende oder

---

[*] 7. Auflage, München 2000

Kurve in der Straße ist nicht das Ende der Straße ... außer Sie schaffen es nicht, die Wende zu vollziehen!“

Es ist in Wirklichkeit nicht das Ende. Es ist eine vorübergehende Situation, die abgewendet werden kann. Es bedeutet nicht den Tod! Tod ist Tod, Rückschlag ist Rückschlag. Das ist nicht das Gleiche. Es mag Zeiten geben, da Leute Rückschläge einstecken müssen und wie tot erscheinen. Sie stehen vielleicht am Rande des Todes oder sind nahe daran aufzugeben und sagen, die Sache sei gelaufen, aber solange ein kleiner Funke Hoffnung bleibt, besteht die Chance einer Wende und eines neuen Anfangs.

Tina Turner ist ein wundervolles Beispiel. Nach Jahren des Missbrauchs durch ihren Mann Ike entschied sie sich schließlich dafür, ihn zu verlassen. Sie verschwand aus der Öffentlichkeit und versuchte in Amerika einen Plattenvertrag zu bekommen, wurde aber von zahlreichen Firmen abgelehnt und für überholt erklärt. Tina Turner war jedoch anderer Meinung, sie wollte ein Comeback schaffen, ein großes Comeback! Sie ging nach Europa und nahm den Song *Let's Stay Together* auf und er wurde ein Hit. Dann kam sie zurück nach Amerika und produzierte das Album *What's Love Got to Do with It*, das zu einem Riesenerfolg wurde. Sie ist zur meist gefragten Konzertkünstlerin der Welt geworden und hat bewiesen, dass ein Rückschlag nichts anderes ist, als der erste Schritt zu einem Comeback.

John Travolta ist ein weiteres Beispiel für jemanden, der ein Comeback schaffte. Nach der erfolgreichen Fernsehshow *Welcome back, Mr. Kotter* ließ er sich treiben und wirkte in einigen Shows mit, die keinen Erfolg hatten. Dann tauchte er in ein paar zweitklassigen Filmen auf, ebenfalls nicht sonderlich erfolgreich, und verschwand schließlich einfach von der Bildfläche. Viele dachten, er wäre erledigt, überholt, aber so war es nicht. Er entschied sich für ein Comeback und begann mit dem Film *Pulp Fiction*. Der Film war ein Hit und von da an folgte ein Erfolg nach dem anderen. John Travolta wurde wieder zu einem der höchst bezahlten Schauspieler Hollywoods. Ein Rückschlag ist nichts anderes als der Auftakt zu einem Comeback.

Lee Iacocca, der Automobilmanager, der den Mustang Sportwagen in Amerika einführte, wurde von Ford gefeuert und für erledigt gehalten. Der einzige Job, der sich für ihn noch anbot, war bei Chrysler Motors, die schon am Rande des Bankrotts standen. Iacocca jedoch verwandelte seine Niederlage in ein unglaubliches Comeback, mit dem er nicht nur sich selbst veränderte, sondern auch Chrysler wieder belebte und verwandelte und Amerika neue Impulse gab. Lee Iacocca, John Travolta und Tina Turner haben es verstanden: Wie der mythische Vogel Phönix, der aus der Asche wieder aufersteht, können Sie wieder auf die Beine kommen, solange noch etwas Glut da ist, ein Funken Leben!

Nun lassen Sie uns das Wort *Comeback* betrachten. Das Fremdwörterbuch des Dudenverlags definiert *Comeback* als „erfolgreiches Wiederauftreten, neuerliches Sichbestätigen eines bekannten Künstlers, Politikers, Sportlers nach längerer Pause als Neubeginn oder Fortsetzung seiner früheren Karriere, Aktivität.“* Wichtig ist, dass Sie Ihre alten Muster und Reaktionen ändern, um Ihre Rückschläge konsequent in den ersten Schritt zu einem Comeback zu verwandeln. Wir müssen lernen, die Not als etwas zu sehen, was uns stark macht, und Rückschläge als Schöpfer von Comebacks.

Die Not

Während Wohlstand meist Laster hervorruft, entsteht durch Not meist Tugend und die Tugend, die aus der Not kommt, ist innere Kraft. Die guten Dinge, die zum Wohlstand gehören, sind wünschenswert, die guten Dinge aber, die zur Not gehören, sind begehrenswert. Daher kennt keiner seine eigene Stärke, wenn er nie der Not begegnete.

Sir Francis Bacon

Hätten wir keinen Winter, wäre der Frühling nicht so erfreulich. Gäbe es keine Not, wäre der Wohlstand nicht so willkommen.

Anne Bradstreet

Not kann dich brechen oder dich groß herausbringen. Derselbe Hammer, der Glas zerbricht, schärft auch den Stahl.

Bob Johnson, Präsident von
Black Entertainment Television

* Dudenverlag, Mannheim/Wien/Zürich, 4. Auflage 1982

Gutes Holz wächst nicht mit Leichtigkeit; je stärker die Winde, desto stärker die Bäume.

J. Willard Marriott

Der ist nicht stark, der in der Not nicht fest ist.

Sprüche 24,10

Misserfolg aus einer anderen Perspektive

Sie scheiterten schon viele Male, auch wenn Sie sich vielleicht nicht mehr daran erinnern können:

Als du das erste Mal versuchtest zu laufen, fielst du auf die Nase.
Als du das erste Mal versuchtest zu sprechen, konntest du kaum einen Ton herausbringen.
Als du dich das erste Mal selbst angezogen hast, hast du ausgesehen wie ein Clown.
Aber du hast nicht aufgegeben!
Hast du den Ball getroffen, als du das erste Mal einen Schläger geschwungen hast?
Hast du es beim ersten Mal geschafft, ein Rad zu schlagen?
Hat das Auto geruckelt, als du zum ersten Mal ein Steuer in der Hand hattest?
Hat es perfekt geklappt, als du zum ersten Mal einen Zaubertrick versucht hast?
Die besten Schläger, also diejenigen, die die meisten Home Runs* schlagen, schlagen auch die meisten ins Aus, wenn keiner zusieht.
Babe Ruth hat 1 330-mal ins Aus geschlagen, er hat aber auch 714 Home Runs geschafft.
R. H. Macy hatte sieben Mal Misserfolg, bis sein Laden sich in New York durchsetzte.
Wir alle scheitern manchmal, es gehört zum Erfolg. Hör einfach nicht auf, es zu versuchen!

* Begriff aus dem Baseball (Anm. d. Ü.)

Mach dir keine Sorgen wegen eines Misserfolgs, mach dir um die verpassten Chancen Sorgen, wenn du es nicht einmal versuchst ...

Jeder, der sich im Leben nach oben bewegt, muss immer auch Rückschritte verbuchen. Die Einzigen, bei denen das nicht so ist, sind Tote oder Leute, die bereits aufgegeben haben. Solange Sie am Leben sind und versuchen, etwas daraus zu machen, werden Sie auch Rückschläge haben. Letztlich liegt der Unterschied zwischen Gewinnern und Verlierern und der Schlüssel zum dauerhaften Erfolg nicht im Talent oder den Fähigkeiten, den Chancen oder ab und zu Glück, sondern in der Art, wie Sie Rückschläge und Zeiten der Not sehen und damit umgehen. Es spielen vielleicht auch noch andere Dinge eine Rolle, aber der Schlüssel zum Erfolg wird darin liegen, wie Sie mit Rückschlägen verfahren, die sowieso jeder früher oder später hinnehmen muss. Verlierer sehen in Niederlagen das Ende der Straße, während Gewinner diese lediglich als Kurven in der Straße betrachten, die genommen werden müssen. Das ist letztlich der Unterschied zwischen denen, die gewinnen, und denen, die verlieren.

Es ist viel besser, sich gewaltige Dinge zu trauen und gloriose Triumphe zu feiern, selbst wenn sie von Misserfolgen begleitet sind, als sich mit Armseligkeiten zufrieden zu geben, weder groß zu genießen, noch groß zu leiden, denn diese leben im grauen Dämmerlicht, wo es keine Sieger und keine Besiegten gibt. Die Freude am Leben erlebt derjenige, der das Herz hat, sie einzufordern.

Theodore Roosevelt

In seinem Buch *Adversity Quotient** spricht Dr. Paul Stoltz von drei Quotienten oder Standardfaktoren, die sich auf unseren Erfolg auswirken würden. Da ist zum einen der IQ, der Intelligenzquotient, dann der EQ, der emotionale Quotient, und der NQ, der Notquotient. Viele Jahre glaubten die meisten Wissenschaftler und Pädagogen, der IQ wäre der wichtigste Faktor, um Erfolg vorauszusagen. Sie glaubten, mit einem hohen IQ wäre man automatisch prädestiniert für Erfolg. Dann kam Ted Kaczynski, „der Durchstarter“, der ein Genie war, aber keine sozialen Fähigkeiten besaß und nicht mit

* Liegt bisher nicht in deutscher Übersetzung vor (Anm. d. Ü.)

Zwängen und Druck im Leben umgehen konnte und daher zum verrückten Genie wurde.

Wir alle haben schon intelligente Menschen kennen gelernt, die ihre Intelligenz missbrauchten und ihr Potenzial nie ausschöpfen konnten oder mit den Herausforderungen des Leben nicht umzugehen verstanden und aufgaben. Einige endeten sogar auf der Straße als Bettler. Intelligenz allein garantiert noch nicht Erfolg.

Daniel Goldman schrieb in seinem Buch *Emotionale Intelligenz,* Intelligenz allein sei nicht genug, um Erfolg zu garantieren, man müsse einen hohen EQ haben. Goldman definiert den EQ als den hypothetischen Maßstab, der die Fähigkeit einer Person darstellt, zu arbeiten und sich in andere einzufühlen, Impulse zu kontrollieren, gute Entscheidungen zu treffen und eine hohe Selbstachtung zu pflegen. Er legt dar, dass man auf mehr als eine Art schlau sein könne. Menschen mit hohem EQ zeichneten sich tendenziell im wirklichen Leben durch ihre Beziehungen, Arbeitsleistungen, Förderungen und Gemeinschaftsaktivitäten aus.

Goldmans Befunde zeigen, viele Menschen mit hohem IQ und niedrigem EQ scheitern, während ihre Pendants mit mäßigem IQ und höherem EQ Erfolg haben. In anderen Worten, der IQ hilft Ihnen eventuell, den Job zu bekommen, der EQ aber wird Ihnen helfen, den Job zu halten und sich darin auszuzeichnen.

Der Notquotient auf der anderen Seite ist der neueste Maßstab, um Erfolg vorherzusagen. Der IQ ist großartig, der EQ wunderbar, aber der NQ bestimmt in Wahrheit den Erfolg – nämlich die Art, wie Sie mit Notlagen umgehen! Dr. Stoltz stellt fest, jeder werde mit dem grundsätzlichen Drang, sich zu entwickeln und aufzusteigen, geboren, als ob man einen Berg erklimme. Während wir den Berg besteigen, werden wir feststellen, dass Leistung nicht einheitlich ist. Es werden weniger Leute (und Firmen) auf dem Gipfel anzutreffen sein als am Fuß des Berges. Stoltz hält den NQ für die Ursache, ihren Notquotienten.

Der NQ bezeichnet das Ausmaß an Notlagen, das jemand bei der Besteigung des Berges und auf dem Weg zur Erreichung seiner Ziele aushalten kann. Er bestimmt drei Gruppen und drei Ebenen für den NQ. An erster Stelle stehen die „Aufgeber“, die die Kletterpartie beenden, sobald es schwierig wird, und einfach aufgeben. Die zweite Gruppe nennt er „die Camper“. Diese Leute fangen an, den Berg zu besteigen, erreichen eine ruhige Stelle, lassen sich dort nieder, stellen ihr Zelt auf und bleiben am Ende dort. Camper tendieren dazu, Veränderungen problematisch zu beurteilen und nicht als Chance zu sehen.

Die letzte Gruppe wird „die Kletterer" genannt. Kletterer sind Menschen, die sich voll und ganz dafür einsetzen, ihre Ziele zu erreichen und ihre Träume zu leben und alles das zu sein, was sie sein können. Sie verstehen Erfolg nicht als ein Reiseziel, sondern als Reise ... als Prozess. Sie gehen auf dem Weg vielleicht auch mal zu Boden, aber sie stehen wieder auf und marschieren weiter, klettern höher und höher. Kletterer sind Positivdenker und -macher. Sie marschieren weiter trotz aller Hindernisse. Kletterer halten Stolpersteine und Rückschläge für einen zwar lästigen, aber natürlichen Teil des Prozesses. Sie sind willens, den Problemen ins Auge zu sehen, um an ihr Ziel zu gelangen. Camper und Kletterer werden sich an derselben Stelle treffen, wenn die Zeiten schwerer sind. Die Erstgenannten sehen ihr Lager als ihr Zuhause an, Kletterer dagegen sehen es als Basislager, als vorübergehenden Ort, um sich auf das Weiterklettern vorzubereiten.

Dr. Stoltz meint, Camper, die zu lange in ihrem Lager blieben, würden anfangen zu verkümmern und ihre Fähigkeit zum Klettern verlieren. Sie werden mit der Zeit langsamer und schwächer. Die Kletterer andererseits werden immer stärker und bleiben im Training. Sie wachsen an ihren Herausforderungen und erfahren am eigenen Leib, dass Notlagen die Kräfte steigen lassen. Sie kultivieren ihre Stärke durch ihren Willen, in Zeiten der Not immer weiter zu klettern. Daher sind Kletterer tendenziell exzellente Führer, wie Mahatma Ghandi, Martin Luther King Jr., Winston Churchill, Franklin D. Roosevelt und Nelson Mandela. Kletterer sind Menschen, die willens sind zu klettern und zu kämpfen, trotz aller Hindernisse.

In dem Buch *The Courage to Fail*[*] spricht der Autor Art Mortell von der Tatsache, dass wir mehr aus Fehlern lernen als aus Erfolgen. Mr. Mortell erklärt, alle erfolgreichen Leute würden einsehen, dass Misserfolge zu dem Prozess dazugehörten. Er schreibt: „Ohne Not kein Wachsen. Not fordert heraus und treibt uns an, die Entwicklung zu beschleunigen, um unser Potenzial auszuschöpfen. Not und Misserfolg können tatsächlich die Katalysatoren für Erfolg werden." Wir müssen bereit sein, Herausforderungen durchzustehen und daran zu

[*] Liegt bisher nicht in deutscher Übersetzung vor (Anm. d. Ü.)

wachsen. Und wir müssen bereit sein, für den wahren Erfolg zu kämpfen!

Fliegen ... braucht Kampf!

Es war einmal ein kleiner Junge, der spazierte durch den Wald und es begab sich, dass er den Kokon eines Kaiserfalters fand. Er trug ihn nach Hause, um zu beobachten, wie der Falter aus dem Kokon schlüpft. Er setzte sich davor und wartete mehrere Stunden, während der Falter kämpfte, um seinen Körper durch das kleine Loch zu zwängen. Er kämpfte und kämpfte und schien es sehr schwer zu haben. Der kleine Junge entschied, er wolle es dem Schmetterling leichter machen, nahm sein Taschenmesser und schnitt in den Kokon, damit der kleine Schmetterling heraus und fliegen könne. Als der Schmetterling erschien, sah er nicht aus, wie ein normaler Schmetterling. Er hatte einen geschwollenen Körper und kleine, schrumplige Flügel.

Der kleine Junge war erschrocken und verwirrt und rannte zu seinem Großvater, damit er sich den merkwürdig aussehenden Schmetterling ansehe. Er erzählte seinem Großvater, wie er versucht hatte, es für den sich abmühenden Schmetterling leichter zu machen, indem er ein Loch in den Kokon schnitt, und wie der Schmetterling herauskam und dann nicht fliegen konnte. Der weise Großvater nahm den Jungen bei der Hand und erklärte ihm, wenn der Schmetterling kampfe, um durch das kleine Loch zu kommen, würde er in Wirklichkeit die Flüssigkeit aus seinem Körper in seine Flügel pressen. Ohne diesen Kampf könnten die Flügel nicht die notwendige Flüssigkeit erhalten, um zu wachsen. Ohne Kampf würden die Flügel des Schmetterlings nie stark genug sein, um zu funktionieren und fliegen zu können, und ohne zu fliegen wäre der Schmetterling wahrscheinlich nicht in der Lage zu überleben. Die Moral der Geschichte: Ohne Kampf keine Fähigkeit zum Fliegen und kein Leben. Ohne Herausforderung und Kampf würden wir nie wachsen und nie unser volles Potenzial erreichen. Das Leben steckt wirklich im Kampf!

Frederick Douglas, der bemerkenswerte Gelehrte und Verfechter der Sklavenbefreiung im 18. Jahrhundert, betonte sein ganzes Leben hindurch die Notwendigkeit, die Verbindung zwischen Kampf und Erfolg zu verstehen. Frederick Douglas war ein ehemaliger Sklave, der zu einem der großen Staatsmänner Amerikas wurde, indem er beständig einem Kampf nach dem anderen ins Auge sah und Schlacht für Schlacht gewann, weil er das paradoxe Konzept verstand. Frederick Douglas schrieb:

Es gibt keinen Fortschritt ohne Kampf! Diejenigen, die behaupten, die Freiheit zu lieben, die Agitation jedoch zu missbilligen, sind Männer, die ernten wollen, ohne den Boden zu pflügen; sie wollen Regen ohne Donner und Blitz. Sie wollen den Ozean ohne das schreckliche Tosen seiner Wasser. Der Kampf mag ein moralischer oder ein physischer sein, aber es muss ein Kampf sein. Menschen bekommen vielleicht nicht alles, wofür sie in dieser Welt bezahlt haben, aber sie bezahlen sicherlich für alles, was sie bekommen. Wir müssen bezahlen durch Arbeit, durch Leid, durch Opfer und, wenn nötig, auch mit unserem Leben.

Frederick Douglas verstand, dass Kampf ein wahrer Hauptbestandteil von Erfolg ist.

Als ich einmal früh morgens zum Laufen unterwegs war, joggte ich an einem älteren Herrn vorbei, dem ich bereits begegnet war. Ich rief ihm zu: „Guten Morgen", und er grüßte zurück. Er fragte, wie es mir ginge, und ich sagte: „Dieser Sport am frühen Morgen ist ein wahrer Kampf", und er antwortete: „Ja, das stimmt, aber alles Gute muss erkämpft werden!" Beim Weiterlaufen dachte ich bei mir: „Wie wahr! Alles Gute, was mir je widerfuhr, ging mit irgendeiner Art von Kampf einher. Ich musste kämpfen, um als Teenager einen Plattenvertrag zu erhalten. Ich musste mich durch die Collegezeit kämpfen mit dem Singen von Werbejingles und dem Auftreten in Nachtklubs. Als ich als Redner anfing, musste ich um den Einstieg kämpfen, dann um den Aufbau meines Unternehmens. Es waren verschiedene Arten von Kampf, aber jede Errungenschaft war das Ergebnis eines Kampfes!"

Nido Qubein, der große Redner, Autor und Philanthrop, der mit 50 Dollar nach Amerika kam und kämpfen musste, die Sprache zu lernen, und der dann ein mehrere Millionen Dollar schweres Imperium aufbaute, meint: „Reichtum erwächst aus Not und Kampf."

Um wirklich zu fliegen, ist etwas Not hilfreich. Gänse fliegen aus diversen Gründen in einer V-Formation. Zum einen, weil es einen stärkeren Zusammenhalt schafft und weil es leichter ist, wenn alle zusammenarbeiten. Der Auftrieb ist dann stärker und sie erreichen eine höhere Geschwindigkeit. Sie wissen, je kräftiger sie zusammen mit den Flügeln schlagen, desto höher können sie fliegen. Die V-Formation schafft auch ein System, durch das jede Einzelne möglicher Gefahr entgegenstehen kann und an Stärke gewinnt. Während des Flugs trifft die führende Gans der Gegenwind, die schwierigste Position, die sie aber nicht den ganzen Flug hindurch einnimmt. Sie nutzen während des Flugs eine Art Rotationssystem. Die Gans im hinteren Bereich, die die leichteste Position einnimmt, bekommt die Chance, nach vorne zu rücken, auf die schwierigste Position, und kann dort im Gegenwind ihre Kräfte trainieren. So bekommt mit der Zeit jede ihre Chance im Gegenwind und die Möglichkeit zu kämpfen und sich zu entwickeln.

Das Gleiche trifft auch für uns zu; wir brauchen die Herausforderung, um uns entwickeln zu können. Wir leben in einer Zeit, da Leute trainieren wie nie zuvor.

Besucherzahlen und Mitgliedschaften in Fitnessstudios steigen beständig. Diejenigen, die Gewichte stemmen und Bodybuilding betreiben, wissen, dass ein definitiver Zusammenhang zwischen Gewicht und Größe und der Kraft der Muskeln besteht. Je höher das Gewicht, desto größer der Muskel. Das Gleiche gilt für Notlagen. Kleine Herausforderungen lassen kleine Muskeln wachsen, große Herausforderungen große Muskeln. Wir müssen bereit sein, der Not ins Auge zu blicken, um daran wachsen zu können. Not und Herausforderungen sind Teil des Prozesses. Und gerade in Zeiten der Not und der Herausforderung entdecken wir auch unsere Einzigartigkeit und machen die Erfahrung entscheidender Augenblicke. Laufen Sie nicht weg vor Not und Herausforderung. Denken Sie daran, es braucht nur eine Minute, um unsere Größe zu finden, und es dauert nur eine Minute, um einen Rückschlag in den Auftakt zu einem Comeback zu verwandeln!

TEIL I

Die Kraft der Vision

1. Schritt

Perspektive: Überprüfen Sie Ihre Vision ... Was sehen Sie – denn das, was Sie sehen, ist das, was Sie bekommen!

Gibt es etwas Schlimmeres, als blind zu sein? Ja! Sehvermögen ... aber ohne eine Vision!

Helen Keller

Der Mensch wird lediglich durch die Kühnheit seiner Imagination eingeschränkt!

Autere

Wo keine Offenbarung ist, wird das Volk wild und wüst; aber wohl dem, der auf die Weisung achtet!

Sprüche 29,18

Vision

Mittelmäßigkeit ist ein Ort und er wird im Norden von Kompromissen begrenzt, im Süden von Unentschlossenheit, im Osten vom Leben in der Vergangenheit und im Westen vom Mangel an Visionen.

John Mason

Die Vision ist der Anfang des Erfolgs, der Veränderung in Ihrem Leben und der Verwandlung Ihrer Niederlagen in den Einstieg zu einem neuen Anfang. Um einen Rückschlag in den Auftakt für ein Comeback zu verwandeln, müssen Sie einer Vision folgen! Sie müssen ein Ziel vor Augen haben und Sie müssen sich permanent auf dieses Ziel konzentrieren. Eine Vision bildet den ersten Teil des Bestrebens, einen Rückschlag in den Auftakt zu einem Comeback zu verwandeln. Lassen Sie uns zuerst sicherstellen, dass wir verstehen, was eine Vision ist.

Eine Vision ist ein Bild davon, was in Ihrem Leben möglich ist, und Ihre Perspektive oder Ihre Art, das Leben zu sehen. Wenn Sie eine Vision von Ihrem Leben haben, dann haben Sie vor Augen, wo die Reise in Ihrem Leben hingehen soll und was Sie erreichen wollen. Die Heilige Schrift sagt im Buch *Die Sprüche Salomos* 29,18: „Wo keine Offenbarung ist, wird das Volk wild und wüst; aber wohl dem, der auf die Weisung achtet!" Und noch nicht gesagt ist: „Wo es eine Vision gibt, da werden die Menschen prächtig gedeihen!" Sie müssen in Ihrem Leben eine Vision verfolgen, um Ihre Niederlagen in den Auftakt zu einem neuen Anfang zu verwandeln.

Es ist wichtig, das Wort *Vision* zu definieren. Als Erstes denken viele Leute, Vision heiße Sehvermögen. Brauchen Sie Sehvermögen, um einen Rückschlag in den Auftakt zu einem Comeback zu verwandeln? Die Antwort ist Nein! Helen Keller hat das schon bewiesen. Sie wurde blind und taub geboren, wurde jedoch eine der größten Frauen aller Zeiten. Stevie Wonder bewies, dass Sehvermögen nicht notwendig ist, um großartig zu werden. Er wurde blind und arm in Saginaw, Michigan, geboren, aber er hatte eine Vision, er wollte groß herauskommen und er blieb hartnäckig, bis er entdeckt und bei Motown Records unter Vertrag genommen wurde. Stevie Wonder wurde einer der produktivsten Musiker des Jahrhunderts. Auch Ray Charles hatte einen Rückschlag als Kind zu verkraften, als er ab dem Alter von fünf Jahren allmählich sein Augenlicht verlor. Seine Mutter hatte nicht genug Geld, um ihn zu einem Spezialisten zu bringen, und er wurde schließlich blind. Er hätte aufgeben können, aber er entschied sich, für seinen Traum zu kämpfen, und wurde zu einer der Ikonen Amerikas.

José Feliciano wurde arm und blind in Puerto Rico geboren. Einige der Nachbarn schlugen vor, er solle um Geld betteln, wie viele andere Blinde, aber José weigerte sich! Er fand eine alte „Gitarre" und brachte sich selbst das Spielen bei. Er übte Tag und Nacht, Nacht und Tag, manchmal bis seine Finger bluteten.

Heute gilt José Feliciano als einer der größten Gitarristen aller Zeiten. Er schrieb ein Lied, das wir jedes Jahr zu Weihnachten singen, *Feliz Navidad*. Sie benötigen kein Sehvermögen, um einen Rückschlag in den Auftakt zu einem Comeback zu verwandeln.

Der erste Typ von Vision ist *Sehvermögen*, der zweite ist *der Blick zurück*. Ist es notwendig, zurückzublicken, um Niederlagen in den ersten Schritt zu einem Comeback zu verwandeln? Wieder Nein! Es ist gut, zurückblicken zu können, um nicht die Fehler der Vergangenheit zu wiederholen, aber unglücklicherweise bleiben die meisten Leute, die sich mit der Vergangenheit beschäftigen, in dieser stecken!

Sie denken in der Vergangenheit, wohnen in der Vergangenheit und leben in der Vergangenheit. Sie können die Vergangenheit nicht hinter sich lassen! Sie denken ständig darüber nach, was andere zu ihnen vor zehn Jahren gesagt haben oder was ihnen als Kinder passierte, und können dann nicht darüber hinwegkommen. Ich sage:

Die Vergangenheit soll ein Ort sein, auf den man sich bezieht, wo man aber nicht länger verweilt! Es hat seinen Grund, warum Ihr Auto eine große Windschutzscheibe, aber nur einen kleinen Rückspiegel hat. Sie sollen Ihre Augen dorthin gerichtet halten, wo Sie sich hinbewegen, und nur gelegentlich prüfen, wo Sie herkommen. Sonst verursachen Sie einen Unfall!

Ich liebe das folgende Zitat über das Leben: „Der Unterschied zwischen dem Leben und der Schule ist, dass du in der Schule die Lektion erhältst und dann folgt die Prüfung. Im Leben wirst du geprüft und bekommst dann die Lektion." Ohne Prüfung gibt es keine Aussage. Wie der dänische Philosoph Kierkegaard sagte: „Das Leben wird oft rückwärts gewandt verstanden, aber wir müssen vorwärts leben." Lernen sie von der Vergangenheit, aber verweilen Sie nicht dort.

Der dritte Typ von Vision ist der *Einblick*! Einblick haben bedeutet, die Macht haben, eine Situation zu durchschauen und zur inneren Natur der Dinge vorzudringen. Es ist jene „stille, kleine Stimme in uns".

Manche nennen es *Intuition*, was „innerer Lehrer" bedeutet, andere nennen es Perspektive. Ich sehe Einblick gewinnen als eine Kombination aus Erfahrung, Logik, Perspektive und Sensibilität, der inneren Stimme genauso wie einer höheren Stimme gegenüber, die uns von innen heraus leitet. Leider haben die meisten Leute den Lautstärkeregler heruntergedreht. Sie hören der inneren Stimme nicht zu. Sie hören auf all die Zyniker und Miesmacher außerhalb.

Manchmal müssen wir uns unsere Siege ins Gedächtnis zurückrufen und aufhören, auf unsere Fehler zu sehen. Hören Sie auf die zarte Stimme in Ihrem Innern: „Du hast ein paar Erfolge zu verzeichnen und es kommen noch ein paar große Dinge auf dich zu. Wenn du es schon einmal geschafft hast, dann schaffst du es jetzt auch. Versuch es einfach! Du kannst es!"

Drehen Sie die Lautstärke Ihrer inneren Stimme hoch und machen Sie sich klar, dass Sie schier Unglaubliches leisten können, wenn Sie es nur versuchen.

Die letzte mögliche Sichtweise ist die *Voraussicht*! Voraussicht ist die Fähigkeit, in die Zukunft zu sehen, nicht wie ein Weissager, sondern wie jemand, der das schafft, was er sich in seinen Kopf gesetzt hat. Wie das Sprichwort schon sagt: „Der beste Weg, die Zukunft vorauszusagen, ist, sie zu gestalten!"

Voraussicht beinhaltet Bestimmung und Entschlusskraft. Es ist die Sichtweise, die Ihnen erlaubt, die Straße entlangzusehen und zu glauben, was Sie sehen ist möglich. Die Heilige Schrift sagt im Brief des Paulus an die Römer 4,17, dass Voraussicht mit Glauben verbunden sei, und Gott „das Nichtseiende ins Dasein ruft". Voraussicht gemischt mit Einblick schafft eine mächtige Kraft, die ein Traum genannt wird. Und Träume sind die Schlüssel zum Erfolg. Sie müssen träumen wollen und an die Möglichkeit der Verwirklichung des Traums glauben, egal, wie viele es auch für unmöglich halten. Einblick und Voraussicht zusammen sind die Schlüsselfähigkeiten, die zur Macht der Vision und auf den Pfad des Comebacks führen.

Perspektive

Jede einschneidende Erfahrung kann entweder als Rückschlag oder als wundervolles, neues Abenteuer gesehen werden, je nach Sichtweise!

Mary Roberts Rinehart

Wir werden manchmal Niederlagen im Leben einstecken müssen, aber man kann eine Niederlage haben, ohne besiegt zu sein, und es kann etwas misslingen, ohne dass es ein Fehlschlag ist. Gewinnertypen sehen Fehlschläge und Niederlagen lediglich als Teil des Prozesses, um zu gewinnen.

Maya Angelou

Regen Sie sich auf, weil Rosen Dornen haben, oder freuen Sie sich, weil an Dornbüschen Rosen blühen?

Unbekannter Autor

Die Perspektive ist ein wichtiger Teil des Konzepts der Vision. Perspektive heißt, wie betrachten Sie eine Situation? Wie beurteilen Sie diese? Sehen Sie sie als ein Problem oder als eine gute Gelegenheit? Halten Sie die Angelegenheit für eine Veränderung oder für eine Chance? Ist es für Sie ein Neuanfang oder das Ende? Sehen Sie es als Eingangstür oder als Ausgang? Ist es für Sie das Ende der Straße oder lediglich eine Kurve? Sehen Sie es als „Rückschlagsperiode" oder als „Zwischentief"? Mit anderen Worten, ist es für Sie das Ende eines Satzes oder nur eine Unterbrechung, eine kleine Pause? Und schließlich, sehen Sie es als einen Rückschlag oder als den Auftakt zu einem Comeback? Das ist eine sehr wichtige Frage, die Ihre Reaktion sehr stark beeinflussen wird.

Zunächst, ist das Glas halb leer oder halb voll? Endet die Nacht oder beginnt der Tag? Welchen Blickwinkel Sie wählen, wird einen großen Einfluss auf Ihre zu treffenden Entscheidungen haben. Die Entscheidungen, die Sie treffen, werden Ihr Handeln bestimmen. Das Handeln schließlich wird Ihre Ergebnisse bestimmen.

Ist das Glas halb leer oder halb voll? Ich erinnere mich, diese Frage als Kind in einer Werbesendung für ein Friedenskorps im Fernsehen gehört zu haben. Zu jener Zeit war ich mir nicht ganz sicher, was die Antwort betraf, und verstand die Tragweite der Frage auch nicht wirklich, aber es schien mir, als könnte da immer noch ganz schön viel Milch ins Glas passen. Rückblickend erkenne ich, wie viel Glück ich hatte, dass meine Eltern positiv eingestellt waren und mich von klein auf darauf konditionierten, das Leben von der positiven Seite zu sehen. Sie halfen mir dabei zu sehen, dass das Glas halb voll war statt halb leer. Leider werden viel zu viele Menschen von Kindesbeinen an so konditioniert, dass sie das Glas eher für halb leer halten. Sie sehen das Leben aus einer negativen Perspektive. Doch selbst, wenn Sie so konditioniert wurden, heißt das nicht, Sie müssen so bleiben. Sie haben die Wahl! Ich halte den positiven Blickwinkel für eine Schlüsseleigenschaft, um Rückschläge in Comebacks verwandeln zu können, die Fähigkeit, eine Situation zu betrachten und zu entscheiden, ob es eine Niederlage ist oder der erste Schritt zu einem Neubeginn. Darin liegt die Wahlmöglichkeit für Sie.

Manche Menschen schaffen es, eine Notlage als motivierende Kraft zu nutzen, die sie stärkt, während andere zulassen, dass die Not sie aufreibt und einschränkt. Das ist des Pudels Kern: Wie sehen Sie Notlagen? Sie müssen entschlossen sein, eine positive Perspektive einzunehmen und beizubehalten. Wenn Sie den Kopf hochhalten, bestimmt das Ihre Aussichten, diese wiederum bestimmen Ihre Resultate und dann fällt Ihnen auf, „Ja, ich glaube wirklich, ich *kann* ein Comeback schaffen".

Wo immer eine Krise ist, da findet sich auch ein Ausweg. Napoleon Hill, der Autor des Klassikers *Denke nach und werde reich. Die 13 Gesetze des Erfolgs,* schrieb: „Jede Notlage enthält zur gleichen Zeit den Samen für eine gleichwertige Chance!" Sie müssen das sehen und dann die Schritte unternehmen wollen, um jene widrigen Momente in aufregende, das Leben bestimmende Augenblicke zu verwandeln. Wichtig ist, *wie* man diese Momente der Not abwandeln kann, damit auch Sie den Klauen der Niederlage einen Sieg entreißen.

Gäbe es keine Probleme, dann gäbe es auch keine guten Gelegenheiten! Ein altes Sprichwort sagt, dass der Schlüssel des Erfolgs darin liege, ein Problem zu finden und es zu lösen. Manchmal müssen Sie nicht einmal nach einem Problem suchen; die Probleme finden Sie ... Sie werden einen Rückschlag haben! Wenn Sie einen Rückschlag haben, so müssen Sie auch eine Wahl treffen. Sehen Sie es als beklagenswerten Rückschlag oder sehen Sie es als aufregende Chance? Es *ist* tatsächlich Ihre Wahl. Sie können darin ein Problem sehen oder eine gute Gelegenheit ... ganz wie Sie wollen.

Ärzte lösen Probleme und wir bezahlen sie für die Lösung, die sie anbieten. Leiden wir an hämmernden Kopfschmerzen, so werden wir den Arzt dafür bezahlen, dass er diese verschwinden lässt. Tatsächlich sind wir bereit, desto mehr zu bezahlen, je schlimmer der Schmerz ist. Das Gleiche gilt auch für den Klempner, den Anwalt, den Elektriker und den Automechaniker. Das heißt also, wenn Sie erfolgreich sein wollen, dann finden Sie ein Bedürfnis und erfüllen Sie es. Finden Sie ein Problem (oder in manchen Fällen findet das Problem Sie) und lösen Sie es! Wo immer Probleme sind, stecken auch gute Gelegenheiten! Ohne Probleme gäbe es auch keine Chancen.

Trotz der Herausforderungen, die das Leben stellt, bin ich immer noch der Meinung, dass das Gute das Böse bei weitem überwiegt, Glück überwiegt Trauer und Freude überwiegt Schmerz. Es hängt aber davon ab, was Sie sehen wollen. Aus welcher Perspektive wollen Sie es betrachten? Sehen Sie es aus einem positiven oder aus einem negativen Blickwinkel? Das Leben ist eine Herausforderung, aber es ist auch ein wundervolles, herrliches Abenteuer. Von dem Augenblick an, da Sie auf die Welt kommen, bis zu dem, da Sie sterben, werden Sie einiges Schönes erleben und Sie werden Herausforderungen meistern müssen. Jeder, der behauptet, bei ihm sei das anders, lügt entweder oder ist bereits tot! Sie müssen sich entscheiden, worauf Sie sich konzentrieren wollen. Sehen Sie das Gute oder sehen Sie das Böse?

Die Kraft der Perspektive

Eine große Schuhfirma schickte zwei Verkaufsvertreter in verschiedene Gegenden von Australien, um zu prüfen, ob sie einige Aufträge bei den Aborigines anbahnen könnten. Einer der Vertreter schickte folgende Nachricht: „Zeitverschwendung, keine Geschäfte zu machen hier ... Aborigines tragen keine Schuhe." Der andere schickte die Nachricht: „Schickt mehr Leute. Großartige Geschäftsmöglichkeiten hier. Aborigines tragen keine Schuhe!" Es hängt alles davon ab, wie Sie das Glas sehen: Ist es halb leer oder halb voll? Das ist eine Frage, die Sie und nur Sie beantworten können. Und Ihre Sichtweise bestimmt Ihre Antwort. Ist es eine positive oder eine negative Perspektive?

Manchmal erscheint ein Rückschlag in Form eines Abschieds. Sie werden gezwungen sein, etwas oder jemanden zu verlassen, und es wird unangenehm sein, vielleicht auch beängstigend und schmerzvoll, weil Sie ihn oder sie lieben. Sie werden sich verändern müssen und Sie werden nicht wissen, was bei diesen Veränderungen herauskommen wird. Alles, was Sie wissen, ist, dass Ihnen der Weg zur Tür, zum Abschied, gewiesen wurde. Ich meine, Sie müssen diese Situation von der positiven Seite betrachten und sich sagen: „Es ist in Ordnung!" Genau, sagen Sie: „Es ist in Ordnung!" Warum? *Weil jede Ausgangstür auch eine Eingangstür ist. Wenn Sie einen Ort verlassen, so betreten Sie auch immer einen neuen. Einen Ort voller neuer Möglichkeiten und Chancen.*

Sie haben vielleicht eine ungewisse Zukunft vor sich. Ich weiß, das kann beängstigend sein, aber Sie müssen Mut zeigen. Mut ist nicht die Abwesenheit von Angst, sondern bedeutet, vorwärts zu gehen trotz aller Angst. Packen Sie es an mit Mut und entdecken Sie, dass das Leben ein wundervolles Abenteuer ist für diejenigen, die sich trauen, aus dem Vollen zu schöpfen. Denken Sie einfach daran, dass jeder Ausgang auch der Eingang zu einem neuen Ort ist, mit neuen Möglichkeiten und Chancen.

Die Angst vor dem Ungewissen

Ein Mann stand vor einem Erschießungskommando und erhielt einen letzten Wunsch. Der Captain der Truppe trat zu ihm und erklärte ihm, er habe die Wahl: Er könne dem Erschießungskommando gegenübertreten oder er könne den Höhleneingang nehmen, der weit drüben im Dunkeln liege, vorbei an Sumpf und Wald. Der Mann schaute sich um, sah eine Höhle und fragte: „Wo führt sie hin?" Der Captain der Truppe sagte: „Das weiß keiner!" Er sah sich immer wieder um, sah den scheußlichen Sumpf, das dunkle Gehölz, und alles sah so schrecklich und beängstigend aus, dass er schließlich rief: „Macht schon, schießt!" Und das taten sie!

Danach bat ein junger Soldat, ob er die Höhle erkunden dürfe. Der Captain erschauderte und sagte: „Es ist dein Leben, aber ich würde das nicht, wenn ich du wäre!" Der junge Soldat ging auf die Höhle zu. Er kroch durch den Sumpf und marschierte durch die Dunkelheit, kam zu der Höhle, ging hinein und auf der anderen Seite führte sie in die Freiheit, herrliche Freiheit. *Die Moral der Geschichte: Die meisten Leute bleiben lieber in bekannten Höllen, als zu unbekannten Himmeln aufzubrechen.*

Ich erinnere mich an Hindernisse in der Vergangenheit, die wie unbezwingbare Berge aussahen, aber nachdem ich sie überwunden hatte, schienen sie mir klein wie Maulwurfshügel. Ich denke, diese Erfahrung haben wir alle einmal gemacht, wenn wir nur objektiv in die Vergangenheit sehen. Denken Sie zurück an Probleme in Ihrem Leben oder auch nur an Lebenserfahrungen, die Sie durchmachen mussten, wie die High School oder das College überstehen. Es hat vielleicht wie eine große Sache ausgesehen, bevor Sie anfingen, aber es erschien schon viel kleiner, nachdem Sie es beendet hatten.

Der Kolibri und der Geier

Sie müssen verstehen lernen, dass die Perspektive eine mächtige Qualität im Leben ist. Wenn Sie eine Wüste betrachten, so werden Sie die Macht der Perspektive sehen. Der Geier fliegt über die Wüste und konzentriert seine Energie auf den Tod. Er hält Ausschau nach Tod und Verderben und kann sich auf nichts anderes einstellen. Auch der Kolibri fliegt durch die Wüste und auch er muss seine Kraft einteilen, aber er hält Ausschau nach Leben, nach Blumen und Pflanzen und anderer Vegetation, die er benötigt, um Leben zu erhalten. Erwarten Sie Negatives, so werden Sie es auch finden, aber sehen Sie sich nach dem Positiven um, nach dem Schönem, so werden Sie auch das finden. Im Buch *Die Sprüche Salomos* 11,27 steht geschrieben: „Wer nach Gutem strebt, trachtet nach Gottes Wohlgefallen, wer aber das Böse sucht, dem wird es begegnen." *Es hängt von Ihnen ab. Sie können wählen und das Schöne im Leben suchen oder Sorgen und Ärger. Wenn Sie danach Ausschau halten, werden Sie sie auch finden. Entscheiden Sie sich für eine positive Perspektive und eine positive Aussicht. Das kann Ihr Leben verändern.*

Ich mag das folgende Zitat von Sidney J. Harris. „Wenn ich jemanden seufzen höre, das Leben sei hart, bin ich immer versucht zu fragen, ‚Verglichen womit?'„ Ja, das Leben ist eine Herausforderung, aber es steckt auch voller herrlicher Möglichkeiten, das hängt von Ihrem Blickwinkel ab. Halten Sie Ausschau nach dem Positiven und entdecken Sie, dass ein Rückschlag nicht das Ende der Straße ist, sondern nur eine Kurve.

1. Schritt: Merksätze

1. Ohne eine Vision wird ein Volk verschwinden, mit einer Vision aber aufblühen.
2. Die Vergangenheit soll beachtet werden, aber man soll dort nicht verhaftet bleiben.
3. In der Schule lernen Sie erst die Lektion, dann kommt die Prüfung, während im Leben zuerst die Prüfung kommt und dann die Lektion.
4. Das Leben muss rückwirkend verstanden werden, aber nach vorne gerichtet gelebt.
5. Wir können Niederlagen haben, ohne besiegt zu sein.

6. Sehen Sie einen Rückschlag als Zwischentief statt als Rückschlagsperiode.
7. Ohne Probleme gäbe es auch keine guten Gelegenheiten.
8. Jeder Ausgang ist zugleich der Eingang zu einem neuen Ort voller neuer Möglichkeiten.
9. Verharren Sie nicht in vertrauten Höllen, wenn Sie unbekannte Himmel haben können.
10. Wenn Sie das Gute suchen, werden Sie es auch finden. Entscheiden Sie sich daher also für eine positive Perspektive.

2. Schritt

Bedenken Sie: Im Leben sind Sie manchmal die Windschutzscheibe und manchmal das Insekt!

Das sind die Zeiten, die die Seelen der Männer prüfen!

Thomas Paine

Ja, das sind die Zeiten, die die Seelen der Männer prüfen. Und es sind auch Zeiten, da die Seelen der Frauen und der Kinder und der alten Menschen auf die Probe gestellt werden. Es sind einfach anstrengende Zeiten. So war es, bevor Sie auf die Welt kamen, und so wird es sein, nachdem Sie tot sind. Mit anderen Worten: Das Leben ist eine Prüfung! Ihre Eltern hatten ab und an schwere Zeiten, ebenso Ihre Großeltern und Urgroßeltern. Und Ihnen wird es nicht anders ergehen. Bevor wir fortfahren, wollen wir sichergehen, dass dieser Punkt klar ist: Das Leben ist eine Herausforderung. So war es gestern, so ist es heute und so wird es morgen sein.

Als Kind hörte ich ein Lied, das hieß „Desiderata", das ich für sehr cool und modern hielt. Ich war sicher, der Autor müsste einer der größten, zeitgenössischen Liedermacher sein. Das Lied handelte von all dem, was auch ich im Leben erfuhr. Es erzählte von Herausforderung, Veränderung und dass die Zeiten eine Prüfung seien, aber doch auch wunderschön. Ich war aufgeregt, da ich spürte, jemand hatte endlich das Leben so beschrieben, wie ich es sah.

Der Autor schrieb:

Geh gelassen deinen Weg inmitten von Lärm und Hast und denke daran, wie friedvoll es in der Stille sein könnte. Stell dich so weit wie möglich gut mit allen Leuten, ohne dich aufzugeben. Sprich die Wahrheit, ruhig und klar; und höre anderen zu, selbst den Schwerfälligen und Unwissenden; auch sie haben ihre Geschichte. Meide die Lauten und Aggressiven; sie sind eine Qual für den Geist ... Genieße deine Errungenschaften genauso wie deine Pläne. Bewahre dein Interesse an deinem Fortkommen, wie bescheiden es auch sei; es ist ein reeller Besitz in den Wechselfällen des Lebens. Übe dich in Vorsicht in deinen Geschäften, die Welt ist voll von Trickbetrügern. Lass dadurch aber nicht zu, dass du blind für die Tugend wirst ... Nimm freundlich den Rat der Bejahrten an, sei offen für die Belange der Jugend. Nähre die Kraft deines Geistes, um dich für die Schicksalsschläge des Lebens zu wappnen. Aber sorge dich nicht wegen Vermutungen. Viele Ängste werden aus Erschöpfung und Einsamkeit geboren. Über gesunde Disziplin hinaus, sei liebevoll zu dir selbst. Du bist ein Kind des Universums, nicht weniger als die Bäume und die Sterne; du hast ein Recht, hier zu sein. Und ob dir das klar ist oder nicht, das Universum breitet sich aus, wie es vorbestimmt ist. Darum lebe in Frieden mit Gott und was immer deine Arbeit und deine Ziele sein mögen, die laute Verwirrung des Lebens, halte Frieden mit deiner Seele. Trotz aller Heuchelei, Plackerei und zerbrochener Träume, es ist doch eine wundervolle Welt. Sei fröhlich. Kämpfe um dein Glück.

Autor unbekannt

Als ich die Autoreninformationen auf der Rückseite las, war ich überrascht. Bei der näheren Betrachtung dieses „neuen Musikstücks" stellte sich heraus, dass es vor über fünfhundert Jahren geschrieben worden war. Ich begriff schließlich, was die Leute meinten, wenn sie sagten: „Je mehr die Dinge sich verändern, desto mehr bleiben sie gleich." *Das Leben ist eine Prüfung, aber es ist trotz allem wunderbar, am Leben zu sein; darum ist es der Mühe wert, es weiter zu versuchen.*

Jeden Tag, wenn Sie aufwachen, werden Sie sich anstrengenden Zeiten gegenüber sehen. Jeden Tag, wenn Sie aufwachen, werden Sie sich neuen Herausforderungen zu stellen haben. In M. Scott Pecks Buch *Der wunderbare Weg* fasst das die erste Zeile zusammen: „Das Leben ist schwer ... auf Dauer!" Und das ist wahr! Das Leben ist schwer, es ist eine Herausforderung und es ist hart. Solange Sie leben, werden Sie sich einigen Herausforderungen und Problemen gegenüber sehen. Jemand sagte einmal: „Im Leben hast du entweder ein Problem, hast eben ein Problem hinter dich gebracht oder bist auf dem Weg zu einem Problem." So ist das Leben!

Lassen Sie mich deutlich machen, dass das Leben trotz aller Prüfungen auch schön und wundervoll ist. Es bietet großartige Möglichkeiten und wunderbare Herausforderungen und das ist wirklich gut so. Ohne Herausforderungen würde ein Baby nie das Gehen lernen und somit auch nicht das Laufen. Ohne Herausforderungen würden wir nie Lesen lernen und von neuen Ideen hören. Ohne Herausforderungen würden wir nie wachsen und uns strecken. Ohne Herausforderungen hätten wir nicht die gewaltigen technischen Fortschritte, die einen großen Teil unseres Lebensstils bestimmen und als solche geschätzt werden: Glühbirnen, Autos, Flugzeuge, Computer, Radio und Fernsehen.

Das Leben ist ein Auf und Ab, Hinein und Hinaus, Sonnenschein und Regen. Hoffentlich haben Sie mehr Höhen als Tiefen, mehr Hinein als Hinaus und mehr sonnige als regnerische Tage. Ohne Regen gäbe es keinen Regenbogen und ohne Regen gäbe es keine Pflanzen und keine Nahrung. Mit den Herausforderungen gehen Stärke und Wachstum einher. *Das Leben verläuft in Wellen und Wellen sind etwas Positives. Wenn Sie in eine Klinik eingeliefert werden und das EKG zeigt eine gerade Linie ... dann sind Sie tot.*

In jedem Leben wird es Zeiten der Herausforderung und Zeiten der Not geben und ich halte beides für gut. Entweder sie können Sie formen und voranbringen oder sie machen Sie kaputt und brechen Sie. Jeder, und ich meine *jeder*, wird Probleme und Zeiten der Herausforderung durchstehen müssen. Das müssen die Regeln des Spiels sein. Und die Regeln lauten nachdrücklich: „Solange du am Leben bist, wirst du ein wenig Spaß haben und ein wenig Schmerz, du wirst Sonne erleben und Regen, du wirst Höhen und Tiefen haben, es wird Lächeln geben und manchmal Stirnrunzeln." Das ist es! Bedenken Sie: Im Leben sind Sie manchmal die Windschutzscheibe und manchmal das Insekt!

Sind Sie die Windschutzscheibe, so sind Sie groß und stark und unsichtbar und haben keine Probleme. Ein wundervoller Morgen, ein wunderschöner Tag, ein wunderbares Gefühl und alles läuft nach Ihren Wünschen! Sie sind der König oder die Königin der Straße! Aufgepasst, da draußen in der Welt, hier kommen Sie! Wenn Sie das Insekt sind, dann prallen Sie ständig auf Hindernisse. Sie müssen eine Herausforderung nach der anderen bewältigen, eine Windschutzscheibe oder Ziegelmauer nach der nächsten und ein Problem jagt das andere. Aber nur, weil Sie einen Tag haben, an dem Sie das

Insekt sind, heißt das noch lange nicht, dass Sie der Verlierer sein müssen! Es kommt auf Ihre Einstellung und Ihre Perspektive an.

Sind Sie das Insekt und haben eine negative Einstellung und Perspektive, dann ist der Rückschlag für Sie *das Ende*! Sie prallen auf eine Windschutzscheibe, ein Hindernis, ein Problem und, *rums*, Sie stürzen ab, sind zerschlagen, verbrannt, geben auf und alles ist vorbei. Wenn Sie jedoch eine positive Einstellung und Perspektive haben, dann sehen Sie den Rückschlag als kleineres tägliches Ereignis, ein Teil des Lebens, eine Mücke auf dem großen Spielfeld des Daseins. Wenn Sie eine positive Einstellung und Perspektive haben, dann entwickeln Sie etwas, das „Rückprallfähigkeit" oder „Unverwüstlichkeit" genannt wird. Prallen Sie auf die Windschutzscheibe, dann werden Sie nicht länger zerschlagen, stürzen ab und sterben. Mit einer positiven Einstellung entwickeln Sie Unverwüstlichkeit. Sie fallen gegen die Windschutzscheibe und prallen ab, schnellen hoch und fliegen! Wenn Sie von der Windschutzscheibe abprallen, stoßen Sie in eine höhere Flugbahn vor, Sie fangen an, auf einer höheren Ebene zu fliegen!

Die Fähigkeit, sich nicht unterkriegen zu lassen, ist enorm wichtig, um Rückschläge in einen Auftakt zu einem Comeback zu verwandeln. Manche nennen es die Fähigkeit, sich nicht unterkriegen zu lassen, andere Unverwüstlichkeit, also die Fähigkeit, sich wieder zu erholen und sich auf Herausforderungen und Veränderungen einzustellen. Wie auch immer Sie es nennen, es ist wichtig, dass Sie sich schnell von einem Rückschlag erholen und nicht zulassen, dass dieser Sie unten hält. Sie stürzen nicht ab, werden nicht zerschlagen oder verbrannt und sterben nicht. Sie prallen ab, schnellen hoch und fliegen. Um Ihre Rückschläge in Comebacks zu verwandeln, müssen Sie über die Fähigkeit, sich nicht unterkriegen zu lassen, verfügen.

Der Schüttel-mich-schlag-mich-Punchingball

Als ich ein Kind war, trug ich mit meinem Bruder ständig Boxkämpfe aus, die manchmal so endeten, dass wir übel zugerichtet und voller blauer Flecken waren. Meine Eltern hatten genug von den Kämpfereien und, um die Energie in eine andere Richtung zu lenken, kauften sie einen Punchingball. Dieser Sack war aus Plastik mit einem Gewicht im Boden und einem aufgemalten dümmlichen Gesicht auf der Vorderseite. Wenn er aufgepumpt war, konnte man auf den Punchingball einschlagen, so viel man wollte. Der Trick war, dass wegen des Bodengewichts der Sack immer zurückprallte.

Mein Bruder und ich schlugen stundenlang auf den Sack ein, um ihn niederzuschlagen, und er prallte immer wieder zurück. Egal, wie fest wir ihn trafen, der Boxsack schnellte immer wieder hoch. Unsere Freunde kamen vorbei und spielten damit und alle waren erstaunt, dass er unermüdlich zurückprallte. Nach ein paar Wochen, in denen wir auf den Punchingball einschlugen und es nicht schafften, ihn unterzukriegen, wurde es langweilig und wir fanden bald wieder andere Spielsachen. Gelegentlich versuchten wir erneut ihn niederzuringen; Aber ganz seiner Art gemäß prallte er immer wieder zurück.

Das Leben ist ganz ähnlich. Es versucht uns ab und an niederzuringen und am Boden zu halten, wir müssen aber wie der Punchingball reagieren und ständig wieder zurückprallen. Tun wir das, so wird das Leben allmählich müde des Spiels, lässt uns für eine Weile in Ruhe und sucht sich jemand anderes. Immer wieder mal wird es uns aufsuchen und uns schnell einen Schlag versetzen, um auszuprobieren, ob es uns erledigen kann, aber wir sollten wie der Punchingball reagieren und immer wieder zurückschnellen.

Bleibt jedoch weiterhin die Frage: Wie prallen wir zurück? Wie werden Sie unbezwingbar? Wie immer, um einen Rückschlag in ein Comeback zu verwandeln, müssen Sie sich entscheiden! Sie müssen sich für eine positive Einstellung entscheiden und dafür zurückschnellen. Ich behaupte nicht, das sei einfach, denn das wird es nicht sein. Ich empfehle Ihnen, diesen Satz immer dann zu wiederholen, wenn das Leben es nicht gut mit Ihnen meint: „Mir geht es vielleicht im Moment nicht gut, aber ich bin nicht weg vom Fenster! Ich will, dass die Welt weiß: Ich werde wiederkommen, wie ein Stehaufmännchen!“

Das Nächste, was man in diesem Leben verstehen muss: Es passieren komische Dinge, Wandel und Veränderung. Wir alle müssen Zeiten der Herausforderung meistern! Nehmen Sie das nicht persönlich, denn das ist es wirklich nicht. Jeder bekommt eine Chance. Herausforderung und Veränderung bieten gleiche Möglichkeiten oder zerstören diese, je nachdem, wie Sie das sehen. Jeder muss Rückschläge verkraften! Ich denke an eine Predigt von Pfarrer H. Beecher Hicks, die ich in der Metropolitan Baptist Church in Washington, D.C., hörte, mit dem Titel *Raus aus diesem Durcheinan-*

der. Pfarrer Hicks stellte fest, früher oder später müsse jeder mal mit einem Durcheinander zurechtkommen, Ärger irgendwelcher Art in seinem Leben, und werde einen Weg aus diesem Chaos finden müssen. Das passiert einfach jedem einmal, wie in Murphy's Law.

Murphys Law

Sie haben sicher schon von Murphy's Law gehört, dem „Gesetz", dass alles, was schief gehen kann, schief gehen wird und zwar zum denkbar falschesten Zeitpunkt. Murphy wird bei jedem über kurz oder lang vorbeischauen. Er ist der König der Rückschläge: Er erschafft sie und stellt sicher, dass jeder ein paar abbekommt. Manche bekommen mehr als ihren Anteil, weil sie es Murphy bei sich so gemütlich einrichten und er sich wie zu Hause fühlt und sie nicht wissen, wie sie ihm klarmachen sollen, dass er nicht willkommen ist (ein Mann erzählte mir kürzlich, Murphy würde zur Zeit im Gästezimmer in seinem Haus wohnen). Murphy kann entgegen gewirkt werden, so dass er einpacken muss. Wie? Indem man es ihm ungemütlich macht!

Sie können es Murphy ungemütlich machen, wenn sein Streben, Ihr Leben zu stören, für ihn zu hart wird. Sie können es ihm schwer machen, ihn abschrecken, so dass er nach einem leichteren Ziel Ausschau hält. Es ist, wie bei den Leuten, die ihr Auto mit einer Diebstahlsicherung versehen. Die Sicherung hat einen Abschreckungseffekt. Sie macht es schwerer und der Dieb überlegt es sich zwei Mal: Er wird es sich durch den Kopf gehen lassen, ob er wegen Ihres Autos wirklich so schwer arbeiten will, wenn weiter oben in der Straße ein Wagen ohne Diebstahlsicherung steht. Sie müssen ein Abschreckungssystem gegen Murphy entwickeln und das heißt Beharrlichkeit, ja ... die gute alte Hartnäckigkeit. Sie müssen sich einfach weiter auf Ihr Ziel zu bewegen, trotz Murphy.

Wenn Murphy bei Ihnen Halt macht und Ihnen Knüppel zwischen die Beine wirft, dann müssen Sie beharrlich bleiben. Sie müssen wild entschlossen sein, dass Sie schlicht und einfach nicht aufgeben werden. Je hartnäckiger Sie sind, desto schwächer wird Murphy werden. Ein großartiges Beispiel ist, als ich mit der Arbeit an diesem Buch begann. Ich hatte fast meinen ersten Entwurf fertig und war bereit, diesen auszudrucken, als mein Computer abstürzte.

Alles war weg! Mein Buch, meine Notizen und Monate meiner Zeit ... alles verschwunden. Murphy hatte zugeschlagen! Er versuchte mich zum Aufgeben zu bringen (weil er nicht wollte, dass Sie lesen könnten, wie man ihn los würde).

Ich verfiel in Panik, zwang mich dann aber zur Ruhe und zum Nachdenken. Ich hatte die Dateien auf einer Diskette gespeichert, musste mir also keine Sorgen machen. Ich holte meine Hoffnung, die Diskette, heraus, legte sie in Laufwerk A ein und öffnete sie. Da erschien die Meldung „Diskette fehlerhaft, nicht lesbar." Oh, nein! Meine Dateien waren verschwunden, der Computer konnte die Diskette nicht lesen. Ich lief zu einem anderen Computer und versuchte es damit, mit demselben Ergebnis. Dann versuchte ich es am Computer meines Assistenten, aber wieder erschien die Meldung: „Diskette fehlerhaft, nicht lesbar."

Ich stieg in mein Auto, brachte die Diskette in den Computerladen in meiner Gegend und bat dort um Hilfe. Er schob die Diskette ins Laufwerk, wieder dasselbe Ergebnis, aber er sagte: „Das Problem liegt bei der Diskette. Sie ist kaputt und die Dateien sind weg!" Nein! Nein! Nein! Murphy hatte zugeschlagen! „Okay, was kann ich noch tun?", fragte ich. Er antwortete, er wisse es nicht, und empfahl mir, ich solle vielleicht daran denken, alles noch mal von vorne anzufangen. (Offensichtlich nicht die richtige Antwort!)

Ich ging nach Hause, setzte mich hin und begann nachzudenken: „Welche Möglichkeiten habe ich? Ich weiß, ich habe noch eine andere Wahl, ich muss nur nachdenken, welche?" Ich saß ein paar Minuten und es fiel mir etwas ein. „Probiere die alten Disketten aus, vielleicht ist da etwas drauf." Ich holte schnell meine alten Disketten und probierte eine aus. Nichts! Ich versuchte es mit einer Zweiten, nichts! Ich versuchte es mit einer Dritten, nichts! Dann versuchte ich die letzte Diskette aus meiner Aktentasche und auf dem Bildschirm ... erschien mein Buch! Was fehlte, waren nur Informationen, die eine Woche Arbeit kosten würden, für die ich aber immer noch handschriftliche Notizen hatte.

Ich reproduzierte die Datei und hatte mein Buch wieder. Murphy war aufgetaucht, aber er traf nicht auf ein Willkommensschild: Er konnte nicht bleiben. Er musste verschwinden! Um Murphy rauszuwerfen, brauchen Sie unbedingt drei Dinge: Glaube, Konzentration und Durchhaltevermögen. Wir wollen mit dem Glauben beginnen.

Erstens, müssen Sie an sich selbst glauben, an Ihre Träume, an Gott, der Ihnen den Traum geschenkt hat und das Leben und die Fähigkeit, ihn Realität werden zu lassen. Sie müssen daran glauben, egal, welches Problem, egal, welche besondere Herausforderung Sie erwartet, dass Sie es schaffen werden. Sie müssen einen Glauben entwickeln, der besagt, Gott ist mit Ihnen, Gott ist für Sie und egal, wie viele Leute in Murphys Lager sind, Sie und Gott bilden die Mehrheit. Deshalb werden Sie gewinnen!

Zweitens, müssen Sie ein Ziel vor Augen haben. Konzentrieren Sie sich darauf, was Sie erreichen wollen. Wenden Sie sich wieder Ihrem Ziel zu, Ihrer Mission und Ihrer Absicht. Sie dürfen Ihre Energien nicht so sehr auf das Problem konzentrieren, sondern vielmehr auf die Lösung. Wie mein Freund, der Erfolgstrainer Al Way sagt: „Erfolg ist kein Hokuspokus ... es geht um den Fokus!"

Einer der Wesenszüge erfolgloser Leute ist, dass sie versuchen, sich zur selben Zeit auf zu viele Dinge zu konzentrieren. Der Bestsellerautor und Rhetoriker Zig Ziglar benutzt eine gute Analogie. Zig sagt, wenn man versuche, an einem sonnigen Tag mit einem Vergrößerungsglas einen Laubhaufen in Brand zu setzen, so müsse man das Vergrößerungsglas ruhig halten und auf das Laub richten. Bewege man das Glas weiter, so werde das Feuermachen kaum erfolgreich sein. Halte man es aber ruhig und konzentriere die Energie der Sonne, dann könne man ein prasselndes Feuer entfachen!

Und schließlich brauchen Sie auch Durchhaltevermögen! Bleiben Sie bei den Angelegenheiten, die Sie angehen wollen, am Ball. Sie müssen so engagiert sein, dass Sie trotz des Problems weitermachen. Sie müssen weiterkämpfen und dürfen einfach nie aufgeben. Murphy liebt Leute, die aufgeben. Er setzt sich dann fest und beschließt dort, ständiges Chaos in ihrem Leben anzurichten. Wenn Sie seinen Versuchen widerstehen und hartnäckig bleiben, weiter abprallen und Ihre Ziele verfolgen, dann wird Murphy müde und sieht sich nach einem leichteren Opfer um. Geben Sie nicht auf! Stoßen Sie Murphy ins Abseits! Nur weil es ein „Gesetz" ist, heißt das nicht, Sie müssen es hinnehmen und Ihr Leben kontrollieren lassen! Es ist an der Zeit, dass ich Ihnen ans Herz lege: Brechen Sie das Gesetz ... brechen Sie Murphys Gesetz!

Ich erinnere mich, als ich eines Tages in Connecticut sprechen sollte. Ich war der Hauptredner und der Kunde hatte wirklich hart gearbeitet, damit alles perfekt liefe, denn der Erlös sollte einem besonderen Jugendprogramm zugute kommen, das er im Namen seiner Eltern eingerichtet hatte. Ich sollte um 20 Uhr sprechen, daher hatte er für mich einen Flug gebucht, der um 16 Uhr ankommen sollte, damit ich mich nicht hetzen müsste und etwas Zeit vor meiner Rede hätte. Mein Flug sollte planmäßig um 14 Uhr starten, also machte ich mich um 12.30 Uhr auf den Weg, um nicht unter Zeitdruck zu geraten und das Flugzeug nicht zu verpassen. Wir checkten um 13.30 Uhr ein und um 14 Uhr fingen wir an, zur Startbahn zu rollen. Alles lief großartig, wir lagen genau in der Zeit. Dann beschloss Murphy vorbeizuschauen. Der Flugkapitän meldete sich über Lautsprecher und sagte: „Meine Damen und Herren, es tut mir Leid, aber wir wurden zum Terminal zurückbeordert. Ein Sturm kommt auf und alle Flüge wurden vorsichtshalber annulliert." *Aahhhh!!!* Nein! Das kann nicht sein!

Wir gingen zurück zum Terminal und fragten einen Angestellten, wie lange der Aufschub voraussichtlich dauern würde. Die Antwort lautete: „Wir wissen es nicht, aber es werden sicherlich mindestens zwei Stunden sein." Ich entschied, mich nach einigen anderen Möglichkeiten umzuschauen. Ich rief am Bahnhof an, aber alle Züge waren völlig ausgebucht. Ich rief am Busbahnhof an, aber der letzte Bus an jenem Nachmittag war eben abgefahren. Ich telefonierte wegen eines Mietwagens, aber es waren bereits alle vergeben und die Fahrt würde mich mindestens zweieinhalb Stunden zu spät für meine Rede ankommen lassen. Also wartete ich, dass der Sturm vorübergehe. Und er war schließlich vorüber, doch die Fluggesellschaft verkündete in einer Durchsage: „Wir haben entschieden, alle übrigen Flüge des heutigen Tages zu stornieren. Wir werden unseren Service morgen um 6 Uhr wieder aufnehmen!" „Was? Oh nein, Murphy, nicht heute. Du wirst nicht gewinnen!"

In dem Augenblick beschloss ich, Murphy den *Krieg* zu erklären. Ich fragte bei einer anderen Fluggesellschaft nach wiederaufgenommenen Flügen, die Antwort war negativ! Ich fragte bei einer weiteren Fluggesellschaft, wieder Nein! Ich fragte bei jeder Fluggesellschaft nach und erhielt immer die gleiche Antwort ... Nein! Bei der letzten Fluggesellschaft im Terminal aber war die Antwort schließlich positiv! Sie würden die Flüge sofort wieder aufnehmen, aber sie waren überbucht, wegen all der Leute, die eigentlich Tickets für frühere Flüge hatten, und sie hatten keine Sitzplätze mehr zur Verfügung. Ich sagte: „Kann ich zumindest mein Ticket von der Fluggesellschaft X in eines von Ihnen umtauschen?“ Sie antwortete: „Ja, ich bezweifle allerdings wirklich, dass Sie heute noch weiterreisen können, aber Sie können es auch morgen benutzen.“ Sie gab mir einen kleinen gelben Coupon und ich ging schnurstracks zu dem relevanten Flugsteig.

Ich gelangte durch die Sicherheitskontrollen, dann war Schluss. Der Bereich war so überfüllt, dass ich mich kaum bewegen konnte. Ich hörte die Ansage, dass die Passagiere jetzt an Bord gehen könnten. Ich wusste, ich musste in dieses Flugzeug gelangen, um die Rede halten zu können. Ich erklärte einer Angestellten der Fluglinie meine Situation und bat um Hilfe. Sie sah sich meinen gelben Coupon an und meinte: „Ich glaube, Sie haben eine Chance. Kommen Sie mit mir.“ Sie brachte mich zur Ticketagentin, die noch einen freien Platz hatte und nach jemanden mit gelbem Coupon suchte. Ich rief: „Das bin ich! Ich habe einen gelben Coupon!“ Ich gelangte also in das Flugzeug und zwei Stunden später betrat ich genau dann den Ballsaal, als sie verkündeten, es sähe nicht so aus, als ob ich erscheinen könnte. Ich legte meinen Mantel ab und begann meine Rede! Ich erzählte ihnen: „Murphy mag Sie treffen, aber er darf Sie nicht besiegen. Gehen Sie einfach weiter Ihren Weg, versuchen Sie es immer wieder und geben Sie nie auf!“

Wenn ich an diese Erfahrung zurückdenke, fallen mir die Macht des Glaubens, der Konzentration und des Durchhaltevermögens auf. Zuerst war es der Glaube, der mich unbeirrt weitergehen ließ, trotz aller Hindernisse. Ich glaubte daran, ich würde irgendwie, irgendwann zu dieser Rede kommen. Ich wusste zwar nicht wie, aber ich glaubte ernsthaft daran. Zweitens, musste ich mich weiterhin auf mein Ziel konzentrieren. Ich ließ mich nicht durch die Probleme ablenken: Ich blieb auf das Ziel eingestellt und darauf, einen Weg zu finden, um es zu erreichen. Und schließlich hielt ich auch durch. Ich handelte nach meinem Glauben und weigerte mich deshalb aufzugeben. Ich entwickelte aus dieser Erfahrung eine Rede mit dem Titel *Lass Dich von den Hindernissen nicht einschüchtern*, in der ich feststelle, dass es immer überall Hindernisse geben wird, wir uns aber nicht vor ihnen fürchten sollten. Ein Berg ist nichts anderes als viele kleine Erdschollen auf einem Haufen. Sie können ihn beseitigen, hören Sie einfach nicht auf zu graben.

Ein altes Sprichwort sagt, manchmal gewinnt man, manchmal verliert man, so ist das Leben! Ich sehe das lieber aus einer anderen

Perspektive, einer positiven. *Ich meine, manchmal gewinnt man und manchmal lernt man mehr darüber, wie man gewinnt.* Edison sagte, nach Tausenden misslungener Versuche, die Glühbirne zu erfinden, man verliere niemals, solange man aus der Erfahrung lerne und daran wachse. Ein Unglück kann ein großartiger Lehrer sein!

Und zum Zweiten, nehmen Sie es nicht persönlich. Jeder muss Herausforderungen und Rückschläge bewältigen. Es ist, wie wenn Ihnen jemand im Verkehr den Weg abschneidet, Sie werden wütend und wollen ihm gehörig die Meinung sagen. Tun Sie's nicht! Nehmen Sie es nicht persönlich. Lassen Sie es auf sich beruhen! Fragen Sie sich: „Kennen die mich?“ oder „Ist das morgen oder in einem Jahr noch wichtig?“ Lautet die Antwort Nein, dann nehmen Sie es gelassen. Ich empfehle Ihnen, üben Sie sich in VEFE. Nutzen Sie das Prinzip VEFE: Vergiss es und fahr einfach!

Vergiss es und fahr einfach. Ob Sie es glauben oder nicht, 99,9 Prozent der Fälle, da Ihnen jemand den Weg abschneidet, sind nicht persönlich gegen Sie gerichtet. Das kann nicht sein. Sie kennen sie nicht und umgekehrt. Natürlich ärgern Sie sich, natürlich fühlen Sie sich angegriffen und wollen es ihnen heimzahlen, aber denken Sie nach bevor Sie handeln. Lassen Sie nicht zu, dass ein anderer kontrolliert, *wie* Sie agieren werden. Lassen Sie sie ziehen.

Ich liebe den Werbespot mit dem älteren Herrn, der seinen Oldtimer-Sportwagen lenkt, und ein junger Heißsporn schneidet ihm den Weg ab. Der ältere Herr ist offensichtlich erschrocken, aber er bleibt ruhig und will nichts mit seinem Auto riskieren, das ihm lieb und teuer ist, nur um dem Kerl (den er gar nicht kennt) seine Meinung zu sagen. Einige Meilen weiter begegnet er dem jungen Heißsporn wieder, aber er ist in einen Lastwagen gefahren und sein heißer Ofen ist Schrott. Der ältere Herr fährt gelassen vorbei und lächelt. Nutzen Sie das Prinzip des VEFE: Vergiss es und fahr einfach weiter. Nehmen Sie es nicht persönlich. Konzentrieren Sie sich auf Ihr Ziel und denken Sie daran, Rückschläge passieren jedem!

Es ist wichtig, das Wort *Herausforderung* zu definieren: „Aufforderung zum Zwei- oder Wettkampf.“* Ich möchte dieser Definition hinzufügen, dass herausfordernde Situationen auch unseren Glauben, unsere Überzeugung und unser Engagement auf die Probe stellen und uns somit helfen, stärker zu werden. Viele würden herausfordernde Erfahrungen Rückschläge nennen, in *Wahrig Deut-*

---

* Wahrig Deutsches Wörterbuch, 7. Auflage, München 2000

sches Wörterbuch wird Rückschlag aber definiert als „ungünstige Wendung" und zugleich „einer zunächst günstigen Entwicklung". Beide Teile der Definition sind notwendig, denn ein Rückschlag kann eine ungünstige Wendung sein, ist zugleich aber eine Sperre in einer Entwicklung, ein Hindernis auf Ihrem Weg durch das Leben, ein notwendiger Teil Ihrer Entwicklung. Ein Misserfolg kann ein wertvoller Bestandteil der Erfolgsformel sein.

In seinem Buch *The Joy of Failure** schreibt Wayne Allyn Root:

> *Misserfolg und Ablehnung sind nichts Schlechtes. Sie machen mächtig! Sie können nicht vermieden werden. Um irgendetwas Wertvolles zu schaffen, müssen Sie auf dem Weg auch Schmerz in irgendeiner Form erfahren. Um Erfolg zu haben, prächtig zu gedeihen und das Leben so leben zu können, wie Sie es sich erträumen, müssen Sie auch Misserfolg und Ablehnung riskieren und dann weitermachen. Sie müssen weiter kämpfen. Deshalb machen so viele Menschen nie die Erfahrung des süßen Erfolgs, denn zuerst muss man bereit sein, die Freuden des Misserfolgs zu erfahren. Ohne Schmerz, kein Gewinn. Ohne Risiko, keine Belohnung.*

Stehen Sie auf und versuchen Sie es noch ein Mal!

Ich las in der *Washington Post* einen Artikel über die Thompsonsechslinge, die im Frühjahr 1997 auf die Welt kamen. Ein Segen für ihre Eltern, aber auch eine Last und ein Rückschlag für ihre Finanzen und Ressourcen. In dem Artikel hieß es, die Eltern hätten keine Medikamente zur Erhöhung der Fruchtbarkeit eingenommen und nur ein Kind geplant, stattdessen waren es sieben. Eines wurde tot geboren, die anderen sechs aber überlebten. Es bedeutete eine gewaltige Umstellung für den Haushalt. Sie hatten nur ein Appartement mit einem Schlafzimmer und ein kleines Auto und ihre Finanzen waren begrenzt. Sie wussten nicht, was Sie tun sollten, gaben aber nicht auf, sondern blieben dankbar und voller Hoffnung.

Nicht lange nach der Geburt der Thompsonbabys hatte eine weitere Familie eine Mehrlingsgeburt, sieben Babys. In dem Medien-

* Liegt bisher nicht in deutscher Übersetzung vor (Anm. d. Ü.)

rummel erfuhr die Presse von den Thompsonsechslingen, nahm die Story auf und die amerikanische Öffentlichkeit antwortete großartig. Chevrolet spendete der Familie einen Kleinbus, Fannie Mae ein Zuhause. Die Howard University spendete Windeln, Nahrungsmittel und Kinderpflegeartikel und zusätzlich die gesamten Collegegebühren der Kinder, wenn sie das Collegealter erreicht hätten.

Als ich den Artikel las, erregte eine Zeile besonders meine Aufmerksamkeit. Es ging darum, wie die Babys ihren ersten Geburtstag begingen und wie eine von ihnen versuchte zu laufen. Sie stand auf, fiel wieder hin und fing an zu weinen. Ihre Mutter lief zu ihr hin, hob sie auf und sagte: „Es ist schon in Ordnung. Das gehört zum Großwerden! Du wirst hinfallen, aber auch wieder aufstehen und es von neuem versuchen. Wenn du nicht wieder aufstehst, wirst du nie das Gehen lernen; und wenn du nie Gehen lernst, wirst du auch nie Laufen lernen! *Jessy, denk daran, Hinfallen gehört zum Leben ... Es ist o.k.!*"

Wunderbar! Was für eine Botschaft, nicht nur für Babys, für jeden. Wenn wir fallen oder niedergestreckt werden, müssen wir wissen, es ist o.k. Steh auf und probiere es weiter. Denn wenn du nicht wieder aufstehst, wirst du nie das Gehen lernen und dann wirst du auch nie das Laufen lernen! Gib nie auf und hör nie auf, es zu versuchen. Steh wieder auf! Denk daran, du fühlst dich vielleicht manchmal am Boden zerstört, aber das ist nicht das Ende! Es ist Zeit für ein Comeback!

2. Schritt: Merksätze

1. Leben heißt Versuchen, deshalb müssen Sie es fortwährend weiter versuchen.
2. Das Leben besteht aus Wellen und Wellen sind gut; auf einem EKG bedeutet eine gerade Linie, dass Sie tot sind.
3. Entwickeln Sie die Fähigkeit zum Abfedern, so dass Sie zurückschnellen und in einer höheren Flugbahn fliegen können.
4. Brechen Sie das Gesetz, Murphys Gesetz. Streben Sie weiter nach vorne.
5. Sie und Gott zusammen ergeben eine Mehrheit.
6. Bewahren Sie Glauben, Konzentration, Durchhaltevermögen.
7. Lassen Sie sich nicht durch Hindernisse beirren.

8. Lernen Sie neue Wege, um zu gewinnen.
9. Nehmen Sie es nicht persönlich. Trainieren Sie VEFE (vergiss es und fahr einfach).
10. Es ist in Ordnung hinzufallen, stehen Sie einfach wieder auf. Ohne Fallen und Aufstehen würde man nie das Gehen oder das Laufen lernen.

3. Schritt

Konzentrieren Sie sich auf Ihr Ziel: Wo wollen Sie hin? Ist der Traum nur groß genug, spielen Probleme keine Rolle!

Nie tauchte ein Gebäude, das den Himmel berührt, einfach so auf, bis jemand davon träumte und an die Möglichkeit glaubte und den Willen hatte, es zu verwirklichen!

Thomas Paine

Alle Menschen träumen, aber nicht auf die gleiche Art. Diejenigen, die nachts träumen, in den düsteren Winkeln ihres Geistes, wachen auf und erkennen, dass alles nur Einbildung war. Aber diejenigen, die am Tag träumen, sind gefährlich, denn sie träumen mit offenen Augen, um sicherzugehen, dass ihre Träume sich erfüllen werden!

T. E. Lawrence

Der nächste Schritt, um Ihre Rückschläge in einen Auftakt zu einem Comeback zu verwandeln, liegt in der Konzentration Ihrer Energien auf einen Traum, eine Vision, ein Ziel. Sie müssen eine Vision haben und ein Ziel verfolgen und Sie müssen erkennen, dass diese unterschiedlich sind. Ein Ziel ist etwas, an dem Sie arbeiten, während eine Vision etwas ist, das in Ihnen arbeitet.

Haie

Um Ihre Ziele zu erreichen und Ihre Träume zu verwirklichen, brauchen Sie Motivation. Es gibt zwei Arten der Motivation: Inspiration und Verzweiflung. Die meisten Menschen erlauben normalerweise der Verzweiflung, sie zu motivieren. Sie sind nur dann motiviert, wenn sie mit dem Rücken zur Wand stehen und keine andere Wahl mehr haben. Nun, was würde geschehen, wenn sie jeden Tag motiviert wären? Das folgende Zitat drückt das am besten aus:

Die meisten Leute wissen nicht, wie schnell sie schwimmen können, bis zu dem Zeitpunkt, an dem ein Hai sie verfolgt. Aber im großen Wettlauf des Lebens ist derjenige erfolgreich, der seine Schritte weise setzt. Ihre Schritte werden nicht von Furcht diktiert, sondern ihr Schachzug ist ein Resultat ihres Wunsches. Wenn du dem Ozean der Entscheidung gegenüber stehst, lenkt dich dann die Furcht oder eine Vision? Hast du deine Ziele gesetzt? Versuchst du hoch gesteckte Ziele zu erreichen? Oder wartest du immer noch darauf, die Haie zu sehen? Brauchst du Inspiration oder Verzweiflung, um deine Träume zu leben? Das hängt von dir ab!

Autor unbekannt

Vor einigen Jahren hatte ich die Möglichkeit, einen Tag mit dem Multimillionär und König des Netzwerkmarketing Dexter Yager zu verbringen. Dexter Yager ist ein ehemaliger Lastwagenfahrer, der ein millionenschweres Vertriebsnetz des Amwaykonzerns[*] aufbaute. Es war einer der faszinierendsten Tage meines Lebens und ich lernte eine Menge über Erfolg und sogar noch mehr über die Bewältigung von Misserfolgen.

Dexter erzählte eine Geschichte nach der anderen über die Kraft des positiven Denkens und die Macht der Not für die Entwicklung eines möglichen Menschentyps, wenn man bereit ist, zu träumen und für den Traum zu kämpfen. Er sprach auch über Rückschläge und wie man an ihnen wachsen kann. Während unseres Gesprächs sagte er etwas, das ich nie vergessen werde. Er sagte: „Wenn du dich auf deinen Traum zu bewegst, wirst du auch Probleme und Schwierigkeiten haben. Aber wenn der Traum groß genug ist ... sind Probleme belanglos!“ Ich fand das wunderbar! Wenn der Traum groß genug ist, sind Probleme belanglos! Nach einiger Zeit las ich sein Buch *Don't Let Anybody Steal Your Dream*[**] und lernte mehr über seine Philosophie der Träume und des Erfolgs. Hier einige der klassischen Zitate von Dexter Yager:

---

[*] US-Konzern der chemischen Industrie (Anm. d. Ü.)

[**] Liegt bisher nicht in deutscher Übersetzung vor (Anm. d. Ü.)

Manche sagen: „Es ist schwer, so schwer! Das stimmt, es ist schwer! Und deshalb müssen Sie es hart angehen. Sie müssen bereit sein, für Ihren Traum zu kämpfen, und zwar hart, und erkennen, dass Sie durch den Kampf stärker werden. Sie werden vielleicht geschlagen, aber stehen Sie immer wieder auf und kämpfen Sie weiter. Diejenigen, die sich weigern zu verlieren, verlieren auch selten!

Das Paradoxe im Leben ist, dass Erfolg auf Unannehmlichkeiten aufbaut, niemals auf Bequemlichkeit. Wer bereit ist, zu kämpfen und daran zu wachsen, wird gewinnen. Wer dazu nicht bereit ist, wird verlieren!

Aus Kämpfen gehen Gewinner hervor! Michael Jordan und George Foreman sind Gewinnertypen, die keine Angst davor haben, wenn andere sie kämpfen sehen, damit sie sie auch gewinnen sehen. Wollen Sie erfolgreich sein, dann dürfen Sie keine Angst vor einem Misserfolg haben und müssen lernen, an ihm zu wachsen!

Ideen sind Massenware ... aber derjenige, der sie praktisch verwirklicht, ist unbezahlbar!

Bis Sie nicht lernen, Ihre Finanzen, Ihre Zeit und Ihr Denken zu managen, werden Sie nie etwas von Belang erreichen! Leistung ist etwas, das man wählen kann!

Der beste Weg, sich eine Zukunft aufzubauen, ist, an sich selbst zu arbeiten. Der beste Weg, Ihre Firma aufzubauen, ist, an Ihren Leuten zu arbeiten!

Alle Menschen sind das, was sie aus sich gemacht haben. Nur die Erfolgreichen geben das auch zu!

Zählen Sie lieber Ihre Glücksfälle, als Ihre Probleme, kämpfen Sie weiter für Ihre Träume und überlegen Sie, ob der Traum groß genug ist. Die Schwierigkeiten zahlen wirklich nicht!

Ist der Traum groß genug, zählen die Schwierigkeiten nicht. Ich musste ständig an dieses Zitat denken. Den ganzen Nachhauseweg dachte ich darüber nach und es wurde mir klar, wie wahr dieser Satz doch war. Ich dachte daran, wie mein Auto gerade dann kaputt ging, als ich in die Selbstständigkeit ging, ich aber nicht aufgab, und die Dinge entwickelten sich großartig ... als ich mich weigerte aufzugeben! Ist der Traum nur groß genug und Sie wollen es wirklich, fallen Probleme nicht ins Gewicht, es sind lediglich Unannehmlichkeiten. Wird es einfach sein? Nein! Es wird hart werden, schwierig, eine Herausforderung. Ist der Traum aber groß genug und Sie wollen es unbedingt, wird es funktionieren.

Wie soll ein Traum Wirklichkeit werden, wenn Sie keinen Traum haben? Eine Vision zu haben, zu wissen, wo Sie hin wollen, ist ein kritischer Schritt, um einen Rückschlag in einen Auftakt zu einem Comeback zu verwandeln. Wenn Sie einen Rückschlag erleiden, müssen Sie sich fragen: „Was will ich erreichen und wo will ich hin?“ Wenn Sie wissen, wo Sie hin wollen, fällt es Ihnen leichter, Ihre Energien auf diesen Ort zu konzentrieren. Stellen Sie sich vor, Sie machen sich eines Morgens auf den Weg zur Arbeit und entdecken beim Hinausgehen, dass Ihr Wagen einen Platten hat. Geben Sie auf? Nein! Denn Sie wissen, wo Sie hin wollen und Sie werden dieses Problem in den Griff bekommen, um dieses Bestimmungsziel zu erreichen. Nachdem Sie den Reifen gewechselt haben, machen Sie sich auf den Weg zur Arbeit, kommen aber an eine Straße, wo eine Hauptwasserleitung geplatzt ist und Sie müssen einen Umweg machen. Geben Sie auf und fahren Sie zurück nach Hause? Nein! Denn Sie wissen, wo Sie hin wollen, also folgen Sie der Umleitung und bleiben weiter auf dem Weg zu Ihrem Bestimmungsort. Sie können sich selbst sehen, wie Sie Ihren Bestimmungsort erreichen, und die Rückschläge sind eben nichts anderes, als Schwierigkeiten, Umwege, Kurven in der Straße. Wenn Sie wissen, wo Sie hin wollen, sind Rückschläge nur so etwas wie Umleitungen, die Sie ignorieren, umgehen oder denen Sie, wenn nötig, folgen. Aber Sie bleiben nicht stehen, bis Sie Ihren Bestimmungsort erreicht haben.

Die Macht, die in einer Zielsetzung liegt, kann am besten am Beispiel der Ameisen illustriert werden. Ameisen sehen die Herausforderungen der Zukunft, bleiben aber auf ein Ziel konzentriert und sind entschlossen, es zu erreichen. Wenn Sie eine Ameise genau beobachten, werden Sie sehen, was für ein unglaubliches Wesen das ist, denn es gibt nie auf. Sehen Sie eine Ameise und legen ihr ein Blatt, einen Stock, einen Ziegelstein oder irgendetwas anderes in den Weg, so wird sie darüber klettern, unten hindurchschlüpfen, darum herumlaufen oder sonst tun, was notwendig ist, um ihr Ziel zu erreichen. Sie bleibt nie stehen. Sie wird nie aufgeben. Sie versucht es immer weiter, bleibt in Bewegung, bleibt auf dem Weg zu ihrem Ziel. Tatsächlich ist die einzige Möglichkeit, eine Ameise zu stoppen und vom Erreichen ihres Ziels abzuhalten, sie zu töten. Eine Ameise hört nur dann auf, es zu versuchen, wenn sie stirbt!

Eine Ameise gibt nicht nur nie auf, sie steckt auch ständig in Vorbereitungen für den Winter. Sie bereitet sich ständig auf das Morgen vor. Der Grashüpfer andererseits denkt nur an das Heute. Der Grashüpfer denkt den ganzen Sommer an Sommer, während die Ameise den ganzen Sommer an den Winter denkt. Wenn der Winter kommt, kann die Ameise mit einiger Bequemlichkeit überleben, der Grashüpfer aber muss leiden. Unsere Lektion daraus ist, dass die Ameise sich fleißig auf die harten Zeiten vorbereitet, die früher oder später kommen werden.

Wir sollten von der Ameise lernen und jeden Tag fleißig arbeiten, uns auf Ziele festlegen und sie verfolgen. Wir sollten für die Zukunft planen. Aufgeben ist keine Möglichkeit, egal, welche Hindernisse sich Ihnen in den Weg stellen. Egal, welche Probleme uns bedrängen oder in welchen Umständen wir uns befinden, wir dürfen niemals aufgeben. Wir müssen unsere Träume weiterverfolgen und uns bemühen, unsere Ziele zu erreichen. Wir müssen unsere Zukunft vorbereiten und unsere Bedürfnisse im Winter noch während des Sommers im Auge behalten. Das Morgen sollte bereits heute geplant und vorbereitet und Vorräte für einen Regentag angelegt werden. Genauso, wie jetzt die Sonne scheint, wird unweigerlich auch der Regen kommen; und genauso, wie es den Sommer gibt, kommt bestimmt auch der nächste Winter. Es wird Rückschläge geben und Herausforderungen! Arbeiten Sie hart, bereiten Sie sich auf schwere Zeiten vor und vor allem ... *geben Sie niemals auf!*

Ameisen gehen mit der Erwartung in die Zukunft, dass Herausforderungen und schwere Zeiten auf sie zukommen und deshalb

1. wissen sie, was sie wollen und wohin sie gehen,
2. sind sie hartnäckig und geben niemals auf,
3. setzen sie sich Ziele,
4. planen sie,
5. denken sie an morgen, nicht nur an heute (Grashüpfer denken den ganzen Sommer an den Sommer, während Ameisen den ganzen Sommer an den Winter denken),

6. arbeiten sie hart,
7. arbeiten sie flott,
8. laufen sie lieber weiter, bis sie haben, was sie wollen, oder sterben.

Die Ameise ist ein wundervolles Beispiel für ein völlig zielorientiertes Wesen, das sich nicht durch Rückschläge von seinem Ziel abbringen lässt. Wenn wir zielorientiert sein können und unser Leben lang auf unsere Vision konzentriert bleiben, dann werden wir routiniert Rückschläge in einen neuen Anfang umwandeln! Eine Vision ist der Ausgangspunkt für Erfolg und der Ausgangspunkt, um einen Rückschritt in den ersten Schritt zu einem Comeback zu verwandeln. Sie müssen jedoch daran denken, wo eine Vision ist, gibt es auch immer wieder Niederlagen. Wo immer eine Vision ist, wird es auch Opposition geben, nicht nur vielleicht, sondern ganz *sicher*.

Vision und Opposition: Wo das eine ist, findet sich auch immer das andere!

Gibt es eine Vision, so findet sich auch immer Opposition. Sie werden einiges an Herausforderungen zur Vision hinzu bewältigen müssen. Sie müssen sich der Opposition bewusst sein und sich darauf vorbereiten, indem Sie unbeirrt daran glauben und bereit sind, für sie zu kämpfen. Haben Sie eine *große* Vision, so werden andere es für zu viel halten, zu unbequem und werden versuchen, sie zu verwässern. Lassen Sie das nicht zu! Einstein sagte: „Große Geister sehen sich immer der heftigen Opposition mittelmäßiger Köpfe gegenüber.“ Sie müssen eine Vision vor Augen haben, einen starken Glauben, den Mut zum Handeln und die Kraft, etwas auszuhalten!

Pfarrerin Willette O. Wright von den *From the Heart Ministries* in Temple Hills, Maryland, ist eine Freundin und eine große Predigerin, die in einer ihrer Predigten eine Botschaft vermittelte, die den Kern traf, was die Macht eines Traumes betrifft. Sie glaubt daran, dass man, um erfolgreich zu sein, die Verantwortung übernehmen muss, um a) seine Träume ausfindig zu machen, b) sich auf seine Träume zu konzentrieren und c) um für diese Träume zu kämpfen. Finden Sie ihn. Konzentrieren Sie sich darauf. Und kämpfen Sie dafür!

Zuerst müssen wir den Traum ausfindig machen, denn er kann kaum wahr werden, wenn wir keinen haben. Und es muss Ihnen bewusst sein, dass manche Freunde Sie für verrückt halten werden, wenn Sie davon erzählen und davon, dass Sie einige unglaubliche Dinge vorhaben in Ihrem Comeback. Ich flehe Sie aber trotzdem an, trauen Sie sich große Träume zu. Jede große Erfindung, jede große Leistung war das Resultat eines großen Traumes, und wahrscheinlich haben ein paar Leute über den Traum gelacht, aber er wurde doch verwirklicht.

Alle haben gelacht

Ich war Gast in der Radioshow von Eric St. James bei WOL in Washington, D.C. Während des Gesprächs erwähnte ich, es sei notwendig, eine Vision zu haben, wenn man sein Leben ändern wolle, aber man müsse sich auch klar darüber sein, dass dann sofort auch die Opposition auftauchen werde. Man könne davon ausgehen, für verrückt erklärt zu werden und dass das Leben alle möglichen Hindernisse in den Weg legen werde, daran dürfe man aber nicht verzweifeln. Jede große Persönlichkeit, die in die Annalen der Geschichte einging, hätte immer auch eine Vision vor Augen gehabt. Sie hätten große Entscheidungen zu treffen gehabt, handeln müssen und große Wünsche gehabt ... und es hätte immer auch Widerstand gegeben. Eric erwähnte dann ein Buch, das er gelesen hatte, mit dem Titel *They All Laughed ... from Lightbulbs to Lasers** von Ira Flatow. Das Buch handelt von Personen in der Geschichte, die Unglaubliches leisteten und unglaublichen Erfolg hatten und wie jeder über sie lachte, als sie von ihren Träumen erzählten. Jeder Träumer sah sich vielen Leuten gegenüber, die ihn auslachten und versuchten, ihn zu entmutigen.

Sie lachten über Thomas Edison und hielten ihn für verrückt, als er von seinem Traum erzählte, eine Glühbirne zu erfinden, die Kerzenlicht ersetzen könne. Sie lachten über Alexander Graham Bell und nannten ihn verrückt, als er von einer Maschine erzählte, durch die man zu anderen Menschen an anderen Orten sprechen könne. Sie lachten über Christoph Kolumbus und erklärten ihn für verrückt, als er sagte, die Erde sei keine Scheibe, sondern eine Kugel. Und er war

* Liegt bisher nicht in deutscher Übersetzung vor (Anm. d. Ü.)

bereit, auch von ihrem Rand herabzustürzen, um es zu beweisen. Sie lachten über die Brüder Wright und hielten sie für verrückt, als sie erklärten, sie wollten eine Flugmaschine bauen.

Sie lachten über Martin Luther King Jr. und nannten ihn verrückt, als er von Bürgerrechtsdemonstrationen sprach, die ohne Gewalt abliefen. Auch als er erklärte, er wolle eine Kundgebung auf den Stufen des Lincoln Memorial abhalten, um der Welt seine Träume mitzuteilen, wurde er verlacht. Sie lachten über John F. Kennedy, als er behauptete, die Menschheit würde den Mond erreichen, bevor die 60er-Jahre vorüber seien. Die Liste lässt sich endlos fortsetzen. Alle lachten!

Die größten Leistungen wurden alle einmal für unmöglich gehalten. Jeder, der Unglaubliches vollbracht hat, hat Unmögliches geschafft. Man lacht vielleicht über Sie und Ihre Träume, aber Sie dürfen nicht verzweifeln. Sie werden sich zu einem sehr prestigeträchtigen Klub gesellen, mit Menschen, die wissen, wer zuletzt lacht, lacht am besten. Wenn Sie nicht bereit sind, Lächerliches zu tun, können Sie nichts Spektakuläres erreichen!

Konzentrieren Sie sich bedingungslos auf Ihren Traum und behalten Sie ihn vor Augen. Ich notierte meinen Traum in meinem Tagesplaner und las ihn täglich. Jedes Mal, wenn ich meinen Tagesplaner aufschlug, hatte ich meinen Traum vor Augen, auf dem Trennblatt. Erinnern Sie sich, in der Heiligen Schrift bei Habakuk 2,2 heißt es: „Schreib auf, was du geschaut hast, deutlich auf eine Tafel, dass es lesen könne, wer vorüberläuft!“

Schließlich müssen Sie auch bereit sein, für Ihren Traum zu kämpfen, weil jede Vision auch Widerstand auslöst. Jeder Traum hat auch Blockierer. Und je größer der Traum, desto größer die Herausforderungen und die Probleme, aber auch die Belohnung! Es ist sehr wichtig, dass Sie sich zum Kämpfen verpflichten. Sie müssen in alle Richtungen kämpfen und Sie müssen erkennen, um einen Rückschlag in den Auftakt zu einem Comeback zu verwandeln, müssen Sie zuerst Ihren Traum finden, dann sich darauf konzentrieren und dann dafür kämpfen!

Wenn wir bereit sind, dafür zu kämpfen, so können wir den Traum unterstützen und wachsen lassen, hin zu einem gewaltigen, erfolgreichen Unternehmen. Denn das Leben wird Sie testen! Meine Mutter pflegte mir zu erklären, alles, was zu besitzen sich lohne, sei es auch wert, dass man dafür kämpfe. Das Gleiche gilt auch für Ihre

Träume. Ist der Traum es wert, verwirklicht zu werden, dann ist er es auch wert, dafür zu kämpfen.

Das Ergebnis ist also, Sie müssen einen Traum haben und zwar einen großen, denn je größer der Traum, desto größer der Lohn. Wenn Sie sich daranmachen, einen Rückschlag in ein Comeback umzuwandeln, dann denken Sie daran, dass es nicht leicht sein wird. Es wird Probleme geben, Herausforderungen, Schwierigkeiten und Widerstände, aber ... ist der Traum groß genug, so fallen Probleme nicht weiter ins Gewicht! Träumen Sie einen großen Traum, kämpfen Sie hart und machen Sie sich keine Sorgen, wenn die Leute lachen, denn wer zuletzt lacht, lacht am besten!

3. Schritt: Merksätze

1. Ist der Traum nur groß genug, fallen Probleme nicht ins Gewicht. Deshalb: Träumen Sie einen großen Traum!
2. Wie soll ein Traum in Erfüllung gehen, wenn Sie keinen Traum haben?
3. Seien Sie wie eine Ameise. Bleiben Sie in Bewegung, bis Sie Ihr Ziel erreicht haben oder sterben, was immer zuerst geschieht.
4. Planen Sie und bereiten Sie sich für das Morgen vor. Denken Sie den Sommer über an den Winter und umgekehrt.
5. Seien Sie sich bewusst: Haben Sie Ihre Vision gefunden, so werden Sie auch auf Opposition stoßen.
6. Gewinnertypen haben keine Angst davor, wenn die anderen sie kämpfen sehen, damit sie sie auch gewinnen sehen.
7. Ja, es ist hart; deshalb müssen Sie es auch hart angehen.
8. Zeigen Sie sich bereit, für Ihren Traum zu kämpfen.
9. Wenn die Leute über Ihren Traum nicht lachen, dann ist er nicht gewagt genug.
10. Nur die, die bereit sind, Lächerliches zu wagen, können Spektakuläres erreichen.

TEIL II

Die Kraft der Entscheidung

4. Schritt

Treffen Sie Entscheidungen: Sie mussten einen Rückschlag einstecken, was wollen Sie jetzt tun?

Sie können der Gestalter Ihres Lebens sein ... oder das Opfer der Umstände, das hängt von Ihnen ab!

Redenbach

In jedem Handbuch über Erfolg und in jedem Interview für dieses Buch fand ich im Grunde dasselbe. Erfolgreiche Leute haben sich dafür entschieden, erfolgreich sein zu wollen. Sie treffen eine bewusste Entscheidung und Wahl, um erfolgreich zu sein. Sie verstehen, dass eine Entscheidung und ein Entschluss integraler Bestandteil der Erfolgsformel sind. Erfolg ist eine Frage der Wahl. Warum? Weil erfolgreiche Leute verstehen, dass Rückschläge der Preis sind, den man für Erfolg zahlen muss. Um erfolgreich zu sein, muss man lernen, wie man Rückschläge bewältigen kann, oder man wird von diesen überwältigt. Sie verstehen, dass man die Bedingungen eventuell nicht kontrollieren kann, aber man kann die Entscheidungen kontrollieren!

Sie müssen die Macht der Wahl verstehen! Erfolg ist eine Wahlmöglichkeit! Bücher sprechen davon eine beredte Sprache. Rhetoriker haben darüber gesprochen. Und das Leben hat gezeigt, dass es stimmt. Um ein Erfolg zu sein, müssen Sie einfach den Erfolg wählen, denn Erfolg ist keine Chance, sondern eine Wahlmöglichkeit! Rick Pitino, der Trainer der Boston Celtics und ehemaliger Trainer der Kentucky Wildcats, der College Champions von 1996, schrieb ein Buch mit dem Titel *Success Is a Choice*[*], darin heißt es: „Erfolg gibt es nicht, außer Sie entscheiden sich dafür. Erfolg ist kein glück-

[*] Liegt bisher nicht in deutscher Übersetzung vor (Anm. d. Ü.)

licher Zufall. Es ist ein göttliches Recht. Sie können den Erfolg wählen!“

Es werden Dinge passieren, die Sie nicht kontrollieren können, aber letztlich ist Erfolg eine Frage der Wahl. Um einen Rückschlag in ein Comeback verwandeln zu können, müssen Sie sich zu allererst entscheiden. Egal, was Sie im Leben tun, der erste Schritt zum Erfolg ist die Entscheidung. Leider weigern sich die meisten Leute, eine Wahl zu treffen, und wählen damit die Verliererseite. Entweder Sie entscheiden sich für Ihr Leben oder das Leben nimmt Ihnen die Entscheidung ab.

Erleiden Sie einen Rückschlag, so sind einige kritische Entscheidungen zu treffen. Die erste betrifft Ihren Blickwinkel, wie Sie den Rückschlag beurteilen. Die zweite betrifft Ihre Antwort auf die Niederlage. Das sind kritische Entscheidungen, da sie festlegen, wie Sie weiterhin mit dem Rückschlag verfahren werden.

Reaktion versus Antwort

Die Umstände sind im Leben eines Menschen nicht wirklich wichtig. Wichtig ist, wie jemand auf die Umstände anspricht. Seine Antwort darauf ist der ultimativ entscheidende Faktor zwischen Erfolg und Misserfolg!

Booker T. Washington

Werden Sie auf das Problem lediglich reagieren oder werden Sie die Herausforderung beantworten? Das liegt bei Ihnen! Gewinnertypen neigen zur Antwort, während Verlierer eher reagieren! Wo liegt der Unterschied? Nun, reagieren bedeutet, man sieht die Situation von einem negativen Blickwinkel aus. Nehmen wir an, Sie bringen einen Freund ins Krankenhaus, er erhält einige Medikamente und später erklärt Ihnen der Arzt: „Ihr Freund hat auf die Medikation reagiert.“ Dann könnte es sein, dass negative Nebenwirkungen aufgetreten sind. Sagt der Arzt aber: „Ihr Freund hat die Medikation positiv beantwortet,“ dann wüssten Sie, die Medikamente hatten einen positiven Effekt auf Ihren Freund. Das gilt auch für die Erfahrungen in Ihrem Leben. Reagieren Sie lediglich darauf oder beantworten Sie sie? Werden Sie auf diesen Rückschlag reagieren oder werden Sie ihn beantworten? Sie haben die Wahl.

Entscheidung: Sie mussten einen Rückschlag einstecken – was jetzt?

Das Schicksal ist kein Glückstreffer, man kann es wählen! Es ist nichts, worauf man warten muss, es ist etwas, das geleistet werden will!

William Jennings Bryant

Die erste Entscheidung, die Sie treffen müssen, wenn Sie einen Rückschlag einstecken mussten, ist die, wie Sie ihn beurteilen werden. Ist es ein Rückschlag oder der erste Schritt zu einem Comeback? Die nächste Entscheidung betrifft die Frage, wie Sie damit umgehen werden. Werden Sie aufgeben oder weitermachen? Werden Sie zurückfallen oder zurückschlagen? Lassen Sie zu, dass Sie aufgehalten werden, oder lassen Sie sich davon motivieren? Das ist eine Entscheidung, die *Sie* treffen müssen. Sie, und nur Sie, können diese Wahl treffen. Welche Wahl Sie treffen, wird aber einen starken Einfluss auf die Resultate haben, die Sie erlangen werden.

Krebs, na und? Es ist lediglich eine Diagnose, kein Todesurteil!

Ich war zu Hause und arbeitete an diesem Buch, als ich einen Anruf von Les Brown bekam, dem großen Motivationsredner und Autor. Er kam eben von einer Behandlung seines Prostatakrebses zurück und er war nicht weit von meinem Haus entfernt. Ich meinte: „Les, komm doch vorbei." Kurze Zeit später läutete es an der Tür und er war da. Aber es war nicht der Les Brown, den ich kannte. Er war schlank und rank und sah sehr gut aus. Ich rief: „Wow, du siehst großartig aus! Bist du auf Diät?" Er antwortete: „Nein! Ich lebe! Ich lebe nicht länger, um zu essen, ich esse, um zu leben und um das Leben in der Hand zu haben."

Les erzählte mir, dass er Vegetarier geworden war und jetzt jeden Tag trainierte. Er war aufgeregt, weil sein Arzt ihm eben eine gute Gesundheit bescheinigt hatte, und er füllte sich ekstatisch. Wir saßen zusammen und lachten und machten Witze wie immer, aber dann begannen wir, über das Leben zu sprechen – über Gesundheit, die Herausforderungen des Lebens und über den Glauben und Entscheidungen, die es braucht, um diese Herausforderungen umzulenken.

Ich erzählte ihm von meinem neuen Buch und dass ich es wirklich wunderbar fände, diese Geschichte, in seinen eigenen Worten, aufnehmen zu können, wie er den Rückschlag durch seine Krebserkrankung umwandeln konnte und eine neue Comebackgeschichte schuf. Ich meinte: „Les, du hast über mich geschrieben in deinem letzten Buch und ich würde gerne in meinem neuen Buch aus deiner Geschichte schöpfen und deinem Comeback und dem Sieg über den Krebs." Les antwortete: „Lass uns das machen! Ich will, dass so viele Leute wie möglich erfahren, dass Krebs besiegt werden kann. Ich glaube wirklich, Gott benutzt mich, um den Menschen die Tatsache mitzuteilen, dass Ärzte zwar die Diagnose stellen, Gott aber die Prognose. Krebs ist eine Diagnose, kein Todesurteil. Er kann besiegt werden!"

Ich fragte Les, was er tat, als er die Diagnose Krebs erfuhr. Les entgegnete: „Das, was ich immer tue, wenn ich mit Herausforderungen konfrontiert werde. Ich gehe meine Kraftschritte durch, die lauten: Selbsteinschätzung, Selbstanerkennung, Selbstengagement und Selbstverwirklichung. Ich nutzte diese Schritte vor Jahren, als ich darum kämpfte, als Redner leben zu können, und mein ehemaliger Büroleiter mir tausende von Dollars vorenthielt. Ich nutzte diese Schritte, als ich auf dem Boden meines Büros in Detroit schlafen musste, weil mir mein Appartement gekündigt worden war. Ich nutzte diese Schritte, als meine Fernsehshow abgesetzt wurde und in die Geschichte einging als bestplatzierte und am schnellsten abgesetzte Fernsehshow aller Zeiten, weil ich mich weigerte, billige und schäbige Themen aufzugreifen. Ich nutzte sie, als ich den schmerzhaften Verlust meiner Mutter verkraften musste, die an Brustkrebs starb. Ich nutzte sie, als meine Ehe mit einer Frau, die ich liebte, Gladys Knight, zerbrach. Und ich nutzte diese Schritte auch, um den Prostatakrebs zu überwinden."

Als wir über seine vier Schritte diskutierten, war ich überrascht, dass sie meinen VEAW-Schritten sehr ähnlich waren; wir gaben ihnen nur unterschiedliche Namen. *Selbsteinschätzung* hat mit Perspektive und Entschlusskraft zu tun. Bevor Sie handeln, müssen Sie akzeptieren, dass das Leben für jeden schwierig ist und Herausforderungen birgt, besonders für jene, die ausgefallene Ziele in ihrem Leben erreichen wollen. Als Nächstes wägen Sie ab und sehen zunächst der Tatsache ins Auge, dass da ein Problem, eine Herausforderung in Ihrem Leben aufgetaucht ist, statt davor wegzulaufen und den Kopf in den Sand zu stecken. Wir müssen das Auftreten des Problems beurteilen und es uns objektiv betrachten. Weiterhin müssen Sie Prioritäten setzen, das heißt die Reihenfolge festlegen, in der Sie die Probleme angehen werden.

Dann stellte ich eine Frage, deren Antwort ich zwar kannte, die ich aber trotzdem einfach noch einmal hören wollte. „Les, warum ist das dir passiert? Was sagst du dazu, dass das alles gerade dir passiert ist?“ Er antwortete so, wie ich es erwartete. „Das ist, wie in der Geschichte von der Dame, die einen Unfall hatte und fragte, warum das gerade ihr passierte. Der Fahrer des Notarztwagens fragte sie, ‚Wen würden Sie vorschlagen, etwa Oprah*?‘ Es passiert jedem, jeder hat Einbrüche.“ Das bestärkte mich in meiner Theorie von der Windschutzscheibe und dem Insekt. Rückschläge gehören zum Leben, jeder muss sie einstecken!

Als Nächstes diskutierten wir die *Selbstanerkennung*, die mit einer Vision zu tun hat. Es geht darum, wie Sie sich selbst sehen und wie Sie dann bestimmen, was Sie tun müssen, um Herausforderungen zu überwinden. Zuerst müssen Sie sich in Ihrer Haut wohl fühlen und daran glauben, dass Sie fähig sind, mit dieser Angelegenheit zurechtzukommen. Zweitens müssen Sie Ihre Energien auf Ihr Ziel konzentrieren und darauf, was Sie tun müssen, um das Ziel zu erreichen, und Sie müssen positiv bleiben angesichts von Schwierigkeiten. Les erzählte, dass er Angst hatte, als er die Diagnose erhielt, aber ihm war klar, er musste sich auf seinen Glauben konzentrieren, statt auf seine Ängste, um das Problem zu bewältigen.

Das Nächste war *Selbstengagement*, dabei geht es um das Handeln. Es geht um Selbstdisziplin und Engagement, darum, es weiter zu versuchen, egal, was passiert. Er traf ein paar unbequeme Entscheidungen, die aber notwendig waren, um den Rückschlag in ein Comeback zu verwandeln. Les wusste, er musste sein Gewicht reduzieren, also änderte er seinen Lebensstil und nahm sich vor, Vegetarier zu werden. Dann fasste er auch den Vorsatz, jeden Tag Sport zu treiben (die einzige Form von Bewegung, die er bisher gewohnt war, bestand in dem Transport von Bonbons in seinen Mund). Er beschloss, jeden Tag zu trainieren, selbst wenn er auf Reisen war.

Schließlich nutzte Les *Selbstverwirklichung*, die mit meinem Kraftprinzip des Wunsches übereinstimmt. Hier geht es darum, sich darauf zu konzentrieren, wie sehr Sie es sich wünschen, zugleich mit

---

* Oprah Winfrey, bekannte US-Talkmasterin und -Schauspielerin (Anm. d. Ü.)

dem entsprechenden Glauben und dem Wissen, dass Gott gut ist, jederzeit!

Selbst, wenn Sie harte Zeiten erleben, vertrauen Sie auf Gott und glauben Sie daran, dass Er Sie niemals verlassen oder aufgeben wird. Und erkennen Sie, dass Sie zur Bewältigung der Schwierigkeiten die Kraft des Gebets verstehen und an Ihrer ganzen Persönlichkeit arbeiten müssen, physisch, mental und spirituell. Alle drei Bereiche sind gefordert, um die Herausforderungen des Lebens effektiv meistern zu können und um persönliche Erfüllung zu finden. Glaube, Hoffnung und Liebe zu sich selbst und anderen führen zur Selbstverwirklichung. Fügen Sie Sehnsucht hinzu, führt es zur Erfüllung und macht stark; und diese Kraft ermöglicht es, dass Sie Ihre Hindernisse in Chancen verwandeln können!

Les Brown vermittelt die Botschaft des Bezwingens, aufgrund all dessen, was er bezwungen hat: Von der Geburt in einem verlassenen Gebäude und der Adoption zusammen mit seinem Zwillingsbruder im Alter von sechs Jahren. Von der Etikettierung als geistig zurückgeblieben, zwei Mal sitzen geblieben, knapp den Abschluss der High School geschafft und nie das College besucht, hin zum meist zitierten und bestbezahlten Redner der Welt. Von Beginn seiner Karriere als Straßenkehrer, hin zum populären Discjockey im Radio, Gemeindeaktivisten und dann Politiker, vom Krebsopfer zum Krebsbesieger – Les Brown ist ein Experte im Bewältigen von Problemen, der weiß, wie man Rückschläge in einen Auftakt zu einem Comeback verwandelt. Wie Les in seinem letzten Buch erklärte: „Es ist nicht vorbei, bis Sie gesiegt haben."

Es ist wirklich nicht vorbei, bis Sie gewinnen! Daran müssen Sie sich erinnern! Geben Sie nie auf. Versuchen Sie es immer weiter und Sie können eine Wende einleiten! Tatsächlich müssen Sie das im Gedächtnis behalten: Solange Sie atmen, haben Sie eine Chance, einen Versuch, eine Möglichkeit, alles wieder zu ändern! Leben Sie, versuchen Sie es weiter und geben Sie nie auf und dann werden Sie es schaffen, einen Rückschlag in den ersten Schritt zu einem Neuanfang zu verwandeln!

Ich beschloss, meiner Mutter zu glauben

Eine weitere wundervolle Geschichte darüber, dass man nie aufgeben und seinem Ziel verpflichtet bleiben sollte, ist die Geschichte von Wilma Rudolph, dem großen Laufstar und der Goldmedaillengewinnerin der Olympischen Spiele. Hier eine Kurzfassung ihrer Geschichte und wie sie Vision und Entschlusskraft nutzte, um Herausforderungen in die Erfahrung eines Champions zu verwandeln.

Wilma Rudolph wurde in Clarksville, Tennessee, geboren, als siebzehntes von neunzehn Kindern. Ihre Mutter war ein Hausmädchen, ihr Vater Angestellter in einem Laden. Sie hatten nicht viel Geld, aber viel Liebe zu geben. Im Alter von vier Jahren erkrankte Wilma an Polio und ein Bein wurde gelähmt. Ihre Eltern brachten sie ins Krankenhaus, das ungefähr hundert Meilen entfernt war, und die Ärzte erklärten ihrer Familie, Wilma würde nie wieder laufen.

Das brach Wilma das Herz, denn sie liebte es zu laufen und mit ihren Brüdern und Schwestern zu spielen. Auf dem langen Nachhauseweg dachte sie ständig darüber nach, was die Ärzte gesagt hatten und begann zu weinen. Ihre Eltern saßen bei ihr und erklärten ihr: „Baby, ich weiß, die Ärzte haben gesagt, du wirst nicht wieder laufen können, aber ich glaube nicht, dass sie Recht haben. Ich glaube, Gott wird dich heilen und du wirst wieder laufen und du wirst schnell laufen." Die kleine Wilma traf genau in dem Augenblick eine Entscheidung. Sie sagte: „Ich habe gehört, was die Ärzte gesagt haben, und ich habe gehört, was meine Mutter gesagt hat, und ich habe beschlossen, ich glaube Mama!"

Sie fing an, an sich selbst zu arbeiten, Schritt für Schritt. Zuerst arbeitete sie daran, wieder stehen zu können, dann gehen, dann joggen und schließlich laufen. Es war schwierig, es war unbequem, aber fünfzehn Jahre später wurde Wilma Rudolph die erste amerikanische Frau, die jemals drei Goldmedaillen bei den Olympischen Spielen gewann. Sie glaubte daran, sie würde laufen können. Wilma beschloss, alles zu tun, was notwendig war, um ihren Traum Wirklichkeit werden zu lassen. Sie trainierte täglich, damit sie das Laufen lernen konnte. Dann packte sie es an und sie lief ... und sie lief schnell!

Entscheidungen treffen und der richtige Glaube sind Schlüsselfähigkeiten, um Rückschläge in Comebacks zu verwandeln. Sie müssen eine Entscheidung treffen und dann an diesen Entschluss glauben. Wie die Geschichte von dem Mann, dem man noch sechs Monate zu leben gab, der aber beschloss, noch fünfundzwanzig Jahre zu leben. Er glaubte daran, dass er das könne und würde, und so war es auch! Entschlusskraft und Glaube sind mächtige Bestandteile, wenn Sie Ihre Rückschläge in Comebacks verwandeln wollen.

Arbeiten Sie an sich

Als ich beschlossen hatte, ich wollte Jingles für Werbesendungen singen, rief ich bei einem Produzenten für solche Jingles an und fragte ihn, ob ich einer seiner Jinglessänger werde könnte. Er fragte mich, ob ich eine Demokassette für Jingles hätte. Ich verneinte. Er meinte, wenn ich jemals eine zu Stande brächte, könnte ich sie ihm zuschicken, aber sie hätten bereits viele Sänger und könnten keine Garantien vergeben, dass ich je irgendeinen Auftrag bekäme. Ich hatte den Eindruck, sie erwarteten nicht, dass ich je die Demoaufnahme machen würde und alles Weitere, und das motivierte mich noch mehr. Also machte ich diese Aufnahme.

Ich schickte das Band an den Jingleproduzenten und rief einige Tage später an, um sie nach ihrem Eindruck zu fragen. Er sagte, man müsste noch daran arbeiten. Ich fragte ihn, ob er etwas genauer sein könne. Er zögerte und meinte: „Um ehrlich zu sein, Sie haben eine nette Stimme, aber Sie klingen zu ethnisch, ein wenig zu schwarz. Ich brauche einen Sänger, der nicht so ethnisch klingt." Ich dankte ihm und sagte ihm, ich wüsste seine Ehrlichkeit zu schätzen; ich würde mich wieder melden. Er sagte: „In Ordnung", aber ich wusste, er glaubte nie wieder von mir zu hören. Aber er täuschte sich.

Ich begann Popsänger zu studieren und Countrysänger und Opernsänger. Dann nahm ich ein neues Demoband auf, auf dem ich Country- und Popsongs sowie Opernstücke sang. Er rief am nächsten Tag an und sagte, er wäre sehr beeindruckt und engagierte mich, um für ihn Jingles zu singen. Nicht viel später beauftragte er mich, einen Jingle für eine Bank aufzunehmen. Ich wollte wissen, in welchem Stil, und er sagte Pop, mit einem Hauch Country. Ich sang das Stück exakt nach seinen Vorgaben und es gefiel ihm gut. Ein paar Tage später jedoch rief er mich an und sagte: „Willie, wir müssen das Stück überarbeiten." Ich fragte: „Wieso? Ich dachte, es gefällt Ihnen so gut?" Er meinte: „Mir ja, aber der Kunde wünscht einen anderen Sound."

Ich fragte: „Was für einen Sound?"

Er entgegnete verlegen: „Der Kunde will einen schwarzen Sänger!"

Ich lachte so sehr, dass ich kaum sprechen konnte. Mir wurde klar, dass ich nach dem Rückschlag einen Sound kreiert hatte, aus dem man nicht mehr ablesen konnte, welcher Hautfarbe ich war. Von da an bekam ich Anrufe von vielen Produzenten. Manche waren für Country, andere für Pop, einige für den Opernstil und wieder andere für Jazz. Das Wichtigste ist, jeden Rückschlag als Chance zu sehen, von der man zu lernen bereit sein muss und an der man wachsen kann. Es ist eine Entscheidung.

Jeden Tag bete ich für Weisheit und Mut, denn ich habe herausgefunden, dass diese beiden notwendige Bestandteile des Erfolgs sind, des persönlichen wie des beruflichen. Weisheit ist die Fähigkeit zu unterscheiden und gute Entscheidungen zu treffen. Dann brauchen Sie Mut, um nach diesen Entscheidungen zu handeln und damit Ihren Träumen standzuhalten und voranzustreben, um sie Wirklichkeit werden zu lassen. Weisheit für weise Entscheidungen und Mut, sie durchzusetzen, das sind meine ständigen Gebete, damit meine Rückschläge in Comebacks umgewandelt werden. Ich empfehle Ihnen, beten Sie um Weisheit und Mut.

4. Schritt: Merksätze

1. Erinnern Sie sich? Erfolg können Sie wählen, es ist kein Glücksfall. Beschließen Sie, erfolgreich zu sein.
2. Entscheiden Sie sich für das Leben oder das Leben wird an Ihrer Stelle eine Entscheidung treffen.
3. Nicht die Umstände sind wichtig, sondern wie Sie mit den Umständen umgehen.
4. Entscheiden Sie sich dafür zu antworten, nicht zu reagieren.
5. Ärzte stellen eine Diagnose, Gott gibt eine Prognose.
6. Wenn Ihnen noch sechs Monate zu leben vorhergesagt werden, beschließen Sie, noch weitere zwanzig Jahre zu leben.
7. Erinnern Sie sich, es ist nicht vorbei, bis Sie gesiegt haben!
8. Solange Sie atmen, haben Sie immer noch die Chance, ein Comeback zu schaffen.
9. Beschließen Sie, an sich zu arbeiten.
10. Beten Sie jeden Tag für Weisheit und Mut.

5. Schritt

Keine Panik, sonst verlieren Sie an Kraft! Beschließen Sie, ruhig zu bleiben und in sich gesammelt, und denken Sie an das Positive!

Das einzige „Glück“, das große Persönlichkeiten je hatten, war, mit der Fähigkeit und der Bestimmung auf die Welt gekommen zu sein, „Unglück“ zu überwinden!

Channing Pollock

Wenn das Leben Ihnen übel mitspielt und Sie nicht wissen, was Sie tun sollen, dann sollten Sie das eine auf jeden Fall vermeiden: in Panik zu verfallen. Sie sollten nicht in Panik geraten, denn darin steckt keine Kraft! Das Wort *Panik* kommt von dem griechischen Wort für „ersticken“. *Ersticken* bedeutet auch abschneiden, trennen und unterbrechen. Wenn Sie in Panik ausbrechen, tun Sie genau das: Sie unterbrechen die Sauerstoffzufuhr für Ihr Gehirn; und wenn Sie die Sauerstoffzufuhr für Ihr Gehirn abschneiden, können Sie nicht klar denken und alle Ihre Optionen durchgehen. Und wenn Sie Ihre Möglichkeiten nicht durchgehen können, dann können Sie keine guten Entscheidungen treffen. Es ist klar, Sie müssen weise Beschlüsse fassen, um Ihre Rückschläge in Comebacks verwandeln zu können. Daher dürfen Sie nicht in Panik verfallen. Panik verursacht einen Kurzschluss im Nervensystem und hält Sie davon ab, rational zu überlegen. Panik macht Sie sogar verrückt!

Es gibt zahllose Beispiele in der Geschichte der Menschheit von Leuten, die in Panik verfielen und alles verloren. Während des Börsenkrachs von 1929 brachen tausende von Menschen in Panik aus und begingen Selbstmord, weil sie nicht erkannten, dass das Leben weitergehen würde. Wenn Sie ein Mal etwas aufgebaut haben, können Sie das auch noch ein weiteres Mal. Keine Panik, schon gar keine extremen Reaktionen wie Selbstmord. Selbstmord ist eine dauerhafte Lösung für ein temporäres Problem und er ist meist das Resultat von Panik.

Vor einigen Jahren sprach ich in einer Schule und eine junge Dame wartete danach geduldig, während ich noch Bücher signierte und mit anderen Schülern redete. Sie fragte, ob sie mich privat sprechen könne, und ich bejahte. Wir setzten uns in eine Ecke des Auditoriums. Sie erzählte mir, sie hätte eben erst herausgefunden, dass sie schwanger sei, und sie wisse nicht, was sie tun solle. Sie erklärte, Sie habe Angst davor, es ihren Eltern zu sagen, weil es ihnen das Herz brechen würde und weil sie glaubte, sie würden sie dafür hassen.

Während des Gesprächs geriet sie immer mehr aus der Fassung wegen dieser Situation. Sie begann zu weinen, wurde hysterisch und rief schließlich, sie würde „sich darum kümmern, um das Kind und sich selbst, jetzt und für alle Zeit, endgültig." Ihr Tonfall sagte mir, dass sie nicht klar denken konnte. Ich bat sie, nur eine Minute Luft zu holen und sich zu beruhigen, damit wir ihre Zukunft detaillierter besprechen könnten. Sie antwortete, sie glaube nicht, dass es eine Zukunft für sie gebe, deshalb wolle sie sich ein für allemal darum kümmern. Ich sah ihr in die Augen und fragte sie, ob sie daran dächte, ihr Leben und das ihres Babys zu beenden. Unter Tränen gestand sie: „Ja!"

Wir blieben sitzen und sprachen weiter, bis sie sich beruhigte, und dann erklärte ich ihr: „Ich verstehe, wie Sie sich fühlen müssen, und ich weiß ganz sicher, es besteht kein Grund zur Panik." Sie entgegnete: „Wie wollen Sie das wissen? Sie haben eine gute Rede gehalten, aber Sie sind auch erfolgreich. Sie können das hier doch gar nicht verstehen."

Ich erklärte ihr, ich könnte das besser verstehen, als sie sich überhaupt vorstellen könne. Auch ich wurde als Teenager Vater. Auch ich stammte aus einer netten Familie und auch ich hatte Angst, meine Eltern würden verletzt und enttäuscht sein. Ich wusste damals nicht, was ich tun sollte, aber ich ging zu meinem Pastor und sprach mit ihm und er erklärte mir, wir alle würden mal Fehler machen, Gott liebe uns aber und würde uns verzeihen. Deshalb sollten auch wir selbst uns verzeihen. Und außerdem erklärte mir der Pastor, Selbstmord sei keine gute Option, denn es sei eine dauerhafte Lösung für ein vorübergehendes Problem! Und schließlich hieß er mich, nach Hause zu gehen und es meinen Eltern zu erzählen. Sie würden vielleicht enttäuscht sein, aber sie liebten mich und würden nicht aufhören, mich zu lieben, weil ich ein Mädchen geschwängert hatte.

Ich sagte ihr, mein Pastor hätte Recht behalten. Ich sei nach Hause gegangen und meine Eltern wären enttäuscht gewesen, aber sie hätten mich auch weiterhin geliebt. Sie hätten gesagt, es sei meine Verantwortung und ich solle ein Mann sein und die Verantwortung übernehmen. Sie hätten auch gesagt, dass sie zwar enttäuscht seien, ihre Liebe aber bedingungslos sei. Sie liebten mich nicht dafür, dass ich etwas Bestimmtes tue, oder würden nicht aufhören, mich zu lieben, weil ich etwas anderes nicht tue.

Sie bekam große Augen. „Sie meinen, *Sie* wurden als Teenager Vater? Was haben Sie getan?"

„Ich habe mein Kind großgezogen und kümmerte mich weiter um meine Ausbildung. Ich schloss das College ab und ging auf die Universität, während ich mich zugleich darum kümmerte, dass meine Tochter ernährt wurde, Kleidung erhielt und eine gute Bildung genoss. Heute ist meine Tochter eine erfolgreiche Geschäftsfrau, auf die ich sehr stolz bin. Ich verfiel nicht in Panik und ich habe mich nicht selbst umgebracht. Deshalb bin ich heute hier und spreche mit Ihnen."

Die junge Dame lächelte und Tränen rannen aus ihren Augen. Sie sagte, sie sei so glücklich, dass sie jetzt wisse, alles könne gut werden, wenn man nur nicht aufgebe und nicht in Panik ausbreche. Sie stand auf, umarmte mich heftig und rief: „Danke, danke, danke." Seither ist sie immer mit mir in Kontakt geblieben. Sie schloss die High School mit Auszeichnung ab und ist jetzt eine ausgezeichnete Collegestudentin. Sie ist auf dem Weg zum Erfolg, weil sie nicht in Panik verfiel.

In Panik auszubrechen bedeutet, Rationalität aufzugeben und ins Irrationale zu verfallen, die geistige Gesundheit aufzugeben und dem Wahnsinn ausgeliefert zu sein. Keine Panik! In Panik steckt absolut keine Kraft! Sie werden Kraft benötigen, um Ihre Rückschläge in einen Auftakt zu einem Comeback zu verwandeln! Keine Panik! Keine Panik!

Erleiden Sie einen Rückschlag, dann versuchen Sie, ruhig zu bleiben, beschließen Sie, die Ruhe zu bewahren. Selbst in Momenten der Aufregung und großer Sorge müssen Sie ruhig und kontrolliert antworten. Je besser Sie üben, ruhig zu bleiben, desto besser werden Sie dazu in Krisen in der Lage sein. Eine Technik ist, mit sich selbst zu reden und hörbar zu sagen: „Bleib ruhig, keine Panik!" Stellen Sie sich dann einige Fragen: Wird die Welt aufhören, sich um sich selbst zu drehen, wegen dieses Ereignisses? Ist die Antwort Nein, fahren Sie fort mit der zweiten Frage. Wenn die Welt nicht stehen bleibt, warum sollte ich dann? Reden Sie sich selbst zu einer ruhigen und kontrollierten Art des Denkens und Handelns zu. Es ist extrem wichtig, dass Sie nicht Ihre Fassung verlieren, denn haben Sie diese einmal verloren ... dann haben Sie auch den Kampf verloren.

Alles wird immer schlimmer, die reine Katastrophe!

Sind Sie der Panik verfallen, dann verlieren Sie die Fähigkeit, klar zu denken. Und wenn Sie die Fähigkeit, klar zu denken, verlieren, dann treffen Sie schlechte Entscheidungen. Durch schlechte Entscheidungen verschlimmern Sie das Problem oder schaffen noch mehr Schwierigkeiten, Verlust auf Verlust setzend. Sie verschlimmern alles immer mehr, bis hin zur Katastrophe, alles von einem vergleichbar kleinen Ereignis ausgehend. Wie wenn ein Schneeball einen Hügel hinabrollt, immer größer und größer werdend. Wie ein wunderschöner Pullover, der einen kleinen losen Faden hat, und Sie ziehen daran, bis der ganze Pullover aufgetrennt ist und komplett auseinander fällt.

Ich hörte einmal die Geschichte von jemandem, der einen kleinen Rückschlag in seiner Arbeit einstecken musste, seine Fassung verlor und in Panik ausbrach. Er kam zu spät zur Arbeit und als er gemaßregelt wurde, schrie er seinen Vorgesetzten an. Der Vorgesetzte berichtete dem Chef davon und der Chef fragte den Angestellten, ob alles in Ordnung sei. Dieser brüllte aber auch noch den Chef nieder und wurde sofort nach Hause geschickt. Er stieg in sein Auto, raste beleidigt davon, konnte an einer Kreuzung nicht mehr rechtzeitig anhalten und fuhr in ein anderes Auto. Als die Polizei kam, brüllte er den Beamten an und wurde wegen Beamtenbeleidigung verhaftet. Von da an reihte sich Problem an Problem, alles wegen eines kleinen Tadels, weil er zu spät gekommen war. Klingt verrückt? Ja, aber solche Dinge passieren täglich, wenn Leute die Kontrolle über sich verlieren wegen Kleinigkeiten, die dann eskalieren.

Bleiben Sie cool, ruhig und in sich gesammelt! Das war der Werbespruch für ein Deodorant vor einigen Jahren, der Spruch ist aber heute immer noch nützlich, im Hinblick darauf, wie man auf das Leben reagieren sollte. Denken Sie gelassen nach, sprechen Sie ruhig und handeln Sie besonnen. Es scheint vielleicht nicht leicht, aber Sie haben immer noch die Wahl, es ist eine Entscheidung. Sie können entweder den Steuerknüppel aus der Hand geben, den Boden unter den Füßen verlieren und verrückt werden. Oder Sie können sich dafür entscheiden, ruhig zu bleiben und in sich gesammelt. Entscheiden Sie sich, ruhig und in sich gesammelt zu bleiben. Denken Sie daran: Egal, wie schlimm das Heute ist, der nächste Morgen kommt gewiss!

Der Autor und Redner Dr. Anthony Campola, einer der großen Theologen Amerikas, hat eine wundervolle Rede gehalten mit dem Titel „Es ist Freitag, aber der Sonntag kommt gewiss", in der es heißt, wir hätten, ebenso wie Christus, einige „Freitagssituationen" in unserem Leben zu bewältigen. Würden wir Situationen dieser Art durchmachen, schiene alles gegen uns zu sein. Aber wir sollten nicht in Panik verfallen, denn der nächste Sonntag komme bestimmt und der Sonntag verheiße den sicheren Sieg. Er bringe einen ganz neuen Tag und eine ganz neue Möglichkeit, und Sie könnten und würden gewinnen. Wir alle müssen gelegentlich in unserem Leben Freitagssituationen durchstehen, aber seien Sie zuversichtlich, der nächste Sonntag kommt gewiss.

In dem Broadwaystück *Annie* gibt es ein wunderbares Lied mit dem Titel „Tomorrow", also „Morgen", in dem es heißt: Egal, was man heute für Probleme hat, egal, welche Herausforderungen, man soll die Hoffnung bewahren und daran denken, am nächsten Tag gibt es wieder Sonnenschein. Bewahren Sie Ihren Glauben, dass morgen ein neuer Tag kommt, eine neue Chance, die Schwierigkeiten abzuwenden und jene Rückschläge in Comebacks zu verwandeln. Sie werden Niederlagen erleben, aber wie die Heilige Schrift sagt: „Es kam, um zu vergehen", nicht um zu bleiben. Auch wenn Sie Freitagssituationen, besonders schwere Rückschläge erleiden, vergessen Sie nie, der nächste Sonntag, der sichere Sieg, kommt gewiss. Keine Panik, der Sonntag kommt und morgen wird wieder die Sonne scheinen – machen Sie einfach weiter!

Bewahren Sie sich eine positive Einstellung!

Die Schwerkraft ist eine Tatsache, Flugzeuge umgehen diesen Fakt aber ständig.

Neil Armstrong

Deine Einstellung ist wichtiger als alle Fakten!

Ken Meninger

Es ist eine Tatsache: Muggsy Bogues wurde von kleiner Statur geboren. Er wollte aber ein professioneller Basketballspieler werden, und er schaffte es. Roger Crawford, Bestsellerautor, Redner und guter Tennisspieler, wurde ohne Hände und mit nur einem Bein geboren, aber er hatte die Einstellung, das sei „nur eine Unannehmlichkeit“. Er meint, er könne zwar nicht mit Stäbchen essen oder Klavier spielen, aber er wurde ein nationaler Tennischampion, ebenso wie ein weltweit bekannter Redner und Autor eines amerikanischen Bestsellers: *How High Can You Bounce?*[*] Es ist ein Beispiel dafür, dass die Einstellung, nicht Begabung, letztlich die Größe bestimmt.

Die Einstellung ist eine Frage der Wahl, der Entscheidung. Beschließen Sie, eine positive Einstellung zu haben! Wie der Motivationsredner Dennis S. Brown sagt: „Der einzige Unterschied zwischen einem guten und einem schlechten Tag liegt in Ihrer Einstellung.“ Sie haben die Wahl. Wir alle können kurzzeitig glücklich sein, selbst mit einer negativen Einstellung. Wir kaufen vielleicht ein Auto, bekommen einen neuen Job oder treffen den oder die „Richtige“ und wir fühlen uns glücklich ... für den Augenblick. Aber um dieses Glücksgefühl zu erhalten, müssen Sie eine positive Einstellung entwickeln. Das Auto wird älter und muss vielleicht in die Werkstatt, der Job kann sich ändern und das schnell, und der oder die „Richtige“ kann der oder die „Falsche“ werden! Um die Schwierigkeiten und Probleme des Lebens zu bewältigen, ist eine positive Einstellung unbedingt erforderlich, sowohl mental als auch emotional. Sie brauchen eine positive mentale Einstellung, um positiv zu denken, und eine positive emotionale Einstellung, um positiv zu agieren.

Ein großartiges Beispiel, wie jemand seine Einstellung änderte, um Erfolg zu haben, ist Joe Louis Dudley Sr. Joe Louis Dudley Sr.

[*] Liegt bisher nicht in deutscher Übersetzung vor (Anm. d. Ü.)

ist Präsident der Dudley Products, Inc., und ein großer Amerikaner. Seine Lebensgeschichte ist ein gewaltiges Beispiel dafür, dass persönlicher Einsatz und eine positive Einstellung Schlüsselfähigkeiten sind, um Niederlagen in ein unglaubliches Comeback zu verwandeln.

Als ich Joe Dudley interviewte, begann er folgendermaßen: „Das hier ist hart für mich, weil meine Geschichte sich so schwer in Details fassen lässt, wie eine Wassermelone in eine Sprudelflasche zu quetschen ist.“ Er hatte Recht! Joe Dudley wurde auf einer Farm in Aurora, North Carolina, geboren, als fünftes von elf Kindern. Als Kind hielt man ihn für einen „langsamen Lerner“, in der ersten Klasse blieb er sitzen und wurde wegen eines ernsten Sprachfehlers verlacht. Seine Mutter aber hielt ihn immer dazu an, an sich selbst zu glauben. Er könne unglaubliche Dinge schaffen, wenn er sich nur dafür entscheiden würde. Als junger Mensch entschied er sich nie dazu. Er behielt das Etikett des „Langsamen“ und handelte auch entsprechend.

Während seiner Schulzeit hatte Joe Dudley eine negative Einstellung. Er wurde ein Problemkind, steckte ständig in Schwierigkeiten und benahm sich schlecht. In der High School lernte er schließlich ein Mädchen kennen, das sein Leben veränderte. Sie war das hübscheste Mädchen der Stadt und er verliebte sich Hals über Kopf. Er änderte seine Einstellung und plante, sie zu heiraten. Eines Tages rief sie ihn an und erklärte ihm, sie würde ihn wegen eines anderen verlassen. Als er sie fragte, warum, sagte sie: „Weil er klug ist und du bist dumm!“ Das brach ihm das Herz und alle in der Stadt lachten ihn aus. Er drohte wieder in seine alte Einstellung zurückzufallen, erkannte aber, dass er sich entscheiden musste, und er beschloss sich zu ändern, zum Besseren. Er entschied, sich eine positive Einstellung aufrechtzuerhalten und allen zu beweisen, dass er ein schlauer Kerl sei.

Joe beschloss, die Person zu werden, von der seine Mutter immer sagte, das stecke in ihm. Er erinnerte sich, dass sie ihm immer zuredete: „Führe Sie an der Nase herum, Joe, leg sie herein!“ Er beschloss, die anderen an „der Nase herumzuführen“ und sich selbst „schlau“ zu machen. Er wollte an sich selbst arbeiten. Er fing von vorne an und las seine Bücher der ersten Klasse wieder und dann die der zweiten Klasse, der dritten, vierten, fünften, bis hinauf zu den Büchern der zwölften Klasse. Er sagte: „Ich bin vielleicht langsam, aber ich bin sicher, wenn ein Langsamer etwas verstanden hat ... dann hat er es wirklich verstanden!“

Er ging an die Universität North Carolina A&T und investierte zehn Dollar in eine Verkaufsausrüstung der Produkte der Fuller Brush Company. Um seinen Collegeaufenthalt mit zu finanzieren, verkaufte er Produkte von Fuller an der Haustür. Während der Collegezeit lernte er eine andere junge Frau kennen, die noch schöner als seine erste Freundin war. Sie heirateten, aber jetzt hatte er eine andere Einstellung und einen neuen Glauben an sich selbst. Selbst nach seinem Collegeabschluss verkaufte er weiter an der Haustür. Er zog um nach New York und baute bald die Fullerzweigstelle mit dem größten Umsatz auf. Als die Produkte von Fuller den Anforderungen der Kunden nicht mehr genügten, fing er an, seine eigenen Produkte zu entwickeln, um seine Kunden sicher zufrieden zu stellen. 1975 gründete er in der Küche zusammen mit seiner Frau und seinen drei Kindern Dudley Products, Inc., eine Firma mit Haarpflege- und Kosmetikprodukten.

Seitdem ist eine millionenschwere Organisation entstanden, mit einer riesigen Kosmetikakademie, neunzehn Kosmetikschulen und einer Anzahl von Niederlassungen, die strategisch günstig rund um den Globus angesiedelt sind. Er hat einen Bestseller geschrieben mit dem Titel *Walking by Faith: I Am, I Can, I Will**. 1995 wurde er mit dem prestigeträchtigen Preis *Horatio Alger Award of Excellence* ausgezeichnet, der Menschen verliehen wird, die bemerkenswerte Comebacks geschafft haben. Er hat bewiesen, dass die Vergangenheit nicht unbedingt die Zukunft festlegt und dass die Definition und Diagnose anderer nicht notgedrungen auch die eigene Definition und Diagnose sein muss. Und schließlich hat Joe Dudley bewiesen, wenn man sich für den Sieg entscheidet, dann kann man auch siegen, egal, welche Möglichkeiten jemandem gegeben sind, und man wird siegen. Es hängt nur von der Einstellung ab. Er hat es bewiesen: Selbst jemand, der langsam ist ... wenn er etwas verstanden hat, dann hat er es wirklich verstanden!

Mit einer positiven Einstellung können Sie etwas Gutes auch im Schlechten sehen und ein wenig Glück in der Trauer. Mit einer positiven Einstellung erwarten Sie, dass Ihnen Gutes widerfährt, und Sie ziehen deshalb das Gute an. Mit einer positiven Einstellung stehen Sie dem Leben tendenziell mit mehr Begeisterung gegenüber und daher wird es das Leben tendenziell gut mit Ihnen meinen. Mit einer positiven Haltung gehen Sie einfach besser mit Problemen um.

Alles dreht sich um die Einstellung. Sie müssen eine positive Einstellung erlangen. Und wie erreicht man diese? Sie entscheiden sich dafür. Es ist eine Entscheidung. Sie haben die Wahl. Sie können nicht kontrollieren, was Ihnen widerfährt, aber Sie können kontrollieren, was in Ihnen passiert. Sie können nicht beeinflussen, was um Sie herum geschieht, aber Sie können beeinflussen, was in Ihnen passiert. Treffen Sie die Wahl für eine positive Haltung.

Behalte meine Worte in positiver Erinnerung, denn meine Worte werden zu einem Verhalten.
Behalte mein Verhalten in positiver Erinnerung, denn mein Verhalten wird zu Gewohnheiten.
Behalte meine Gewohnheiten in positiver Erinnerung, denn meine Gewohnheiten werden zu Werten.
Behalte meine Werte in positiver Erinnerung, denn sie werden zu meinem Schicksal.

Mahatma Ghandi

Weil ich etwas Besonderes bin

Weil ich etwas Besonderes bin, habe ich Sinn für mich selbst
und der ist unverkäuflich, ich weiß, wer ich bin.
Und ich weigere mich zu scheitern, ich weiß, wer ich bin.
Ich habe die Kraft zu siegen und im Geiste des Glaubens
habe ich alles, was ich brauche.
Es ist ein Segen und Beweis für Unsichtbares,
das Geheimnis des Erfolges, wurzelnd in Selbstachtung.
Weil ich bin, wer ich bin, mache ich mich selbst niemals klein,
Komplexe und Rückschläge sind nur Stufen auf der Treppe zu einer höheren Ebene.
Weil ich etwas Besonderes bin, ich bin, wie ich bin.

Danny Queen

Ihr Input legt Ihren Output fest!

„Du bist, was du isst." Das sagt jedes Diätbuch über Ihre Gesundheit. Und Computerleute sprechen von *Gigo* – „garbage in, garbage out[*]!" Das gilt auch für Ihr Leben. Sie sind das, was Sie an Energie einsetzen. Der Autor Dennis Waitley spricht von folgendem Effekt: Wenn Sie eine Orange nehmen und auspressen, was erhalten Sie dann? Orangensaft! Und wenn Sie eine Traube quetschen? Traubensaft! Warum? Weil durch Ausübung von Druck die wahre innere Essenz zum Vorschein kommt. Was immer Sie Ihrem Verstand zufügen, bestimmt essenziell, was Sie erhalten werden. Daher müssen Sie sich bemühen, positive Informationen aufzunehmen und zwar täglich. Das Leben fordert uns regelmäßig heraus und kann extremen Druck ausüben. Das Leben kann Sie überwältigen, besonders wenn Sie keine Basis haben, von der aus Sie den Schwierigkeiten begegnen können. Es ist ein kritischer Punkt, Sie müssen große Sorgfalt darauf verwenden, was in Ihrem Verstand und Geist passiert. Sie müssen aufpassen, dass Ihr Verstand und Ihr Geist nicht mit negativen Einflüssen infiziert werden. Das alles summiert sich zur Grundhaltung. Entscheiden Sie sich für eine positive Einstellung.

Die richtige Einstellung ist alles! Werden Sie nicht härter ... sondern leuchtender!

Keith Harrell ist ein Freund und einer der Mitautoren, der zusammen mit mir und einer Reihe von weiteren Rednern ein Buch mit dem Titel *Only The Best on Success!*[**] verfasste. Keith verfügt über eine großartige Geschichte, was die Bewältigung von Rückschlägen und deren Umwandlung in Comebacks betrifft. Er arbeitete vierzehn Jahre lang für IBM und ging davon aus, er würde dort bleiben, bis er in Rente ginge. Eines Freitagnachmittags wurden Keith und weitere 650 Mitarbeiter zu einem besonderen Treffen gebeten. Dort wurde ihnen mitgeteilt, IBM müsse die ersten Entlassungen in seiner fünfundsechzigjährigen Geschichte ankündigen. 80 Prozent der anwesenden Angestellten sollten innerhalb von drei Monaten gehen.

Keith erzählte mir, in diesem Moment sei der Raum voller Angst und Unsicherheit gewesen, Zukunftssorgen hätten in der Menge um

[*] Deutsch: „Müll rein, Müll raus!" (Anm. d. Ü.)

[**] Liegt bisher nicht in deutscher Übersetzung vor (Anm. d. Ü.)

sich gegriffen, einige hätten geschwankt und hätten körperlich krank ausgesehen. Nach der Ankündigung sprang Keith auf und rief: „Ich habe eine Frage!" Es wurde ihm entgegnet: „Was ist Ihre Frage, junger Mann?" Keith antwortete: „Nun, Sir, wenn diese 80 Prozent einmal weg sind ... kann ich dann ein größeres Büro bekommen, eines mit Aussicht?" Der Saal brach in Lachen aus. Keith erzählte, er hätte Humor in diesem Moment für bitter nötig gehalten, um den Menschen einen Halt zu geben und sie vor dem Umfallen zu bewahren. Ein guter Freund stieß ihn an: „Hey, Keith ... Mr. Positiv, du weißt, du bist möglicherweise der Erste, der gehen muss!" Und er war der Erste!!! Er wurde gefeuert, dabei dachte er, er hätte diesen Job bis an sein Lebensende und würde von da in die Rente gehen. Ein gewaltiger Rückschlag!

Keith fiel nicht um. Er hatte die Bücher über positives Denken gelesen und die Kassetten zum Thema Motivation gehört und er hatte eine positive Einstellung entwickelt. Keith nahm diese positive Einstellung und mixte sie mit einer positiven Begabung. Er begann, an seinem Traum zu arbeiten, Redner und Trainer zu werden, und beschloss, anderen mitzuteilen, wie man mit Veränderungen mit Hilfe einer positiven Haltung umgehen könne. Und er schaffte es, eine millionenschwere Firma für Motivationsreden und -training aufzubauen. Er ist Autor des Buches *Attitude Is Everything: A Tune-up to Enhance Your Life*[*] und in Sitzungssälen des Landes bekannt als „Mr. Superfantastic", weil er seine Zuhörer mit dem Satz zu begrüßen pflegt: „Wenn Sie gefragt werden, wie es Ihnen geht, dann sagen Sie einfach ... superphantastisch!"

Pflegen Sie Optimismus ... Sie könnten ja auch als Präsident enden!

Ich war eines Nachts noch sehr spät in meinem Büro und beschloss, eine Pause zu machen. Ich schaltete den Fernseher an, um die Nachrichten zu sehen, und während ich die Sender durchforstete, stieß ich auf eine Sondersendung über Ronald Reagan. Das erregte meine Aufmerksamkeit und die Geschichte nahm mich gefangen. Ob Sie Ronald Reagan mögen oder nicht, ich glaube, Sie können aus dieser Geschichte einen Quell an Erkenntnis für sich gewinnen.

* Liegt bisher nicht in deutscher Übersetzung vor (Anm. d. Ü.)

Wir wissen alle, dass Ronald Reagan ehemals Schauspieler in zweitklassigen Filmen war und schließlich Präsident der Vereinigten Staaten wurde, doch diese Geschichte hat eine Menge mehr zu bieten. Ronald Reagan wuchs in Dixon, Illinois, auf, wo er während der High-School-Zeit Sport trieb, in der Theatergruppe mitwirkte und als Präsident des Studentenrats fungierte. Er ging danach auf das Eureka College, wo er Football spielte und Theater und Studentensprecher wurde.

Nach dem College kehrte er auf der Suche nach einem Job nach Dixon zurück. Er hatte ein Auge auf eine Stellung im neuen Montgomery Bekleidungsgeschäft der Stadt geworfen. Er war aufgeregt und freute sich auf das Geld, das er verdienen würde, aber ... er musste einen Rückschlag einstecken! Er wurde übergangen und erhielt die Stelle nicht. Das war eine Enttäuschung für ihn, aber er erinnerte sich an seine Mutter, die ihm erklärte, er solle immer optimistisch bleiben und das Gute aus seinem Handeln erwarten. Er beschloss, eine andere Richtung einzuschlagen, und nahm einen Job bei einem kleinen Radiosender an. Dieser führte zu einer Stellung bei einem größeren Radiosender, wo er Football und andere Sportereignisse moderierte. 1937 reiste er nach Kalifornien, um über das Frühjahrstraining für die Chicago Cubs zu berichten, und ein Freund besorgte ihm eine Probeaufnahme bei den Warner Brothers Studios. Das Studio war von ihm begeistert und er unterschrieb einen Vertrag.

Reagan wurde zum Star und wirkte in mehr als fünfzig Filmen mit. Dann erlitt er einen weiteren Rückschlag. Das Filmgeschäft änderte sich nach dem Krieg, und er war nicht mehr gefragt. Er bekam keine Arbeit mehr und hatte zu kämpfen, um seine Rechnungen begleichen zu können, also nahm er einen Job beim Fernsehen an als Moderator des *The General Electric Theater*. Das Fernsehen war eine noch junge Technik und die meisten respektablen Schauspieler sahen es als einen Rückschritt, eine Niederlage, Ronald Reagan aber war optimistisch und betrachtete es als Auftakt zu einem Comeback.

Zu der Zeit als Sprecher des *General Electric* wurde er gebeten, durch die Lande zu reisen und Werbeansprachen vor Gewerbekammern und Bürgerversammlungen zu halten. Während der Tour konnte er seinen Redestil verbessern und aus erster Hand erfahren, welche Themen die Arbeiter Amerikas bewegten.

Von da an entwickelte er seine eigene politische Position und 1966 kandidierte er für den Posten des Gouverneurs von Kalifornien. Viele hielten es für einen Witz, dass dieser ehemalige Schauspieler und Werbefritze für den Posten des Gouverneurs kandidierte und auch noch gegen einen populären Amtsinhaber! Sie lachten, aber Ronald Reagan blieb optimistisch ... und er gewann mit überwältigender Mehrheit.

Nach zwei Amtszeiten als Gouverneur entschied er sich, für die Präsidentschaft zu kandidieren, gewann aber die Nominierung nicht. Er blieb optimistisch und beschloss, es vier Jahre später noch einmal zu versuchen, verlor aber zum zweiten Mal. Trotzdem verlor er seinen Optimismus nicht und ging vier Jahre später noch einmal ins Rennen. Und dieses Mal kam der Sieg und er gewann auch die nationale Wahl mit überwältigender Mehrheit. Er hatte Rückschläge erlitten, aber er war optimistisch geblieben und hatte erkannt, dass ein Rückschlag nichts anderes war, als der erste Schritt zu einem Comeback. In seiner Zeit als Präsident war sein Markenzeichen seine Zuversicht und sein ungebremster Optimismus und er bewies uns weiterhin, dass ein Rückschlag nichts weiter ist als der Beginn eines Comebacks. Die Geschichtsschreibung wird sich seiner erinnern als eines Schauspielers, der aufstieg bis zur Präsidentschaft, weil er immer optimistisch, zuversichtlich und positiv eingestellt war und erkannt hatte, dass eine Niederlage lediglich der Einstieg zu größerem Erfolg war.

Einer der wichtigsten Faktoren, der Ihre Einstellung beeinflusst, sind die Menschen, mit denen Sie sich umgeben. Sie müssen eine klare Entscheidung treffen und aufhören, sich mit negativen Kleingeistern zu umgeben. Sie werden Ihr Chancendenken vergiften und verhindern, dass Sie einen Rückschlag in ein Comeback umwandeln.

Menschen, die Chancen nicht erkennen können

Ein wichtiger Punkt, um Rückschläge zu überwinden, ist, von negativen Leuten Abstand zu nehmen, die versuchen werden, Ihnen auszureden, dass Sie aufsteigen und Ihre Träume leben. Sie müssen sich mit positiven Menschen umgeben, die Sie ermutigen. Oft, wenn Sie Rückschläge einstecken müssen, werden Freunde und Familienmitglieder Sie davon abhalten wollen, es noch einmal zu versuchen. Sie werden sagen: „Probier das nicht! Du weißt, es ging eben erst schief und es wird schmerzvoll sein, wenn es nicht klappt!“ Oder sie werden sagen: „Tante Susie hat das auch versucht und nicht geschafft. Probier es nicht aus. Es wird weh tun, wenn du es nicht schaffst!“ Ich habe herausgefunden, die Mehrheit derjenigen, die Ihnen ausreden wollen, Ihren Traum zu verwirklichen, wollen nicht gehässig sein. Sie sind nur mit Blindheit für Chancen geschlagen! Da es weder ihnen noch jemand anderem gelungen ist, glauben sie, es könne auch Ihnen nicht passieren! *Falsch!* So ist es nicht! Nichts ist lohnender, als wenn ein Bremser von jemanden unterbrochen wird, der es tatsächlich wagt!

Menschen, die man liebt, zu sagen, sie sollten es nicht mehr versuchen, wenn sie gefallen sind, ist genauso, als würde man zu einem Baby sagen: „Versuch nicht mehr zu laufen. Du bist gefallen, also bleib einfach unten. Es wird weh tun!“ Natürlich wird es schmerzhaft sein, aber ohne hinzufallen wird das Baby nie Laufen lernen. Wenn Sie nicht scheitern wollen, ist es wirklich schwer, Erfolg zu haben.

Michael Jordan, der wohl großartigste Basketballspieler aller Zeiten, sprach in einer Werbesendung im Fernsehen von seinen Misserfolgen und wie diese die Grundlage seines Erfolges darstellten. Er sagte: „In meiner Karriere sind mehr als neuntausend Würfe nicht ins Ziel gegangen. Ich habe fast dreihundert Spiele verloren. Bei sechsundzwanzig Gelegenheiten wurde mir der für einen Gewinn entscheidende Wurf anvertraut ... und er misslang mir. Und ich hatte immer und immer wieder Misserfolge in meinem Leben. Das ist der Grund, warum ich ... Erfolg habe.“ Wegen dieser Bereitschaft, Misserfolge hinzunehmen und Risiken einzugehen, konnte er Erfolg haben.

Fassen Sie den Entschluss, sich mehr über einen Gewinn zu freuen, als Angst vor dem Verlieren zu haben. Sie haben die Wahl. Beschließen Sie, eine positive Einstellung zu entwickeln und zu erhalten, es ist Ihre Wahl. Denken Sie daran, Menschen mit einer positiven Haltung ziehen mehr Gutes auf sich, als solche mit einer negativen Einstellung. Also treffen Sie die Wahl, sich keine Sorgen zu machen, positiv zu sein, ruhig zu bleiben, gesammelt und in Kontakt bleibend. Wie Bobby McFerrin sang: *Don't Worry, Be Happy!* Wie Sie das schaffen sollen? Treffen Sie eine Entscheidung. Sie haben die Wahl!

Den folgenden Vers hat Janice Krouskop eingereicht:

Warum sich sorgen?

Es gibt nur zwei Dinge, um die es sich zu sorgen lohnt:
ob du gesund bist oder krank.
Geht es dir gut, so besteht kein Grund, dich zu sorgen.
Bist du krank, so musst du dir um zwei Dinge Sorgen machen:
ob du wieder gesund wirst oder ob du sterben musst.
Wirst du wieder gesund, so besteht kein Grund dich zu sorgen.
Musst du sterben, so musst du dir um zwei Dinge Sorgen machen:
ob du in den Himmel kommen wirst oder in die Hölle.
Kommst du in den Himmel, so besteht kein Grund dich zu sorgen.
Kommst du in die Hölle, nun ... warum sich jetzt Sorgen machen!
Es ist sowieso zu spät!

Unbekannter Autor

5. Schritt: Merksätze

1. Geraten Sie nicht in Panik. In der Panik liegt keine Kraft.
2. Üben Sie, ruhig zu bleiben, und sprechen Sie sich beruhigend zu.
3. Reden Sie Dinge nicht schlechter als Sie sind und reden Sie keine Katastrophen herbei; hören Sie auf, Verlust an Verlust zu reihen.
4. Geraten Sie in eine „Freitagssituation“, so denken Sie daran, der nächste Sonntag ist nicht weit.
5. Egal, wie schlimm die Dinge heute stehen, der nächste Tag kommt bestimmt. Morgen wird die Sonne scheinen. Halten Sie durch!
6. Denken Sie daran, Ihre Einstellung ist wichtiger als bloße Fakten.
7. Entscheiden Sie sich für den Sieg, egal, welche Möglichkeiten Sie zur Verfügung haben.
8. Werden Sie nicht härter, sondern leuchtender.
9. Nichts ist lohnender, als wenn ein Bremser von jemanden unterbrochen wird, der es tatsächlich wagt!
10. Ergreifen Sie eine Gelegenheit beim Schopf und nehmen Sie auch in Kauf zu scheitern, denn nur dann können Sie wirklich Erfolg haben.

6. Schritt

Halten Sie inne und denken Sie nach: Treten Sie einen Schritt zurück, sehen Sie genau hin, überprüfen und überdenken Sie die Lage. Welche Möglichkeiten haben Sie?

Um deine Träume anzuziehen, musst du im Geiste alle Hindernisse verkleinern bis zu der Größe von Luftpartikelchen, so dass sie in deinem Bewusstsein gar nicht existieren. Auf diese Art entsteht ein Hochgefühl und du handelst so, dass du deine freudigen Ziele erreichst.

Daniel Jingwa, Autor von *Blue Sky Thinking**

Der nächste Schritt, um einen Rückschlag in den Auftakt zu einem Comeback zu verwandeln, ist, neue Ideen zu überdenken. Zeigen Sie Einfallsreichtum und überprüfen Sie alle Ihre Möglichkeiten. Um einen Rückschlag zu einem Beginn eines Neuanfangs zu gestalten, müssen Sie einen Schritt zurücktreten, genau hinsehen und die Lage überprüfen und überdenken. Sie müssen Ihre Möglichkeiten abwägen können. Haben Sie wirklich keine Wahl, dann müssen Sie sich eben Optionen überlegen und schaffen. Mit anderen Worten, Sie müssen Einfallsreichtum beweisen.

Halten Sie inne und denken Sie nach!

Haben Sie sich einmal dafür entschieden, inmitten des Sturms die Ruhe zu bewahren und nicht in Panik auszubrechen, dann müssen Sie auch positiv bleiben. Sie müssen über Ihre Optionen nachdenken. Manchmal müssen Sie dazu einfach aufhören zu rennen und stattdes-

* Liegt bisher nicht in deutscher Übersetzung vor (Anm. d. Ü.)

sen anfangen zu denken: selbst, wenn es nur für kurze Zeit ist, vielleicht nur eine Minute. Halten Sie inne und überlegen Sie, dann tauchen normalerweise neue, kreative Wege auf, auf denen Sie Ihr Ziel erreichen können.

Für diesen Zweck empfehle ich die folgenden vier Schritte:

a) Treten Sie einen Schritt zurück,
b) prüfen Sie,
c) sehen Sie genau hin und
d) überdenken Sie die Lage!

Treten Sie einen Schritt zurück!

Kommen schwere Zeiten auf uns zu, so müssen wir die bewusste Entscheidung treffen, uns aus der Situation zurückzuziehen und zum Beobachter zu werden, damit wir das Problem objektiv betrachten können. Bevor Sie ein Problem objektiv regeln können, müssen Sie zunächst wissen, worum es sich eigentlich handelt. Halten Sie inne, treten Sie einen Schritt zurück und schaffen Sie etwas Raum und Distanz zwischen sich und der Angelegenheit.

Prüfen Sie!

Sind Sie einen Schritt zurückgetreten und haben sich selbst etwas Raum geschaffen, so müssen Sie das Problem einer Prüfung unterziehen, die Situation abschätzen und das Problem objektiv betrachten. Haben Sie es einmal abgeschätzt, so müssen Sie es verkleinern, das heißt, gedanklich Umfang und Breite begrenzen.

Typischerweise erscheinen die Dinge im Augenblick der Sorge größer und die Proportionen sind verzerrt. Oft werden die Situationen aufgebläht und das Problem im Kopf viel größer gemacht, als es in Wirklichkeit ist, was nicht zu weiteren Versuchen ermutigt. Verkleinern Sie es aber, so rücken Sie es zurecht und es wirkt weniger imposant.

Ein einschlägiger Fall: Ich erzählte weiter oben bereits die Geschichte, wie ich dieses Buch fast fertig gestellt hatte, mein Computer abstürzte und ich die Dateien einer gesamten Woche verlor. Es war ein Rückschlag, aber ich hatte die Wahl, wie ich ihm begegnen konnte. Ich konnte mir entweder sagen: „Ich habe die Arbeit einer ganzen Woche verloren“ oder „ich habe nur den Wert von einer Woche Arbeit verloren“. Wovon, denken Sie, erholt man sich leichter? Vom Zweiten natürlich! Ich habe der Sache ins Auge gesehen, sie abgeschätzt und mit den Worten verkleinert: „Ich habe nur den Wert einer Woche verloren. Damit werde ich schon fertig!“ Benutzen Sie Worte, die Sie davon abhalten, das Problem aufzublähen, und die es für Sie zu bewältigen erscheinen lassen. Haben Sie das Problem erst einmal überprüft und den Schwierigkeitsgrad heruntergeschraubt, so können Sie darangehen, es zu lösen, Stück für Stück. Verkleinern Sie es und sehen Sie darin einen Maulwurfshügel, nicht einen Berg.

Sehen Sie genau hin!

Als Nächstes brauchen Sie die Fähigkeit zur inneren Vorausschau, um an Ihren reichen Schatz an Informationen und Erfahrungen heranzukommen, Ihren inneren Genius. Sind Sie älter als zehn Jahre, so verfügt Ihr innerer geistiger Computer über reichhaltige Informationen. Am Leben zu sein und in einem Alter, wo man über einiges an Selbstständigkeit verfügt und die Eltern nicht mehr für das Ankleiden und Ernähren benötigt werden, bedeutet, dass man schon viele Probleme überwunden hat. Wir alle waren mit Herausforderungen und Schwierigkeiten konfrontiert, die wir bewältigt haben. Jetzt müssen wir uns nur noch an diese Zeiten zurückerinnern. Zuerst müssen Sie sich Ihre vergangenen Erfolge bewusst machen. Als Nächstes das, was Sie dazu taten. Wir können aus der Vergangenheit lernen, aber wir brauchen nicht dort zu verharren. Schauen Sie zurück und fragen Sie sich: „Was habe ich unternommen, um jene Probleme damals zu bewältigen?“ Haben Sie dazu die passenden Antworten, so können Sie sich einige jener Strategien zu Nutze machen und anfangen, an Ihren künftigen Reaktionen zu basteln. Sie haben eine Menge an Informationen und Ideen in sich selbst, aber Sie müssen in sich hineinschauen, um Ihren inneren Genius zu fassen zu bekommen.

Überdenken Sie die Lage!

Sie haben inne gehalten, sind einen Schritt zurückgetreten und haben etwas Raum gewonnen und Sie haben die Angelegenheit überprüft, das Problem genau betrachtet und effektiv verkleinert. Sie haben aus dem riesigen Schatz Ihrer Erfahrungen geschöpft und frühere Strategien überdacht, die Ihnen in der Vergangenheit von Nutzen waren. Jetzt ist es an der Zeit, die Lage zu überdenken und die Optionen durchzugehen. Wie früher bereits betont, haben Sie immer Möglichkeiten, selbst wenn das Gegenteil der Fall zu sein scheint. Sie müssen ein paar andere Dinge angehen und ein paar Dinge anders anpacken, sich neue Ideen zu Ende denken und zu kreativem Denken bereit sein! Nehmen Sie ein Blatt Papier zur Hand, schreiben Sie oben darauf, was das gewünschte Ergebnis ist, und beginnen Sie, mögliche Wege dahin zu notieren. Streichen Sie keine Ideen weg, fügen Sie lieber alle Möglichkeiten hinzu, selbst die verrückten, denn das sind manchmal die besten. Denken Sie kreativ, wie James Anthony Carter, der Erfolgstrainer, seine Zuhörer es lehrt zu tun, nämlich über den eigenen Horizont hinaus zu denken. Überlegen Sie sich Möglichkeiten und Sie werden neue Möglichkeiten schaffen.

Seien Sie einfallsreich: Manchmal müssen Sie improvisieren!

Ich erinnere mich an meine Zeit als Vollzeitsänger. Eines Abends war ich für einen Auftritt bei einer Hochzeit engagiert. Der Pianist und der Saxofonist reisten zusammen an und hatten unterwegs eine Autopanne. Der Empfang sollte beginnen und die Hochzeitsparty eröffnet werden, die Band aber hatte weder einen Pianisten noch einen Saxofonisten. Was sollten wir tun? Was konnten wir tun? Ich bat den Schlagzeuger und den Bassisten mir zu folgen und begann, die Klavierpartituren zu singen, mit kleinen, eingestreuten Saxofonhäppchen. Ich improvisierte und schuf Töne, die wie Instrumente klangen, à la Bobby McFerrin. Es traten Fähigkeiten bei mir zutage, die ich nie zuvor genutzt hatte.

Die Gäste drehten förmlich durch! Es war eine erstaunliche Nacht. Von jenem Auftritt an wurde ich mehr und mehr um A-Cappella-Gesang gebeten. Ich begann, Werbesendungen und Radiospots aufzunehmen, bei denen ich allein mit meiner Stimme alle Instrumente darstellte. Tatsächlich singe ich auf meiner letzten Kassette mit Musik und Texten zum Thema Motivation mit dem Titel *It Only Takes a Minute to Change Your Life ... The Music* – eine Jazzversion des Stücks *Blessed Assurance*, die aus dreißig Einzelteilen besteht. Ich habe daraus gelernt, man muss manchmal den Schwierigkeiten des Lebens einfach durch Improvisation begegnen. Wenn man das tut, wird man Dinge an sich selbst entdecken, von denen man bislang keine Ahnung hatte. Es werden sich neue Möglichkeiten in Ihrem Leben auftun. Was also tun, wenn Sie nicht wissen, was Sie tun sollen? Improvisieren Sie!

Wie man aus Zitronen Limonade gewinnt und aus Hundehaufen Geld macht!

Im *Wall Street Journal* vom 20. März 1998 habe ich eine wundervolle Geschichte gefunden über die Kunst, aus Zitronen Limonade zu gewinnen oder, um genauer zu sein, wie man aus Hundekot Geld macht. Diane Rossi wurde mit sieben Jahren zur Adoption freigegeben und stolperte von Heim zu Heim und von Schule zu Schule. Sie ging nie auf die High School und war im Alter von einundzwanzig Jahren geschieden und allein erziehende Mutter, obdachlos, arbeitslos und in einem Auto lebend! Sie fand in einem Müllhaufen ein Exemplar eines Buches mit dem Titel *The Magic of Believing: The Science of Setting Your Goal and Then Reaching It*[*] von Claude M. Bristol, und das gab ihr eine neue Perspektive für ihr Leben. Sie las das Buch und erkannte, dass sie ihre Lebensumstände verbessern konnte, wenn sie daran glaubte und die Verantwortung für sich selbst übernahm.

Diane fand Arbeit und bemühte sich, ein Appartement und die Kinderbetreuung zu finanzieren. Eines Tages hörte sie einige Nachbarn darüber streiten, wer von ihnen einen Hundehaufen beseitigen sollte. Sie sagte: „Ich werde das machen, wenn Sie mich dafür bezahlen!" Und das taten sie! Sie dachte darüber nach und beschloss, sich ein paar Plakate drucken zu lassen, um Werbung für dieses neue Dienstleistungskonzept machen zu können. Sie verteilte diese in der Nachbarschaft und das Telefon begann zu klingeln und klingelte und hörte nicht mehr auf.

---

* Liegt bisher nicht in deutscher Übersetzung vor (Anm. d. Ü.)

Diane Rossi hat eine sehr erfolgreiche Firma aufgebaut mit dem Namen *Have Doggie, We'll Doo!** Sie hat eine Reihe von Angestellten, die in ihren Kleinlastern mit der Aufschrift „Doogie Doo" umherfahren, und sie produziert sogar eine Zeitschrift mit dem Titel *The Inside Scoop!*** Sie musste Herausforderungen und Schwierigkeiten bewältigen, aber sie erkannte, dass Chancen selten in niedlichen, nett eingewickelten Päckchen auftauchen. Man muss Einfallsreichtum unter Beweis stellen und offen für neue Ideen sein, dann können auch Sie Geld an den nicht üblichen Orten finden. Halten Sie Ihre Augen offen und nutzen Sie alles, was Sie zu bieten haben!

Sie müssen einfallsreich sein und alles nutzen, was in Ihnen steckt, alle Ihre Talente und Fähigkeiten! Viele von uns haben Talente und Fähigkeiten, die wir nie nutzen. Ich erinnere mich, als ich aus meinem Sängerjob gefeuert wurde und völlig am Boden zerstört war, legte mir ein Freund nahe: „Nutze deine Kapazitäten, nutze alles, was du zu bieten hast!" Es war bequem für mich zu singen, ich fühlte mich aber außerhalb der Musikbranche unwohl. Doch in dem Moment war ich verletzt und musste mein Leben sofort ändern. Ich beschloss, meine Bequemlichkeit fallen zu lassen und ein paar neue Dinge auszuprobieren. Ich nahm einen Job im Schulbereich an und begann ein Programm mit dem Titel „Positive Bilder", mit Theater, Musik und Tanz als Weg, junge Leute mit einer Botschaft zur Drogenverhütung zu erreichen. Ich hatte nie zuvor Regie geführt, aber es wurde ein Erfolg und erhielt eine Reihe von Auszeichnungen.

Von dieser Plattform aus begann ich, Reden zu halten, wieder indem ich aus der Bequemlichkeitszone heraustrat. Ich war Sänger gewesen und das war alles, was ich zu können glaubte, und alles, was ich glaubte, sein zu können. Aber ich war bereit, meine Bequemlichkeit hinter mir zu lassen und etwas Neues zu versuchen. Es war hart, es war schwierig und machte Angst, aber ich tat es trotzdem. Ich bekam nach und nach Einladungen, an Schulen zu kleinen Kindern zu sprechen, dann zu Lehrern und Servicepersonal. Mir fiel bald auf, dass ich einiges an „Material" hatte, das ich nie genutzt hatte und wahrscheinlich nie genutzt hätte, wenn ich nicht dazu gezwungen worden wäre.

Ich erinnere mich an ein Rede in einer innerstädtischen High School. Diese Rede zwang mich zu testen, wie Ernst es mir damit

---

* Englisch: Doggie Doo: Hundehaufen (Anm. d. Ü.)

** Deutsch: Die Schaufel für Insider! (Anm. d. Ü.)

war, meine Bequemlichkeit hinter mir zu lassen. Vor der Rede fragte mich der Rektor: „Mr. Jolley, wie lange wird Ihre Rede voraussichtlich dauern?“ Ich antwortete: „Oh, ich spreche meistens ungefähr fünfundvierzig Minuten.“ Er entgegnete schnell: „An Ihrer Stelle würde ich etwa fünfzehn Minuten reden. Wir hatten noch nicht viel Erfolg mit Rednern, die länger als fünfzehn Minuten sprachen!“ Während ich darauf wartete, vorgestellt zu werden, stellte ich mir einige schwierige Fragen: „Tue ich das, was die Furcht diktiert, oder das, was mein Glauben fordert? Tue ich das, was bequem ist, oder das, was notwendig ist?“

Einige dieser jungen Leute hatten noch nie einen Motivationsredner gehört. Manche hatten noch nie von der Macht ihrer Träume gehört. Einigen hatte man nie erzählt, dass sie Unglaubliches leisten könnten, wenn sie selbst zu Außergewöhnlichem bereit seien. Ich musste eine Entscheidung treffen. Ich fragte mich: „Soll ich auf Zehenspitzen durch die Tulpen tappen und eine kleine fünfzehnminütige Rede halten, meinen Scheck entgegennehmen und verschwinden? Oder soll ich hinaustreten und meinem Glauben folgen, eine Botschaft aus meinem Herzen verkünden und meine Ängste überwinden? Was soll ich tun? Was soll ich bloß tun?“ Als ich die Bühne betrat, entschied ich mich, meinem Herzen zu folgen und das zu tun, was notwendig und unbequem war. Ich begann zu sprechen. Eine Stunde und zweiundzwanzig Minuten später beendete ich meine Rede und nahm wieder Platz... . Und die Schüler bedachten mich mit stehenden Ovationen! Dieses Ereignis lehrte mich, dass man bereit sein muss, das zu tun, was der Glauben, nicht was die Furcht diktiert. Sehen Sie der Furcht ins Auge und lehnen Sie sich an den Glauben an. Und am wichtigsten war die Lehre, dass man bereit sein muss, die Bequemlichkeit hinter sich zu lassen und das eigene Potenzial auszuschöpfen!

Die meisten von uns stehen in einem Fluss und sterben vor Durst.

Cathy Mateo

Würden wir aufhören, uns zu beklagen und zu schreien und damit anfangen, unsere Möglichkeiten zu durchdenken, dann würden wir sehen, dass unglaubliche Chancen um uns herum warten. Unglaubliche Möglichkeiten befinden sich in unserer Reichweite. Sie sind alle um uns herum. Und doch stehen so viele von uns nur da und schreien und beschweren sich über die Schlechtigkeit des Lebens. Nein! Halten Sie ein und denken Sie nach! Stellen Sie Einfallsreichtum unter Beweis. Seien Sie aktiv und lassen Sie es geschehen.

Vom Bankrotteur zum Millionär: Welch ein Rückschlag!

Als ich in Saint Cloud, Minnesota, sprach, traf ich einen jungen Mann namens Todd Russ, der mir von seinem Bruder Dave erzählte, der einen Rückschlag in ein millionenschweres Comeback verwandelt hatte. Ich sagte ihm, dass ich unbedingt seinen Bruder sprechen wollte. Todd arrangierte ein Treffen und das Erste, was Dave sagte, war: „Ich halte meine Schwierigkeiten nicht für Rückschläge, es sind Chancen zur Entwicklung. Hätte ich keine Rückschläge gehabt, so hätte ich auch nicht dieses Comeback erlebt!“

Dave war in den frühen Achtzigerjahren im Reifengeschäft tätig gewesen und hatte Erfolg gehabt. 1987 aber brach alles zusammen und er verlor all seine Ersparnisse bei einer ungünstigen Investition. Dann kam ein großer Auftrag. Aber Dave hatte kein Geld, um das Material zu kaufen, also ließ er seine persönlichen Mittel als zusätzliche Sicherheit eintragen. Zur gleichen Zeit, wie das Leben so spielt, machte die Fabrik, wo er sein Material bezog, bankrott und schloss eine Woche später die Tore! Da er persönlich für die Sendung haftete, musste auch er persönlich Konkurs anmelden!

Er kämpfte ungefähr ein Jahr darum, sein Geschäft zurückzugewinnen, konnte es aber nicht wieder zum Leben erwecken. Es war ein Rückschlag, aber Dave sah es weiterhin als Auftakt zu einem Comeback. Er entschied sich, weiter im Vertrieb tätig zu bleiben, sah sich aber nach anderen Produkten um. Er war nicht mehr kreditwürdig, kannte sich aber im Vertriebsgeschäft aus. Also fand er einen Partner, Mark, der noch Kredite erhielt. Sie gingen eine strategische Partnerschaft ein und gründeten eine Firma namens Danmark International Inc. Zusammen bauten Sie ein Unternehmen auf, das jetzt verschiedene Produkte vertreibt und gegenwärtig einen Umsatz von siebenhundert Millionen Dollar im Jahr und über zweitausend Angestellte hat.

Ich fragte Dave, was das Wichtigste war, das zu dieser Wende führte. Er antwortete:

1. Zuerst muss man sich entscheiden, ob man leben will oder sterben! Ist das eine Niederlage oder die Chance für etwas Neues?
2. Treten Sie in Aktion, massiv, und halten Sie Ausschau nach neuen Wegen zu Ihrem Ziel. Nur, weil eine Straße gesperrt ist, heißt das noch lange nicht, dass es keine anderen Wege gibt, die zum Ziel führen.
3. Bewahren Sie sich Ihren Glauben! Den Glauben an Gott, an sich selbst und an die Chancen!
4. Denken Sie daran: Ein Rückschlag bedeutet nicht das Ende der Welt. Es ist tatsächlich der Startschuss für einen Neuanfang.

Egal, was das Problem ist, in Ihnen steckt die Kraft, die Situation zu ändern, wenn Sie diese nur nutzen würden. Es steckt in Ihnen! Sie sind eine wertvolle Persönlichkeit, die auch andere Probleme und Schwierigkeiten überwunden hat, um dahin zu gelangen, wo Sie jetzt sind. Erinnern Sie sich einfach daran, wie Sie jene anderen Probleme bewältigt haben. Was haben Sie dazu getan? Stehen Sie nicht inmitten des Flusses und verdursten dort. Stärken Sie sich an den Möglichkeiten, der positiven Energie, den Siegen, den Kapazitäten. Trinken Sie, trinken Sie, trinken Sie all die wundervollen Chancen, die sich Ihnen eröffnen, und gehen Sie davon aus, dass diese Wirklichkeit werden. Sie werden neue Wege in Ihrem Denken einschlagen müssen, manches werden Sie wieder entdecken müssen, aber so wie aus der Raupe ein Schmetterling entsteht, so können auch Sie fliegen lernen.

Ein außergewöhnliches Beispiel für jemanden, der sich wieder entdeckte, ist George Foreman, der den Weltrekord als ältester Mensch hält, der je Schwergewichtsmeister wurde. George Foreman wuchs in Houston, Texas, auf. Als Teenager war er groß gewachsen und eigensinnig und wurde Boxer, um sich wehren zu können. Er kam 1968 in die Boxmannschaft für die Olympischen Spiele und gewann die Goldmedaille im Schwergewicht. 1969 startete er eine Profikarriere als großer, harter Kämpfer, der nie lächelte und kaum Persönlichkeit zeigte. Er besiegte jeden, mit dem er kämpfte, und gewann 1973 den Weltmeistertitel im Schwergewicht, indem er Joe Frazier bezwang. Nach diesem Kampf hielt man ihn für unbesiegbar.

1974 jedoch kämpfte er gegen Muhammad Ali in Zaire. Und mit einer kühnen strategischen Finte, einer neuen Taktik namens „the-rope-a-dope strategy“, gewann Ali den Kampf. Es war George Foremans erste Niederlage und er war am Boden zerstört! Und es kam noch schlimmer, als er einen weiteren Kampf gegen einen kaum bekannten Kämpfer namens Jimmy Young verlor. Ein gewaltiger Rückschlag! Im Umkleideraum nach dem Kampf fing George an, sich merkwürdig zu benehmen, und seine Trainer dachten, er wäre im Delirium. George aber sagte, er hätte eine religiöse Erfahrung gemacht. In jener Nacht hängte er den Boxsport an den Nagel und beschloss, Prediger zu werden. Seine Boxerkarriere wurde für tot erklärt und George Foreman schien Geschichte zu sein, aber er hatte noch nicht genug Geschichte geschrieben.

George ging zurück nach Houston und gründete eine Kirche und ein Jugendzentrum. Nach zehn Jahren, nachdem alle sein finanziellen Mittel erschöpft waren, war ihm klar, er würde Geld brauchen, um das Jugendzentrum am Leben zu erhalten, also beschloss er, in den Ring zurückzukehren. Als er dieses Mal neu startete, hatte er sich verändert, er war eine neue Persönlichkeit und hatte sich selbst wieder entdeckt. Als er das Boxen aufgegeben hatte, war er ein armseliger, schmollender und unkommunikativer Kerl gewesen, der nur kämpfen wollte. Als er wieder anfing, hatte er sich gewandelt, er war ein neuer Mensch. Freundlich, enthusiastisch, ein Spaßmacher, der es liebte zu erzählen.

Sein erster Kampf nach seinem Comeback fand im März 1987 statt. Er gewann diesen Kampf und machte weiter, kämpfte viele Male und gewann immer. Auch mit seinem neuen Image in den Medien schaffte er den entscheidenden Durchbruch. Schnell wurde er zu einer der beliebtesten Persönlichkeiten Amerikas und zur populärsten Werbefigur. Er verkaufte alles, vom Hamburger bis zu Auspufftöpfen, und die Leute liebten alles, was er tat. Einen Kampf nach dem anderen konnte er für sich entscheiden! 1991 verlor George eine sehr harte Begegnung gegen Evander Holyfield, und viele meinten, dies wäre sicher das Ende der Geschichte. Er war über vierzig und übergewichtig. Alle Kommentatoren empfahlen George zurückzutreten ... er war einfach zu alt, aber George hatte andere Pläne. Er boxte weiter und im November 1994 überraschte George die Welt. Im Alter von fünfundvierzig Jahren gewann er den Weltmeistertitel im Schwergewicht!

George gewann nicht nur den Titel, er wurde auch zu einer der populärsten Fernsehpersönlichkeiten Amerikas und zum Produktgaranten. Er war als der älteste Schwergewichtsmeister der Welt in die

Geschichte eingegangen! Er wurde Bestsellerautor, Moderator seiner eigenen Fernsehshow und ein sehr gefragter öffentlicher Redner. George Foreman ist ein Mann, der sich selbst neu entdeckte und dadurch einen Rückschlag in den ersten Schritt zu einem Comeback verwandelte! Ich empfehle Ihnen, entdecken Sie sich konsequent neu, beständig sich erweiternd und entwickelnd. Egal, wie alt Sie sind, es gibt noch viel Ungenutztes und Unentdecktes. Bleiben Sie offen und verbessern Sie sich. Sie haben genug zu entdecken übrig gelassen. Suchen Sie danach und Sie werden ein besseres Ich finden!

Seien Sie clever!

Jim und Naomi Rhode sind zwei Freunde und Mitglieder der National Speakers Association. Sie wissen eine tolle Geschichte darüber zu erzählen, wie man einen Rückschlag in ein Comeback verwandelt. In den späten 60er-Jahren war Jim Geschäftsführer einer kleinen Firma für Dentalprodukte, zusammen mit seiner Frau Naomi als Dentalhygienikerin. Sie hatten drei kleine Kinder und strengten sich an zurechtzukommen. Der Besitzer der Firma für Dentalprodukte hatte den Eindruck, er würde nicht genug Geld verdienen, und entschied sich daher, den Betrieb zu schließen. Wenn er die Firma schließen würde, würden aber sowohl Jim als auch Naomi ihren Job verlieren. Es war ein Rückschlag, aber es war nicht das Ende. Jim ging zu dem Besitzer und fragte ihn, ob er bereit sei, den Betrieb an sie zu verkaufen. Der Besitzer lachte und sagte: „Wie könnten Sie diese Firma kaufen?“ Aber Jim bestand darauf und schließlich meinte der Besitzer: „Ja, ich werde sie verkaufen, aber ich bezweifle, dass Sie sich die Firma leisten können!“

Jim und Naomi kratzten all ihre Ersparnisse zusammen, nahmen eine Hypothek auf ihr Haus auf, schraubten ihre Ausgaben zurück, verkauften vieles, was sie besaßen, und hatten immer noch kaum viertausend Dollar beisammen! Sie gingen zu dem Besitzer und baten ihn um mehr Zeit, um das Geld zusammenzubekommen. Er weigerte sich! E wollte das ganze Geld sofort und wollte nicht nachgeben. Jim und Naomi sprachen mit ihrer Familie und ihren Freunden, hatten aber kein Glück. Schließlich erzählten sie es aber ihrem ehemaligen Trauzeugen, der ebenfalls junger Familienvater war, und fragten ihn um Rat. Das war der Augenblick, da sich ihr Leben änderte. Ihr bester Freund erklärte: „Ich glaube wirklich, ihr beide seid da auf der richtigen Spur. Ich werde das Geld auftreiben und ihr könnt es zurückzahlen, wann immer es euch möglich ist!"

Das war vor über fünfundzwanzig Jahren. Sie haben jene Schuld bereits mit dreifachen Zinsen zurückgezahlt. Heute sind Jim und Naomi die Besitzer von SmartPractice, eine der größten Firmen für Dentalprokukte in Amerika, und haben mehr als dreihundert Angestellte. Die Firma erzielt jetzt über fünfzig Millionen Dollar Umsatz im Jahr! Jim und Naomi bewiesen, dass ein Rückschlag nichts anderes ist als der erste Schritt zu einem Comeback.

Als ich Jim und Naomi nach dem Geheimnis ihres Erfolges fragte, gaben sie mir eine Liste, die ich Ihnen nicht vorenthalten möchte:

1. Konzentrieren Sie sich auf eine Sache.
2. Denken Sie in großen Zeiträumen und planen Sie voraus.
3. Verfallen Sie nicht in Panik.
4. Bauen Sie ein Netzwerk auf und machen Sie eine Bestandsaufnahme Ihrer Vermögenswerte („harte" ebenso wie „weiche" Vermögenswerte, wie Freunde, Familie, Ihr Netzwerk an Beziehungen, Ihre Talente und Ihre Ideen).
5. Überlegen Sie sich, was alles möglich ist, und glauben Sie an die Möglichkeiten.
6. Sparen Sie Ihr Geld.
7. Gehen Sie immer sorgfältig mit Ihrem „Spezialteam" um (Ihre Familie und geliebte Menschen, besonders Ihr Ehepartner).
8. Umgeben Sie sich mit positiven Menschen.
9. Nehmen Sie sich eine Zurückweisung nicht zu Herzen. Jeder erfolgreiche Mensch wurde einmal abgewiesen und jeder musste irgendwo anfangen (jeder war einmal ein Grünschnabel, ein Anfänger).
10. Betrachten Sie jedes Problem als Chance und als eine Zeit, um Neues auszuprobieren.

Fragen Sie! Fragen, Fragen!

Wenn Sie einen Rückschlag erlitten haben, dann müssen Sie sich einen Moment Zeit nehmen, um die Situation objektiv zu betrachten. Einer der besten Wege dazu ist, Fragen zu stellen. Zuerst müssen Sie sich selbst befragen, dann andere. Es gibt Momente im Leben, da wir alle einmal Hilfe brauchen.

Wenn Sie einem Problem gegenüberstehen ... stellen Sie Fragen!

Ein Schlüssel zum Erfolg liegt darin, Erkundigungen einzuziehen. Sie müssen viel fragen, nicht nur um Ihre Chancen auszuloten, sondern auch um herauszubekommen, was für Sie das Beste ist. Forschen Sie zuerst bei sich selbst, welche Optionen Sie haben. Gehen Sie alles durch und machen Sie sich Notizen. Vielleicht sagen Sie sich anfangs, sie hätten keine Möglichkeiten, wie wenn man sagt: „Ich musste es tun, ich hatte keine andere Wahl." Sie haben immer die Wahl. Es ist eventuell unbequem, aber Sie können immer wählen. Wie in den Piratenfilmen, wo man gesagt bekommt, man solle herausrücken, wo der Schatz vergraben liege, oder man würde mit verbundenen Augen über eine Schiffsplanke ins Wasser getrieben.

Meistens sagt derjenige dann automatisch: „Ich schätze, ich muss es sagen, denn ich habe keine andere Wahl." Nun, Sie haben eine Wahlmöglichkeit ... Sie könnten über die Schiffsplanke laufen. Es ist vielleicht nicht die leichteste oder bequemste zu treffende Wahl, aber es ist eine Möglichkeit. Es ist immerhin möglich, dass Sie über die Planke laufen, ins Wasser fallen und ein Stück Treibholz zu fassen bekommen. Und dann könnten Sie sich an dieses Stück Treibholz klammern, bis Sie ans Ufer geschwemmt werden. Das ist vielleicht nicht die leichteste Option, aber man hat jedenfalls immer eine Wahl. Denken Sie also daran, man hat im Leben immer die Chance zu wählen. Es ist vielleicht unbequem, aber man kann immer eine Wahl treffen.

Zweitens, nachdem Sie sich selbst befragt haben, müssen Sie anderen Fragen stellen. Eine der wichtigsten Strategien, um einen Rückschlag in den Auftakt zu einem Comeback zu verwandeln und erfolgreich zu sein: Stellen Sie viele Fragen. Wann immer ich ein Problem habe, stelle ich sowohl mir als auch anderen Fragen.

Ich frage mich selbst um Rat und empfehle Ihnen, das auch zu tun. Fragen Sie sich selbst um Rat! Ich sage: „Willie, ich brauche deinen Rat. Ich habe ein Problem und ich brauche deine Hilfe. Wenn du ich wärst, was würdest du in dieser Situation tun?" Und dann gebe ich mir selbst einen Rat, der mir ein paar Minuten zuvor nicht einfallen wollte. Warum eigentlich? Nun, wenn ein Freund auf Sie zukommt und Sie um einen Rat bittet, selbst wenn es um etwas geht, worin Sie kein Experte sind, dann versucht man doch meistens, diesem Freund zu helfen. Sie könnten mit ein paar Ideen und Ratschlägen aufwarten. Ich nenne das „gemeinsame Problembewältigung". Und wenn Sie sich selbst Fragen stellen, dann ist das „Problembewältigung aus eigener Kraft." Das bedeutet, Sie bekommen neue Ideen, indem Sie sich selbst um Rat fragen, weil Sie Ihrem Verstand die Gelegenheit dazu geben. Versuchen Sie es. Es ist wirklich erstaunlich, wie viele kreative Ideen bereits in einem stecken. Sie benötigen ein paar neue Wege, um diesen großen, unbegrenzten Pool an Möglichkeiten erschließen zu können.

Sie müssen auch bereit sein, andere um Hilfe zu bitten. Sie müssen Ihre Fragen vertikal und horizontal stellen. Vertikal fragen bedeutet, die Fragen nach oben zu stellen, also Gott um Hilfe zu bitten. Horizontal fragen bedeutet, sich nach allen Seiten zu erkundigen, bei den Mitmenschen. Die Heilige Schrift sagt bei Matthäus 7,7: „Bittet, so wird euch gegeben ..." Und ich liebe das alte Sprichwort: „Willst du *haben*, dann musst du *fragen*!" Das Gleiche gilt auch, wenn Sie Ihre Rückschläge in den Auftakt zu einem Comeback umwandeln wollen – Sie müssen fragen.

Das ist ein Prinzip, das mächtigen Einfluss auf Ihre Fähigkeit nehmen kann, Niederlagen in Comebacks zu verwandeln. Bitten Sie um Hilfe. Fragen Sie Freunde, Ihre Familie, Partner und selbst Leute, die Sie nicht kennen. Bitten Sie um Hilfe, Ratschläge, Informationen und Vorschläge. Sie können nie wissen, wo Sie Antworten erhalten, aber Sie müssen erst fragen, um überhaupt Antworten zu bekommen. Lee Iacocca war verrückt genug, den Kongress um ein Darlehen zu bitten, damit Chrysler aus der Patsche geholfen werden konnte, und er hat es bekommen! Wenn Sie wieder auf die Beine kommen wollen, müssen Sie bereit sein, um Hilfe zu bitten, weil Sie diese dann vielleicht wirklich erhalten! Sie müssen fragen und Antworten finden, um Ihre Chancen auszuloten. Bevor Sie irgendetwas anderes unternehmen, fragen Sie: „Welche Chancen habe ich?" Kennen Sie die dann einmal, dann können Sie damit beginnen, feste Pläne zu schmieden.

Selbst die besten Pläne ...

Ich war für eine Rede in Amelia Island, Florida, in einer morgendlichen Veranstaltung vorgesehen. Einige Wochen vor dieser Veranstaltung erhielt ich einen Anruf von einem Freund, der mich bat, Gastredner bei einer Feier der Stadt Ocala, Florida, am Abend des selben Tages zu sein. Ich erklärte ihm, dass ich am Morgen in Amelia Island sprechen sollte und am Abend noch frei sei, also hieß es nur noch, wie von der einen in die andere Stadt gelangen? Keine große Sache, richtig? Falsch! Florida ist ein großer Staat und es gab an diesem Tag zur relevanten Zeit keine Flüge nach Ocala. Und es würde zu lange dauern, per Bus oder Auto zu reisen. Die Leute in Ocala wollten mich unbedingt engagieren, also boten sie an, ein Privatflugzeug für mich zu chartern. Großartig! Liebend gerne würde ich mit einem Privatjet reisen, aber es sollte mir ein große Überraschung bevorstehen.

Der Tag kam also und ich beendete meine Rede in Amelia Island. Ich blieb eine Weile und signierte Bücher, dann schnappte ich mir meine Taschen und eilte hinaus zu dem wartenden Kleinbus, der mich zur Landebahn bringen sollte, wo ich auf das Privatflugzeug zu treffen gedachte. Wir stiegen also in den Kleinbus und machten uns auf den Weg. Es dauerte zwanzig Minuten und ich lag gut in der Zeit, um mein Flugzeug nach Ocala zu erreichen. Es war so aufregend!

Der Fahrer ließ mich aussteigen, lud mein Gepäck an der Schranke aus, wir schüttelten uns die Hände und verabschiedeten uns. Ich lief in das Terminalgebäude, um den Piloten zu treffen. Dort nannte ich der Dame am Schalter meinen Namen und fragte sie, wo ich mein Flugzeug finden würde. Sie sagte: „Nicht hier! Sie befinden sich am falschen Ort. Die Privatlandebahn liegt gut eineinhalb Kilometer weiter die Straße hinunter."

„Was?!" Ich lief hinaus, um den Fahrer noch zu erwischen, aber alles, was ich sah, waren die Rücklichter des Fahrzeugs, wie es in der Ferne verschwand. Was tun? Es gab weder Taxis noch Autos dort. Da tauchte ein Hotelshuttlebus auf, um irgendeine Lieferung abzuholen. Also bat ich den Fahrer um Hilfe. Ich fragte ihn, ob er mich zur Privatlandebahn bringen könne und erklärte aufgeregt, ich wäre spät dran und müsste ein Flugzeug nach Ocala erreichen. Er nahm sich meiner an und sagte: „Steigen Sie ein." An der nächsten Landebahn ließ er mich aussteigen. Ich dankte und lief hinein. Dort nannte ich meinen Namen und erklärte, ich würde von einem Privatflugzeug erwartet. Alle sahen mich sehr merkwürdig an, als ob ich in einer fremden Sprache reden würde. Sie meinten: „Für heute ist kein Flug mit einem Privatflugzeug vorgesehen, weder für Sie noch für irgendjemanden sonst. Wie heißt die Landebahn, wo Sie hin sollen?" Ich sagte, Amelia Island. „Nun, dies ist die Landebahn von Jacksonville. Die von Amelia Island befindet sich am Strand von Amelia, etwa zweiunddreißig Kilometer von hier." *Ahhhhhh*! Der Fahrer hatte mich zur falschen Landebahn gebracht! Und ich stellte weitere Nachforschungen an.

Ich fragte nach einem Taxi, aber sie meinten, ein Taxi würde eine halbe Stunde bis hierher brauchen. Ich fragte nach einem Mietwagen, hatte aber wieder kein Glück. Während ich meine Liste von Fragen durchging, kam ein junger Pilot dazu und wollte wissen, um was es gehe. Wir erläuterten mein Dilemma und ich fragte: „Können Sie mir helfen, schnell zu der Landebahn zu kommen?" Er sagte: „Nun, ich denke, ich könnte Sie in meinem Flugzeug eben schnell mal hinüberbringen zu der anderen Landebahn. Es würde etwa zehn Minuten dauern." „Großartig! Das machen wir," und wir gingen zu seinem Flugzeug hinaus.

Gerade als er sein Flugzeug herausfahren wollte, sah er zum Himmel hinauf und meinte: „Der Himmel sieht nicht gut aus; ich glaube, wir überprüfen besser die Wetterlage." Er telefonierte und ich hörte ihn nach einer Weile sagen: „Uh-oh!" Er drehte sich zu mir um und sagte: „Aus der Richtung, in die wir fliegen müssen, kommt ein großer Sturm auf. Ich habe ein kleines, einmotoriges Flugzeug und kann gegen diesen Sturm nicht aufkommen. Tut mir Leid, aber ich kann Sie da nicht hinfliegen!" Wieder fing ich an, Fragen zu stellen. Ich sagte: „Okay, welche Möglichkeiten habe ich? Es gibt keine Taxis, keine Mietautos und Sie können mich nicht dorthin fliegen. Haben Sie ein Auto?" Er zögerte und meinte dann: „Nun, ich habe hier auf dem Gelände ein kleines Auto. Ich schätze, ich könnte Sie hinüberfahren." „In Ordnung!", sagte ich. „Los geht's."

Er lief zur Garage und kam schnell wieder heraus ... in einem Yugo fahrend! Es war das kleinste Auto, das ich je gesehen hatte. Es hatte nur zwei Sitze und kaum Platz für irgendwelches Gepäck. Wir quetschten meine Taschen ins Auto, dann uns selbst hinterher und ich sagte keuchend: „Treten Sie das Gaspedal durch bis zum Boden", und das tat er, nur dass Vollgas nur siebzig Stundenkilometer bedeutete. Ich rief: „Kann der nicht schneller?" Er meinte: „Klar! Besonders wenn der Wind ihn anschiebt!"

Schließlich erreichten wir den Flugplatz am Strand von Amelia und mein Pilot lief nervös hin und her. Ich war mehr als eine Stunde zu spät und Sturm kam auf. Ich dankte meinem Freund, dem Yugopiloten, gab ihm meine Karte, ein Buch, einige Kassetten und etwas Bargeld für seinen Zeit- und Energieaufwand und lief los, um den Herrn zu begrüßen, der ein Schild mit meinem Namen hoch hielt. Es war der Pilot und er meinte, wir müssten sofort starten, da wir gegen den sich nähernden Sturm ankommen müssten. Trotz all der Schwierigkeiten war ich aufgeregt! Ich war noch nie in einem Privatjet geflogen und freute mich auf die Erfahrung. Und es sollte eine ziemlich aufregende Erfahrung werden, die da vor mir lag.

Wir schnappten uns meine Taschen, liefen durch das Terminalgebäude und ... ich hielt inne, um zu sehen, was ich da besteigen sollte. Es war kein Privatjet. Es war ein kleines, ein winziges Flugzeug mit zwei Sitzen, zwei Fenstern und einem Propeller. Eigentlich sah es eher einem Volkswagen mit Flügeln ähnlich! Wenn ich bis dahin gedacht hatte, die Fahrt mit dem Yugo wäre etwas Besonderes gewesen, so sollte das die Reise meines Lebens werden.

Der Pilot sagte: „Gehen wir. Wenn wir gegen den Sturm ankommen wollen, müssen wir jetzt los!" Ich stieg ein und begann sofort zu beten ... laut! Ich betete mein übliches „Fluggebet" (Sie finden es am Ende dieses Kapitels) und danach jedes Gebet, das ich jemals gelernt hatte, und einige, die ich bisher nicht kannte.

Ich legte den Gurt an, hielt mich fest und fuhr fort zu beten. Der Wind blies bereits stärker und das Flugzeug hatte zu kämpfen, um Höhe zu gewinnen. Statt hoch zu steigen, schien es eher seitlich abzudriften. Der Pilot kämpfte mit den Reglern und ich betete. Ich dankte Gott fortwährend für einen wundervollen und sicheren Flug, im Voraus. Der Pilot zog weiter an den Reglern und ich betete und betete und, und, und ... und schließlich stieg das Flugzeug über den Sturm hinaus und flog mühelos über den Wolken. Das wäre ein guter Augenblick gewesen, um eine Toilette aufzusuchen, aber mich umsehend musste ich feststellen, dass es keine gab, die einzige Möglichkeit war, nach draußen zu gehen. Ich entschied mich zu warten! Wir kamen in Ocala etwa zehn Minuten, nachdem die Veranstaltung begonnen hatte, an, aber noch rechtzeitig vor meiner geplanten Rede. Und was ich für eine Rede an jenem Tag hielt! Ich hatte eine neue Einstellung gewonnen und war hoch motiviert!

An jenem Tag lernte ich viel über Rückschläge und wie man sie in den Auftakt zu einem Comeback verwandelt. Ich lernte die Macht der Fragen kennen. Rückblickend weiß ich, ich hätte mich zuerst nach dem Namen der Landebahn erkundigen sollen! Und dann, ob der Fahrer wisse, wie man dorthin gelangt. Das hätte mir viel Kopfzerbrechen erspart. Als Nächstes lernte ich, wie man seine Möglichkeiten abfragt, denn es gibt immer noch Möglichkeiten. Sie müssen sie nur herausfinden, um eine qualifizierte Entscheidung treffen zu können. Ich lernte auch, um Hilfe zu bitten, denn wie John Donne einmal schrieb, „kein Mensch ist eine einsame Insel", keiner ist alleine auf der Welt. Wir alle brauchen manchmal Hilfe und wir sollten uns nicht schämen, darum zu bitten. Die erfolgreichsten Leute haben es sich zur Gewohnheit gemacht, ein Netzwerk strategischer Verbindungen herzustellen, von dem sie wissen, es wird als Ihr Unterstützungssystem dienen. Ihnen ist bewusst, wie wichtig es ist, um Hilfe zu bitten. Und schließlich lernte ich wieder, wie wahrhaft machtvoll Gebete sind!

Schämen Sie sich nicht, um Hilfe zu bitten, denn früher oder später braucht jeder von uns Unterstützung. Als Kleinkinder erhielten wir Hilfe von unseren Eltern oder von unserem Vormund. Sie hoben uns auf, wenn wir stürzten, säuberten uns und küssten die Schmerzen weg. Als Schulkinder halfen uns Lehrer, die uns anleiteten und führten. Als Erwachsene erhalten wir Hilfe von der Familie und von Freunden, die dazu da sind, sich unsere Probleme anzuhören und uns wieder auf die Beine zu helfen, wenn das Leben es nicht gut mit uns meinte. Ob wir sie Eltern, Lehrer, Geschäftspartner oder Mentoren nennen, es bedeutet immer das Gleiche – es sind Menschen, die uns helfen! Egal, wo Sie im Leben stehen, es werden Zeiten kommen, da werden Sie Hilfe benötigen. Schämen Sie sich nicht, darum zu bitten!

Das Fluggebet

Vater, danke für eine neue Gelegenheit durch Deinen Himmel zu fliegen! Ich bitte Dich jetzt, die völlige Kontrolle über dieses Flugzeug zu übernehmen und dass Du eine Legion von Engel senden mögest, um es zu beschützen. Von vorne bis hinten, von oben bis unten, von Flügel zu Flügel. Lass das Flugzeug zur rechten Zeit aufsteigen und zur rechten Zeit landen. Ohne Zwischenfälle, Unfälle oder ungeplante Ereignisse. Und ich bete dafür, dass jeder in diesem Flugzeug gesegnet werde ... gesegnet, weil Du in mir wohnst und ich mich in diesem Flugzeug befinde. Im Namen Jesu bete ich. Danke, Amen!

Willie Jolley

6. Schritt: Merksätze

1. Halten Sie inne und durchdenken Sie Ihre Möglichkeiten.
2. Treten Sie einen Schritt zurück und schaffen Sie Raum für sich zu Ihrem Problem.
3. Überprüfen Sie die Situation und schätzen Sie sie ab. Dann verkleinern Sie das Problem, indem Sie es mit Worten beschreiben wie „lediglich“ und „nur“.
4. Erschließen Sie Ihren inneren Genius, Ihren reichen Schatz an Erfahrungen.
5. Seien Sie einfallsreich; denken Sie über Ihren Tellerrand hinaus.
6. Wenn Sie nicht wissen, was Sie tun sollen, dann improvisieren Sie.
7. Entdecken Sie sich selbst wieder; lernen Sie beständig dazu und entwickeln Sie sich.
8. Entwickeln Sie ein Netzwerk und schaffen Sie strategische Verbindungen.
9. Tun Sie das, was notwendig, nicht was bequem ist.
10. Stellen Sie Fragen. Bitten Sie um Hilfe und loten Sie Ihre Optionen aus.

Im letzten Kapitel sprachen wir über die Kraft, die darin liegt, Fragen zu stellen, und wie die Heilige Schrift sagt: „Bittet, so wird euch gegeben; suchet, so werdet ihr finden; klopfet an, so wird euch aufgetan ...“ und lehrt uns damit die Macht des Fragens. Es kann aber eine weitere Lehre aus jener Bibelstelle, Matthäus 7,7-8 gezogen werden, und zwar die der Wichtigkeit der Tat: „Denn wer da bittet, der empfängt; und wer da sucht, der findet; und wer da anklopft, dem wird aufgetan.“ Beachten Sie, dass jeder dieser Punkte mit einer Aktion verbunden ist. Treten Sie in Aktion, dann bekommen Sie den Segen. Die meisten Leute erhalten nichts, weil sie nicht fragen, nicht suchen und nicht anklopfen! Diejenigen, die handeln, sind auch die, die etwas bekommen. Sie müssen handeln, um Ergebnisse zu erzielen!

TEIL III

Die Kraft der Tat

7. Schritt

Treten Sie in Aktion: Auch wenn Licht und Kameras vorhanden sind, wird nichts passieren, wenn Sie nichts tun!

Am Strand des Zögerns liegen die Knochen von Millionen, die sich beim Herannahen des Sieges hinsetzten und warteten und wartend starben.

Evangeline Wilkes

Manchmal müssen Sie etwas vortäuschen, bis Sie etwas tun ... handeln Sie und erreichen Sie so einen neuen Weg des Denkens und denken Sie sich in eine neue Art des Handelns.

Willie Jolley

Die nächste wichtige Zutat, um einen Ruckschlag in den ersten Schritt zu einem Comeback verwandeln zu können, ist die Tat. Eine Vision ohne Aktion ist eine Illusion und Aktion ohne eine Vision ist Konfusion. Aber Aktion und Vision, Wunsch und Entscheidung können Ihr Leben und die Welt verändern. Oder wie der Motivationstrainer Marlon Smith sagt: „Eine Vision ohne Aktion ist eine Wunschvorstellung und Wunschvorstellungen haben keine Substanz."

Ich erläuterte weiter oben bereits die Tatsache, dass Ameisen cin angcborenes Verständnis für die Wichtigkeit von Zielsetzungen besitzen. Sie arbeiten hart und lassen nicht locker, bis sie ihre Ziele erreicht haben. Ameisen verstehen, dass harte Arbeit ein entscheidendes Element auf dem Weg zum Ziel ist. Harte Arbeit ist der Dreh- und Angelpunkt. Dies ist ein Auszug aus meinem Buch *It Only Takes a Minute to Change Your Life*, wo es um harte Arbeit geht.

Harte Arbeit lohnt sich

Meine Freundin und Rechtsanwältin Amy Goldson lieferte mir ein Zitat von ihrer Mutter, das ihr bei ihrem Streben, Anwältin zu werden, sehr geholfen hat. Das Zitat lautet einfach: „Harte Arbeit lohnt sich!" Und das stimmt! Es gibt keinen Ersatz für harte Arbeit. Erfolg ist nicht das Ergebnis von Glück oder eines wohlmeinenden Schicksals, sondern von harter Arbeit und Beharrlichkeit. Im Buch der Sprüche Salomos 28,19 heißt es: „Wer seinen Acker bebaut, wird Brot genug haben, wer aber nichtigen Dingen nachgeht, wird Armut genug haben." Das klingt vielleicht unbequem, aber es ist absolut unerlässlich, hart zu arbeiten und beharrlich zu bleiben, wenn es Ihnen Ernst damit ist, Ihre Rückschläge in Comebacks zu verwandeln. Der einzige Ort, an dem der Sieg vor der Tat kommt, ist im Wörterbuch. William Penn schrieb: „Ohne Schmerzen, keine Lorbeerkränze; ohne Kreuz, kein Thron; keine Krone ohne Dornen; kein Ruhm ohne Galle!" Janice Krouskop, Autorin von *Happy Thoughts for a Healthy Life** , hat es treffend ausgedrückt: „Ohne Ehrgeiz beginnt man nichts Neues und ohne harte Arbeit beendet man nichts. Deshalb werden diejenigen, die sich strecken, ihre Wünsche verwirklichen!" Ich denke, das sagt alles. Zuerst ist da das Ziel, das Sie erreichen wollen, dann kommt harte Arbeit, gefolgt von Entschlossenheit und Beharrlichkeit.

Hartnäckigkeit und Ausdauer sind essenziell wichtig, um einen Rückschlag in den Auftakt zu einem Comeback zu verwandeln. Es scheint vielleicht so, als würde sich das von selbst verstehen, aber ich versichere Ihnen, es kann nicht oft genug wiederholt werden und zwar morgens, mittags und abends wieder, selbst in Ihren Träumen! Bleiben Sie hartnäckig ... geben Sie nie auf!

W. Mitchell veranschaulicht die Macht der Entscheidung und die Kraft, die in der Wahl für den Erfolg liegt. W. Mitchell ist ein Freund, der mich immer wieder inspiriert. Ich hörte das erste Mal von W. Mitchell auf einer Kassette von Zig Ziglar. Dann hörte ich Anthony Robbins von ihm sprechen und viele andere nach ihm. Ich traf ihn erstmalig bei der National Speakers Association und wir wurden Freunde. Er schrieb sogar die Einleitung zu meinem letzten Buch. Mitchell ist eine Inspiration wegen seiner Bereitschaft, immer

* Liegt bisher nicht in deutscher Übersetzung vor (Anm. d. Ü.)

wieder Rückschläge in Comebacks zu verwandeln. Seine Geschichte ist legendär, da er mit seiner Persönlichkeit ein Beispiel dafür gibt, wie das zu schaffen ist. Er führt uns die Macht eines Meisters vor Augen, eines Meisters der Beharrlichkeit, des Hungers und der Entschlossenheit.

Ein Unbesiegbarer – W. Mitchell

W. Mitchell zeigt nahezu vorbildhaft, wie man Rückschläge in einen ersten Schritt zu einem Neuanfang werden lässt. Voll Respekt nennt man ihn „den Unbesiegbaren“, da er niemals aufgibt. Vor fünfundzwanzig Jahren war er Student, der auf Teilzeit als Telegrammvermittler in San Francisco arbeitete. Zwischen Schule und Arbeit fand er noch Zeit, zur Entspannung mit seinem neuen Harley-Davidson-Motorrad herumzufahren. Er lebte für jene Momente, da er mit seinem Motorrad fahren und den frischen Wind im Gesicht spüren konnte.

Eines Tages passierte Mitchell bei einem dieser Ausflüge eine Kreuzung und sah plötzlich, dass ein Lastwagen eine rote Ampel überfuhr. Der Lastwagen rammte ihn und er stürzte zu Boden. Während er dort in Schmerzen lag, roch er Benzin und bemerkte, dass er davon bedeckt war. Plötzlich gab es eine Explosion, das Motorrad ging in Flammen auf, das Feuer breitete sich aus und erreichte auch Mitchell schnell. Er wurde zur lebenden Fackel und erlitt Verbrennungen vom Kopf bis zu den Zehen. Er verlor seine Finger und Zehen und er hatte keinerlei Ähnlichkeit mehr mit seinem früheren Selbst. Monate über Monate quälender Operationen und Rehabilitation musste er über sich ergehen lassen. Er hatte einen herben Rückschlag, aber er traf eine Entscheidung: Er würde nicht aufgeben!

Er beendete seine Ausbildung und begann ein Geschäft, das bald erfolgreich wurde. Er war sogar in der Lage, ein Privatflugzeug zu erwerben und selbst als Pilot zu fliegen. Sein Flugzeug wurde seine Passion und er verbrachte seine gesamte Freizeit mit dem Fliegen. Eines Abends während eines Flugs bekam das Flugzeug Probleme mit dem Motor. Er versuchte zu landen, verlor aber die Kontrolle und stürzte ab. Als er nach wochenlangem Koma aufwachte, musste er entdecken, dass er nun von der Hüfte abwärts gelähmt war! Er saß da, betrachtete sich selbst und sah einen Mann mit Brandnarben, der jetzt noch gelähmt und gezwungen war, den Rest seines Lebens in einem Rollstuhl zu verbringen. Er hatte einen Rückschlag verkraften müssen, aber er entschied sich, nicht aufzugeben!

Mitchell sagte sich: „Du kannst nicht kontrollieren, was dir passiert, aber du kannst beeinflussen, was du damit machst." Er kämpfte weiter für seinen Traum und er veränderte die Situation wieder. Er verfolgte sein Ziel und wurde zu einem der besten Motivationsredner der Welt. Er besitzt Häuser in Colorado, Kalifornien und Hawaii und genießt sein Leben in vollen Zügen. Er lebt das Leben, von dem er auch in seinen Reden spricht. Nicht das, was jemandem passiert, zählt wirklich, sondern was man daraus macht!

Sie können nicht einfach aufgeben, Sie müssen weiter kämpfen. Sie müssen sich klar machen, dass Aufgeben schlicht keine Alternative darstellt. Es muss Teil Ihres Charakters sein, etwas, das Sie tief in sich vorprogrammiert haben ... Aufgeben ist keine Alternative. Ich hörte jemanden einmal sagen: „Nichts ist mächtiger als Entschlossenheit", und ich muss dem zustimmen. Sind Sie absolut und positiv entschlossen, dann haben Sie eine mächtige Kraft geschaffen. Zeigen Sie sich entschlossen und Sie werden nicht mehr aufzuhalten sein.

Leider entwickeln die meisten Leute nie Entschlossenheit. Sie glauben, sie könnten etwas vielleicht gerne tun, engagieren sich aber nie wirklich dafür und sind dann schnell von den Schwierigkeiten und Umständen ins Wanken zu bringen. Behaupte ich, dass Sie mit Entschlossenheit garantiert in allem gewinnen, was Sie angehen? Nein! Es gibt keine Garantien im Leben, nur das eine: Wenn Sie aufgeben, werden Sie garantiert nicht gewinnen! Wollen Sie einen Rückschlag überwinden und in ein Comeback verwandeln, so müssen Sie im Voraus beschließen, dass Sie *nicht* aufgeben werden! Sie können nicht einfach aufgeben! Wie es in einem Werbespot heißt: „Du musst spielen, um zu gewinnen!" Das Gleiche gilt für das Spiel des Lebens.

Um schwierige Zeiten und Situationen zu bewältigen, die das Leben Ihnen beschert, ist es unerlässlich, dass Sie sich vorher entscheiden, nie aufzugeben. Diejenigen, die Ihre Rückschläge verwandeln konnten, fassten immer zuvor einen Entschluss weiterzumachen, komme, was wolle. Sie stellten fest, aufzugeben sei einfach keine Alternative. Sie gingen in einen Kampf mit Zuversicht, Engagement und Beharrlichkeit. Zuversicht war das Ergebnis ihres Glaubens an sich selbst. Sie erkannten, Glaube ist ein essenziell wichtiger Bestandteil jeder Erfolgsstory.

Mandela! Mandela!

Wenn Individuen sich über ihre Umstände erheben und Probleme nutzen, um sich zu Größerem anzutreiben, so erlangen sie Größe.

Nelson Mandela

Nelson Mandela ist eine Legende seiner Zeit und sein Leben eine der besten Geschichten von jemandem, der es verstand, dass ein Rückschlag nichts anderes ist als der erste Schritt zu einem Comeback. Er war ein junger Anwalt, der ins Gefängnis kam, weil er sich weigerte, das Apartheidssystem in Südafrika zu akzeptieren. Er war siebenundzwanzig Jahre im Gefängnis und immer wieder bot man ihm seine Freilassung an, wenn er eine öffentliche Erklärung abgeben würde, dass er die Apartheid akzeptiere, aber er weigerte sich. Die Regierung Südafrikas bot ihm Geld und Privilegien, aber er lehnte ab. Mandela wurde schließlich nach siebenundzwanzig Jahren freigelassen, aber das war noch nicht der Endpunkt dieses unglaublichen Comebacks. Zunächst half er, das Ende der Apartheid einzuläuten, und einige Jahre später wurde er der erste schwarze Präsident Südafrikas! Was für eine grandiose Art, einen Rückschlag in den Auftakt zu einem Comeback zu verwandeln!

Das Wissen, das Nein heißt

Manchmal werden Sie Rückschläge einstecken müssen, weil man Ihnen die Tür vor der Nase mit einem „Nein!“ zuschlägt. Nun, meiner Meinung nach ist ein „Nein“ nichts anderes als ein „Ja“ in Wartestellung. Manchmal wird man einfach Nein sagen, weil man nicht einschätzen kann, wie ernst Sie es meinen. Manchmal werden Leute Nein sagen, weil es so am einfachsten ist. Man sagt „Nein“ und meint, damit könnte man Sie aufhalten, und das klappt auch bei den meisten Leuten. Der Leistungstyp aber lässt sich von einem Nein nicht beirren. Sie verstehen, dass ein Nein nicht bedeutet, aufgeben zu müssen. Es heißt lediglich, man muss es auf eine andere Art von

Neuem versuchen. Sie verstehen, dass Hartnäckigkeit der Schlüssel dazu ist, ein „Nein" in ein „Ja" zu verwandeln, denn Beharrlichkeit bricht alle Mauern des Widerstands! Was bedeutet ein „Nein"? Es ist nichts anderes als ein „Ja" in Wartestellung. Ist es eine Niederlage? Nein! Es ist nur der erste Schritt zu einem Comeback!

Entschlossenheit ist der nächste Schritt. Viele bringen die Begriffe *Entschlossenheit* und *Hartnäckigkeit* durcheinander. Sie haben das Gefühl, das sei ein und dasselbe, sie sind jedoch ziemlich unterschiedlich. Hartnäckigkeit ist eine Aktion, Entschlossenheit eine Einstellung. Entschlossenheit ist die Einstellung, die Sie trotz aller Probleme Ihren Weg fortsetzen lässt. Über meinem Schreibtisch habe ich folgendes Zitat angebracht: „Die Bulldogge ist eine der entschlossensten Kreaturen in der Natur. Ihre Nase ist platt, damit sie weiteratmen kann, ohne loslassen zu müssen!" Wir müssen wie die Bulldogge sein und dürfen einfach niemals aufgeben. Entwickeln Sie Zuversicht, Entschlossenheit und Beharrlichkeit und lernen Sie zu atmen, ohne loszulassen!

Meinen Zuhörern erkläre ich, dass der Schlüssel zum Erfolg in jedem Unternehmen darin liegt, einfach weiterzumachen und es weiter zu versuchen. Das alte Sprichwort trifft zu, dass „Sieger niemals aufgeben und die, die aufgeben, niemals siegen", und es ist eine Tatsache, dass oft der einzige Unterschied zwischen einem Gewinner und einem Verlierer der ist, dass es der Gewinner einfach weiterhin versucht. Sie haben vielleicht nicht einmal mehr Talent oder mehr Befähigung, aber sie machen einfach weiter. Sie hören nicht auf, wenn es schwierig wird. Zig Ziglar pflegt zu sagen: „Der Unterschied zwischen einem großen Treffer und einem kleinen Treffer ist, dass der große Treffer ein kleiner ist, der dann einfach weiter zielt und schießt." Ich glaube daran, dass der Schlüssel zum Erfolg in jedem Unternehmen darin liegt, einfach weiterzumachen. Haben Sie einmal eine Vision gefunden, so werden Sie auch Widerstand begegnen und dann müssen Sie hartnäckig bleiben und dürfen nicht aufgeben!

Treten Sie einen Schritt zurück, holen Sie tief Luft, schreien Sie, wenn nötig ... aber dann stehen Sie wieder auf und schlagen Sie zurück.

Willie Jolley

Wir alle werden einmal müde und müssen manchmal einen Schritt zurücktreten, Sieger aber kehren schnell in den Kampf zurück und kämpfen weiter, bis sie bekommen, was sie wollen. Dann machen sie sich bereit für den nächsten Kampf, weil ihnen klar ist, dass das Leben eine Herausforderung ist und Rückschläge Teil dieser Herausforderung sind. Sie sind ein Bestandteil des Lebens! Machen Sie sich bewusst, dass morgen ein ganz neuer Tag beginnt mit neuen Möglichkeiten. Und mit dem neuen Tag, so wissen Siegertypen, kommen auch neue Herausforderungen auf sie zu, aber sie haben den Willen, den Schwierigkeiten zu begegnen, wie sie kommen. In der Heiligen Schrift heißt es, man solle sich keine Sorgen über die Probleme von morgen machen, sondern sich auf das Heute konzentrieren und die Reise genießen. Wie mein Freund Larry Winget meint: „Erwarte das Beste, sei bereit für das Schlimmste und feiere alles!"

Ich kündige!

Mein Sohn und ich fuhren an dem Ort vorbei, wo ich einmal als Koordinator für Drogenprävention gearbeitet hatte. Er war zu der Zeit ungefähr sechs Jahre alt und fragte mich: „Papa, hast du dort nicht einmal gearbeitet?" Ich antwortete: „Ja, das stimmt." Er fragte weiter: „Papa, haben sie dich gefeuert oder lief dein Vertrag aus?" Ich entgegnete: „Nein, mein Sohn. Ich habe gekündigt!" Als ich das sagte, traten Tränen in seine Augen und er sagte: „Papa, du hast mir gesagt, ich solle niemals aufgeben. Du hast gesagt, ich solle ja niemals aufgeben. Und du hast gekündigt?" Und während die Tränen über seine Wangen rollten, lenkte ich den Wagen an den Straßenrand, wischte seine Tränen weg und erklärte ihm: „William, ich werde es dir erklären, mein Sohn. Ja, ich habe gekündigt! Aber nicht, weil ich aufgegeben habe! *Ich habe gekündigt, weil ich aufgestiegen bin!*" Manchmal müssen Sie die Dinge aufgeben, die Sie behindern, Sie müssen aufgeben, was Sie missbilligen, Sie müssen aufgeben, was Sie einschränkt. Wie meine Patin im Motivationsgeschäft, Rosita Perez, in ihren Reden erklärt: „Sie müssen bereit sein zu springen ... und auf dem Weg nach unten sich Flügel wachsen zu lassen!" Sie müssen „aufgeben", um aufzusteigen. Manchmal müssen Sie die Richtung und die Strategien wechseln, um Ihren Traum zu verwirklichen, und dürfen niemals aufhören, es weiter zu versuchen. Denken

Sie daran, der Zauber des Triumphs liegt in einem Wort ... es versuchen.

7. Schritt: Merksätze

1. Handeln Sie, denn eine Vision ohne Aktion ist Wunschdenken und Wunschdenken hat keine Basis.
2. Harte Arbeit zahlt sich aus.
3. Ohne Ehrgeiz wird nichts begonnen und ohne harte Arbeit wird nichts fertig gestellt.
4. Nicht das, was Ihnen widerfährt, zählt, sondern was Sie daraus machen.
5. Ein „Nein“ ist nichts anderes als ein „Ja“ in Wartestellung.
6. Hartnäckigkeit siegt über Widerstand.
7. Werden Sie wie eine Bulldogge, lernen Sie weiterzuatmen, ohne loszulassen.
8. Erwarten Sie das Beste, seien Sie vorbereitet auf das Schlimmste und feiern Sie beides.
9. Nichts ist stärker als ein entschlossener Charakter, also entschließen Sie sich!
10. Geben Sie die Dinge auf, die Sie behindern, die Sie missbilligen und die Sie einschränken.

8. Schritt

Übernehmen Sie Verantwortung: Stellen Sie sich dem Problem, vollziehen Sie es nach, beseitigen und ersetzen Sie es!

Du bist vielleicht nicht dafür verantwortlich, dass es dir schlecht geht, aber du bist dafür verantwortlich, dass du wieder auf die Beine kommst!

Jesse Jackson

Der nächste Schritt in dem Prozess der Umwandlung eines Rückschlages in den Auftakt zu einem Comeback ist, Verantwortung zu übernehmen. Das bedeutet: sich dem Problem zu stellen, es nachzuvollziehen, es zu beseitigen und zu ersetzen. Egal, ob Sie der Verursacher des Rückschlags sind oder ob die Niederlage Ihnen einfach zugestoßen ist, Sie müssen die Verantwortung dafür übernehmen, wenn Sie daraus ein Comeback schaffen wollen! Warum? Weil es *Ihr Leben ist und Sie die Verantwortung für Ihr Leben übernehmen müssen!*

Ich weiß, manche Rückschläge sind so schmerzhaft und so unfair, dass man weglaufen und sich verstecken möchte. Ist aber alles gesagt und getan, so liegt der Rückschlag unweigerlich in Ihrer Verantwortung. Und unsere Reaktion auf Misserfolge bestimmt unweigerlich die Richtung in unserem Leben. Wir können vielleicht nicht die Umstände kontrollieren oder aussuchen, aber wir können wählen, wie wir reagieren. Ein einschlägiger Fall ist der von Doris DeBoe, von der ich in meinen früher erschienenen Büchern bereits schrieb, und die vier Mal den Krebs überlebte. Sie kann nichts dagegen tun, dass die Krankheit Krebs immer wieder in ihrem Leben auftaucht, aber sie hat beschlossen, ihn zu besiegen. Ihr Lieblingsspruch ist: „Ich habe vielleicht Krebs, aber der Krebs hat mich nicht!“ Sie hat die bewusste Entscheidung getroffen, die Verantwortung für ihre Herausforderungen zu übernehmen, egal, was passiert. Und sie ist entschlossen zu siegen und hat vier Mal gegen den Krebs die Oberhand behalten. Wir müssen die Hand ergreifen, die uns gereicht wird, und lernen, damit zu gewinnen.

Während manche Schicksalsschläge uns zustoßen, ohne dass wir etwas dagegen tun können, sind andere wiederum oft das Ergebnis unserer Entscheidungen. Wir haben Anteil an der Entstehung vieler Niederlagen, die uns widerfahren. In anderen Worten, wir „verpfuschen" etwas und schaffen „hausgemachte" Rückschläge. Wir alle treffen hin und wieder Fehlurteile, machen Fehler, treffen schlechte Entscheidungen und ebnen damit unseren eigenen Niederlagen den Weg. Ich weiß nicht, wie das bei Ihnen ist, aber ich habe ein paar Dinge getan, die einfach der reine Blödsinn waren, und damit ein paar meiner Niederlagen selbst verschuldet. Es war nicht meine Absicht, ein Problem in die Welt zu setzen, aber das Endergebnis war ein hausgemachter Rückschlag. Und ich hatte die Verantwortung dafür, die Sache in Ordnung zu bringen.

Erleiden wir Niederlagen wegen unserer eigenen irrtümlichen Urteile, so müssen wir bereit sein, die Tatsache anzuerkennen, dass wir Teil des Problems sind und daher auch Teil der Lösung sein müssen. Wir müssen die Verantwortung übernehmen, den Dingen ins Auge sehen, zugeben, dass wir es „verpfuscht" haben und darangehen, es wieder in Ordnung zu bringen. Ein herausragendes Beispiel für jemanden, der einen Fehler machte, dann die Verantwortung dafür übernahm und ihn in ein Comeback umwandelte, ist die Schauspielerin, Sängerin und ehemalige Miss America Vanessa Williams. Sie verstand, dass man einen Schicksalsschlag wahrlich in ein Comeback verwandeln kann, wenn man bereit ist, den Dingen ins Auge zu sehen, sie zurückzuverfolgen, zu streichen, zu ersetzen und die Verantwortung zu übernehmen.

Vanessa Williams schrieb 1984 Geschichte als erste Afroamerikanerin, die die Krone der Miss America gewann. Aber weniger als ein Jahr später wurde ihr der Titel wieder entzogen, als man entdeckte, dass es eindeutige Fotos von ihr aus ihrer Collegezeit gab. Es war ein Fehler, ein Beispiel für eine Fehlentscheidung, die sie wieder einholte, und ein vernichtender Rückschlag. Sie verlor ihren Titel und ihr Image vom „netten Mädchen von nebenan".

Sie war enttäuscht, beschämt, gedemütigt, aber sie gab nicht auf. Für kurze Zeit verschwand sie und viele dachten, das sei das Ende von Vanessa Williams. Aber sie täuschten sich, sie kam zurück, stärker denn je. Sie bewies uns, ein Rückschlag ist nichts anderes als der Beginn eines Comebacks.

Was hat sie unternommen, um ihre Niederlage in einen Neubeginn zu verwandeln? Das Erste, was sie tat, war beten, denn sie meinte: „Wenn du betest, findest du die Antwort." Zum Zweiten traf sie die Entscheidung, zu ihren Träumen zu stehen und niemals aufzugeben. Sie erläuterte: „Die Vision ist geblieben, sie war nur ein Stück zurückgestellt." Zum Dritten erkannte sie, dass sie immer noch über Talent verfügte, und sie arbeitete hart, um ihre stimmlichen und schauspielerischen Fähigkeiten auszubilden. Sie sagte: „Es war nicht so, als wären meine Stimmbänder durchtrennt. Es war ein Rückschlag, keine völlige Niederlage, und ich wusste, ich hatte immer noch Talent!" Sie begann wunderschöne Liebeslieder aufzunehmen und wurde eine Plattenkünstlerin mit Rekordverkaufszahlen. Schließlich gewann sie einen Preis für ihre Interpretation des Titelsongs zu dem Films *Pocahontas.* Sie wechselte dann zum Fernsehen und zur Bühne und erhielt sogar hervorragende Kritiken für eine Starrolle in dem Erfolgsstück *Der Kuss der Spinnenfrau.*

Vanessa ging zum Film. Sie begann mit kleinen Rollen, aber in Hollywood erkannte man bald, dass sie eine geborene Schauspielerin war. Sie wurde zum Kassenschlager und arbeitete sogar mit Arnold Schwarzenegger zusammen, der ihr bescheinigte: „Du bist nicht jemand, der einfach nur überlebt. Du machst dich prächtig. Du hast der Welt gezeigt, dass du nicht nur ein hübsches Gesicht hast, sondern Nerven, Mut und Ausdauer. Du bist zurückgekommen und hast bewiesen, dass du eine wahre Siegerin bist!" Vanessa Williams hat uns gezeigt, dass wir zwar alle einmal Fehler machen und diese Fehler auch der Grund für manche unserer Rückschläge sind. Aber selbst diese Rückschläge können überwunden werden, wenn man bereit ist, die Verantwortung zu übernehmen.

Verantwortung kann definiert werden als die Fähigkeit, moralisch, rechtlich und geistig zur Rechenschaft gezogen werden zu können. Ich meine, Verantwortung heißt auch, geschickt zu reagieren, mit all seinen Fähigkeiten, eigentlich also reagieren mit allen natürlichen Fähigkeiten. Ich habe bereits von meinem Freund Keith Harrell erzählt und seiner superphantastischen Einstellung! Er erzählte die Geschichte, als er einmal aus einem Flugzeug stieg, auf dem Weg zu einer Rede, und ihn jemand fragte: „Spielen Sie in der nationalen Basketballliga?" (Keith ist zwei Meter groß und war Basketballspieler auf dem College.) Keith blieb stehen, sah dem Frager in die Augen und sagte: „Ja! Ich spiele in der nationalen Basketballliga ... ich spiele mit meiner angeborenen Fähigkeit und ich werfe jeden Tag Körbe!“ Auch Sie müssen dem Leben jeden Tag mit Ihren natürlichen Fähigkeiten Paroli bieten. Sie müssen das Spiel des Lebens mit allem, was Sie zu bieten haben, spielen, so hart Sie können, und die Verantwortung für Ihren Erfolg oder Misserfolg übernehmen.

Schritte auf dem Weg, geschickt zu reagieren

Um Verantwortung zu übernehmen und geschickt zu reagieren, brauchen Sie vier Schritte:

1. Stellen Sie sich dem Problem!

Sehen Sie Ihren Problemen ins Auge und erkennen Sie sie an, aber lassen Sie sich nicht von ihnen beherrschen!

Helen Keller

Das Erste, was ich tue, wenn ich einen Rückschlag einstecken muss, ein Problem oder Schwierigkeiten in meinem Leben auftauchen: Ich stelle mich der Angelegenheit und erkenne an, dass da ein Problem ist. Erkennen ist der erste Schritt zur Lösung. Reagieren Sie wie ein Vogel Strauß und stecken den Kopf in den Sand, dann sehen Sie vielleicht ein paar Probleme nicht, aber Sie werden auch eine ganze Reihe von Chancen verpassen.

Sie können das Problem nicht lösen, wenn Sie nicht akzeptieren, dass es existiert. Das ist wie mit der Frau, die der Tatsache nicht ins Auge sehen wollte, dass ihre Rechnungen ihr Einkommen überstiegen und deshalb die Rechnungen einfach in einer Schublade verschwinden ließ und sie ignorierte. Sie dachte, sie wären damit aus der Welt. Falsch! Am Ende wurde ihr Lohn eingezogen, eine Reihe von Prozessen gegen sie angestrengt und sie war nicht mehr kreditwürdig. Sie müssen bereit sein, Ihren Rückschlag als Tatsache anzuerkennen, wenn Sie ihn in ein Comeback verwandeln möchten.

Der erste Schritt, um sich von irgendetwas zu erholen, ist, zuzugeben, dass es ein Problem gibt. Sei es ein Drogenproblem, ein Alkoholproblem, ein Sexproblem oder ob Sie Ihren Job verloren haben oder einen geliebten Menschen. Sie müssen sich dem stellen, damit Sie Ihre Möglichkeiten herausfinden, angemessene Entscheidungen treffen, angemessen handeln und vorwärts gehen können. Denken Sie daran, wo immer Herausforderungen sind, gibt es auch Chancen.

Nach der Erkenntnis, dass es ein Problem gibt, kommt das Beten. Ich erklärte Ihnen bereits früher, dass ich mir immer Zeit zum Beten um Weisheit und Mut nehme, wenn ich in Schwierigkeiten gerate. Ich bete um Weisheit, damit ich erfahre, was ich tun soll, und ich bete um Mut, um stark genug zu sein, das Nötige zu unternehmen. Und ich bete nicht immer, dass Gott es in Ordnung bringen möge, sondern dass Gott mir helfen möge, mich dem zu stellen. Denn ich weiß, wenn ich mich dem stellen kann, dann wird Er mir helfen, es in Ordnung zu bringen! Nach dem Beten kommt die Zeit zu handeln, denn Gebet und Aktion gehen Hand in Hand. Erst das Gebet, dann antreiben, bis etwas passiert. Sie müssen handeln. Im Jakobusbrief 2,20 heißt es: „Willst du nun einsehen, du törichter Mensch, dass der Glaube ohne Werke nutzlos ist?" Der Glaube muss sich in Aktion manifestieren. Deshalb sollten Sie beten, als ob alles von Gott abhinge, und arbeiten, als ob alles von Ihnen abhinge!

Dr. Johns Geschichte

Dr. John Pfefferle ist ein Freund und der lebende Beweis für die Macht des Gebets und der Aktion. Dr. John, wie er liebevoll genannt wird, ist ein Zahnarzt, den ich bei einer Konferenz in Maui kennen lernte, wo ich einen Vortrag hielt. Er hat eine der erfolgreichsten pädiatrischen Zahnarztpraxen des Landes. In unserem Gespräch stellte sich jedoch heraus, dass dies nicht ohne einige Schwierigkeiten und schmerzvolle Erfahrungen zu Stande kam.

Dr. John erzählte, als er gerade mit seiner Praxis auf die Beine kam und eines Tages in die Praxis trat, kam seine beste Assistentin und kündigte fristlos. Er war besorgt, denn es war mitten im Dezember und die geschäftigste Zeit des Jahres. Die Kinder hatten Ferien und die Eltern waren bemüht, all ihre medizinischen Bedürfnisse noch vor Ende des Kalenderjahres zu erfüllen.

Als er Platz nahm und sich überlegte, was zu tun sei, kam seine zweite Assistentin herein. Er freute sich, sie zu sehen, und wollte mit ihr über das Problem diskutieren. Zu seiner Überraschung hatte sie ebenfalls eine Neuigkeit für ihn. Auch sie kündigte und wollte sofort gehen ... um für seine Konkurrenz zu arbeiten. Was? Eine Stunde später kündigte auch seine letzte Angestellte. Dr. John musste eine Entscheidung treffen, den Laden entweder zu schließen oder am Laufen zu halten. Ihm wurde bewusst, dass er seine kleinen Patienten liebte, und beschloss, sie wären es der Mühe wert. Er kämpfte weiter und baute eine Praxis auf, die jetzt für eine der erfolgreichsten von Amerika gehalten wird. Er reist jetzt sogar einmal im Jahr in Länder der Dritten Welt und bietet dort seine Dienste kostenlos an.

Den Schlüssel zu seinem Erfolg sieht Dr. John in seiner aufrichtigen Zuneigung zu seinen Patienten und der ernsthaften Liebe zu seinem Beruf. Als sein gesamtes Personal den Hut nahm, musste er als Erstes bei sich selbst nach den Gründen suchen und sehen, was er besser machen könnte, und dann aus der Erfahrung lernen. Dann entschied er sich, an einem Programm zur Selbstentwicklung teilzunehmen. Er verstand, die beste Art, die eigene Zukunft zu gestalten, war, an sich selbst zu arbeiten. Er sah auch, dass Training und Entwicklung ein Muss für ihn und seine Mitarbeiter waren. Liebe das, was du tust, kämpfe dafür und übernimm die Verantwortung, egal, ob du an der Entwicklung Schuld hast oder nicht. Arbeite an dir selbst und an deiner Zukunft.

Trifft Sie ein Rückschlag, so müssen Sie bereit sein, bei sich selbst genauso, wie bei den Umständen zu suchen. Und finden Sie heraus, inwiefern Sie sich ändern müssen, um Abhilfe zu schaffen! Übernehmen Sie Verantwortung und denken Sie daran: Wenn es machbar ist, dann muss es getan werden!

Entdecken Sie Ihre Stärke!

Cindy Jones ist ein weiteres großartiges Beispiel für eine Persönlichkeit, die sich einem Rückschlag stellte und ihn dann in ein Comeback verwandelte. 1962, Cindy war eine sechsundzwanzigjährige Hausfrau, ging ihr Ehemann eines morgens zur Arbeit und kehrte nie zurück. Man rief sie aus dem Krankenhaus an und erklärte ihr, er sei bei einem Autounfall ums Leben gekommen. Sie war am Boden zerstört. Ihr Herz war gebrochen, ihre Träume zerschmettert, es entstand eine überwältigende Leere in ihrem Leben.

Vier Tage später kam Cindy in die Klinik und brachte ihren zweiten Sohn zur Welt. Sie hatte das Gefühl, als würde sie ihr Leben in der „falschen Reihenfolge" leben. Babys werden gewöhnlich lange bevor ihre Väter sterben geboren. In nur kurzer Zeit hatte die

Gestalt ihrer Familie sich von zwei Elternteilen und einem Kind verändert zu einem Elternteil und zwei Kindern.

Angst verzehrte sie! Die Angst davor, weiterzuleben, Angst vor endlosen Schmerzen, für die es keine Linderung gab. Nichts schien mehr sicher oder verlässlich. Aber Cindy wusste, sie musste sich dem stellen; sie konnte sich nicht einfach davonstehlen! Als einzige Ernährerin zweier Kinder musste sie Karriere machen und brauchte ein regelmäßiges Einkommen. Sie musste der Tatsache ins Auge sehen und sie tat es.

Cindy entschloss sich, eine aktive Rolle in ihrem Leben einzunehmen, statt alles einfach dem Zufall zu überlassen. Sie wollte sichergehen, dass ihr Leben das Beste repräsentierte, was in ihr steckte. Das zwang sie, tief in ihr Inneres zu sehen, um ihre Einzigartigkeit zu entdecken, ihre besonderen Eigenschaften und Fähigkeiten, ihre innere Kraft und ihre Talente.

Einige Monate nach dem Tod ihres Mannes nahm Cindy das Geld, das sie für ein Haus gespart hatten, und ging wieder zur Schule, um eine Ausbildung als Lehrerin zu machen. Sie begann ihre Ausbildung an einem kalten Tag im Januar an der University of Michigan als trauernde Witwe und zweifache Mutter. Der erste Tag war schrecklich schmerzhaft und einsam. Sie hatte hart zu kämpfen, um ihren Schmerz zu überwinden, und betete für die Kraft weiterzumachen.

Und sie wurde eine erfolgreiche Lehrerin, dann eine nationale Rednerin und Chefin ihrer eigenen Beraterfirma. Sie hatte sich ihren Problemen gestellt und war in der Lage, sich über ihre Lebensumstände zu erheben und Herausforderungen zu überwinden, auch wenn es anfangs trostlos und erschütternd aussah. Sie fand den Reiz der Zukunft entschieden machtvoller als den der Vergangenheit. Und schließlich lernte sie auch, wie Cindy meinte, das Leben sei einem Zehn-Gang-Fahrrad ganz ähnlich – oft gäbe es Gänge, die wir gar nicht nutzten, bis wir dazu gezwungen seien. Wir alle konnen sofort alle unsere Gänge nutzen, genau da, wo wir uns gerade befinden, egal, um welche Herausforderungen es sich handelt, aber zuerst müssen wir diese sehen.

2. Vollziehen Sie das Problem nach!

Wo hat das Problem seinen Ursprung und was können wir aus der Erfahrung lernen? Um es nachzuvollziehen, müssen Sie zurückblicken und sehen, was Sie aus dem Rückschlag lernen können, und auch, ob Sie etwas mit der Entstehung des Problems zu tun hatten. Gab es etwas, was Sie anders hätten machen können? Wenn ja, dann können Sie daraus lernen, um nicht denselben Fehler zwei Mal zu begehen (beim ersten Mal ist es ein Fehler, beim zweiten Mal Dummheit). Manchmal passiert so etwas in Beziehungen. Viele Menschen erleiden in ihren Beziehungen Rückschläge und begehen dann exakt denselben Fehler wieder in der nächsten Beziehung. Andere werden verletzt und gehen dann in das andere Extrem: Sie geben die Liebe und die Pflege von Beziehungen völlig auf.

Wir sollten aus unseren vergangenen Erfahrungen lernen und nicht Beziehungen komplett wegen eben dieser Erfahrungen aufgeben. Es bedeutet schlicht, besser und weiser zu urteilen, wenn zukünftig Entscheidungen zu treffen sind. Es gibt diese alte Geschichte von dem Jungen, der frisch gebackene Brötchen verführerisch duftend aus der Küche roch. Er wollte sich eines nehmen und berührte das noch heiße Backblech. Dabei verbrannte er sich die Hand und weigerte sich in Zukunft ängstlich, noch irgendwelche Backbleche anzufassen, ob heiß oder kalt. Damit entgingen ihm viele heiße, köstliche Brötchen wegen seiner schlechten Erfahrung.

Weise wäre gewesen, wenn er das heiße Brötchen beim nächsten Mal erst getestet hätte, bevor er es berührte, oder einen Topflappen zu Hilfe genommen hätte, um sich seine Hand nicht zu verbrennen. Aber er hätte nicht Brötchen als solche aufgeben müssen. Wir müssen aus unseren schlechten Erfahrungen lernen, aber wir brauchen nicht das Kind mit dem Bade auszuschütten. Verweigern Sie sich nicht den Menschen oder Beziehungen, weil Sie sich ein Mal die Finger verbrannt haben. Hören Sie nicht auf, das Leben zu genießen, weil Sie auf dem Weg ein paar Knüffe einstecken mussten. Das Leben ist dazu da, dass Sie es auskosten und nicht dass Sie auf ein Nichts zusammenschrumpfen! Und der größte Fehler, den man begehen kann, ist der, vor lauter Angst einen Fehler zu begehen, einfach nichts mehr zu tun! Es ist in Ordnung, wenn Sie Fehler machen, lernen Sie einfach daraus!

Ein Reporter fragte einen Bankpräsidenten: „Was ist das Geheimnis Ihres Erfolges?“

„Zwei Worte."
„Und welche Worte?"
„Richtige Entscheidungen."
„Und wie treffen Sie richtige Entscheidungen?"
„Ein Wort."
„Und welches ist das?"
„Erfahrung."
„Und wie gewinnt man Erfahrung?"
„Normalerweise ... durch falsche Entscheidungen, wenn man daraus lernt. Das schafft Erfahrung."

Erfolgreiche Menschen lernen von früheren Fehlern und stellen sich zukünftig darauf ein. Wenn Sie nicht aus der Vergangenheit lernen, kann ein Kreislauf von Fehlern entstehen, an dem Sie schließlich scheitern. Daraus folgen sinkende Selbstachtung und negative Gefühle über sich selbst und die eigenen Entscheidungen und das führt wieder zu noch mehr schlechten Entscheidungen. Und der Kreislauf beginnt immer und immer wieder von Neuem mit mehr negativen Selbstgesprächen, geringer Selbstachtung und schlechten Entscheidungen. Machen Sie Schluss mit diesem Wahnsinn! Wenn Ihnen ein Fehler unterläuft, na wenn schon! Lernen Sie daraus und machen Sie weiter.

3. Beseitigen Sie das Problem!

Nachdem Sie das Problem nachvollzogen und sich ihm gestellt haben, müssen Sie es streichen. Verharren Sie nicht dabei und machen Sie sich nicht selbst damit fertig. Lernen Sie aus Ihrem Fehler, nehmen Sie sich vor, es in Zukunft besser zu machen, und lassen Sie es dabei bewenden! Uns allen passiert von Zeit zu Zeit ein Fehler, deshalb gibt es Bleistifte mit aufgesteckten Radiergummis und die „Entfernen"-Taste am Computer. Da ist dieses alte Sprichwort: „Erfahrung ist der beste Lehrer ... aber Erfahrung ist gewöhnlich das Ergebnis von Fehlern!" Verzeihen Sie sich selbst und fahren Sie fort.

Es gibt zwei Arten von Fehlern: Die, aus denen wir lernen können, und die, die uns kaputt machen. Wir können diese Fehler entweder als lehrreiche Erfahrungen verbuchen oder wir können sie als Todesstoß sehen. Als Lehrmeister oder als Leichenbestatter, Sie haben die Wahl! Ich empfehle die Version mit dem Lehrer. Lassen Sie sich von ihnen fordern und helfen, den Horizont zu erweitern.

Fehler sind Teil des Lebens und können ein großartiges Werkzeug zur Weiterbildung sein. Aber denken Sie daran, der größte Fehler ist es zu versuchen, niemals irgendwelche Fehler zu begehen, denn dann sind Sie zum Scheitern verurteilt! Wenn man nichts tut, kann man auch keine Fehler machen, aber dann hat man auch nur Erfolg im Nichtstun und erreicht gar nichts! Wie Edison sagte: „Es ist mir nicht zehntausend Male misslungen, die Glühbirne zu entwickeln, ich habe zehntausend neue Wege gefunden, die nur nicht funktioniert haben!“ Und Albert Einstein meinte: „Es ist kein Fehler, wenn man daraus lernt!“

Kein Genie wurde zum Genie, ohne dabei Fehler zu machen. Sie gehören zum Wachsen, sind Teil des Erfolgs. Sie können an der Vergangenheit nichts mehr ändern, aber Sie können einige Ihrer früheren Taten wieder gutmachen. Sie können das Problem zum Beispiel beseitigen, indem Sie rückblickend Ereignisse in Ordnung bringen, die sie gestört haben. Dann können Sie fortfahren. Haben Sie in der Vergangenheit jemanden verletzt und sich nicht dafür entschuldigt, dann tun Sie es jetzt. Haben Sie sich Geld geliehen, dann geben Sie es zurück. Bringen Sie Ihre Fehler in Ordnung, so gut Sie nur können, lernen Sie aus der Erfahrung und richten Sie den Blick wieder nach vorne. Wenn Sie einen Schritt zurückgehen müssen, um etwas in Ordnung zu bringen, dann tun Sie das. Verharren Sie nicht dort, erledigen Sie es und dann fahren Sie fort.

4. Ersetzen Sie das Problem!

Haben Sie sich der Angelegenheit gestellt, sie nachvollzogen und beseitigt, dann müssen Sie sie durch etwas Neues ersetzen. Es wird Menschen, Orte und Dinge in Ihrem Leben geben, die förmlich darum betteln, ausgetauscht zu werden. Tun Sie ihnen den Gefallen und erfüllen Sie ihren Wunsch, verlassen und ersetzen Sie sie. Tauschen Sie das negative Element durch ein positives aus und begeben Sie sich an einen Ort des Friedens, der Entschlusskraft und der Leidenschaft. Treffen Sie die Entscheidung, positiv zu sein, konzentrieren Sie sich auf das Positive statt das Negative. Ändern Sie Ihre Selbstgespräche, machen Sie sich nicht selbst fertig. Bemühen Sie sich, die Art, wie Sie mit sich selbst reden, zu verändern. Keine negative Kommunikation mehr. Ihre Selbstgespräche beeinflussen Ihr Bild von sich und dieses wiederum Ihr Verhalten, das dann Einfluss auf Ihre Selbstgespräche nimmt, und der Kreislauf dreht sich immer weiter so.

Nette Selbstgespräche

Um Ihr Leben zu ändern, müssen Sie Ihre Kommunikation ändern und dafür sorgen, dass Sie positive Selbstgespräche führen. Flüstern Sie sich selbst nette Worte zu und sprechen Sie positiv über Ihr Leben. Sagen Sie nur Gutes über Ihr Leben, denn Worte haben Macht. Stöcke und Steine brechen dir die Beine ... aber Worte können Ihren Geist brechen! Beobachten Sie genau, was Sie sich selbst erlauben, sich und anderen zu sagen. Sprechen Sie zuerst gut über sich selbst! Sagen Sie immer gute Dinge zu und über sich selbst! Lieben Sie sich selbst und seien Sie bereit, sich das auch mitzuteilen.

Ich erkläre den Studenten immer wieder, sie sollten vorsichtig sein, was die Einbildung betreffe, sich selbst aber lieben und sich gut mit sich fühlen. Ich erinnere mich, als ich jung war, ein Gespräch unter Mädchen mitgehört zu haben, wobei die eine zur anderen sagte: „Du hältst dich für nett" und diese das ableugnete. Mit dem Älterwerden fiel mir auf, wie dumm das war, zu leugnen, man könnte prima sein. Man sollte denken, man sei hübsch, das ist entschieden besser, als zu glauben, man sei hässlich. Akzeptieren Sie keine Meinung, die Sie herabsetzt. So wie Gott Sie geschaffen hat, sind Sie schön, damit basta!

Um einen Rückschlag in den Auftakt zu einem Comeback zu verwandeln, müssen Sie Verantwortung übernehmen und mit Ihren natürlichen Fähigkeiten reagieren. Sie müssen sehen, dass jede Bürde auch ihr Gutes hat und alles Gute auch seine Last. Die Last der Verantwortung, sich den Dingen zu stellen, sie nachzuvollziehen, zu beseitigen und zu ersetzen. Versuchen Sie es. Sie werden das nicht nur durchstehen, sondern daran wachsen.

8. Schritt: Merksätze

1. Sie sind vielleicht nicht dafür verantwortlich, dass Sie am Boden liegen, aber sehr wohl dafür, dass Sie wieder auf die Beine kommen.

2. Antworten Sie mit Hilfe Ihrer angeborenen Fähigkeiten.
3. Stellen Sie sich: Akzeptieren Sie das Problem und beten Sie nicht nur dafür, dass Sie es in Ordnung bringen, sondern dass Sie sich dem auch stellen können.
4. Vollziehen Sie es nach: Betrachten Sie das Problem und prüfen Sie, ob Sie irgendetwas mit seiner Entstehung zu tun hatten.
5. Lernen Sie aus Problemen: Beim ersten Mal ist es ein Fehler ... beim zweiten Mal Dummheit.
6. Beseitigen Sie es: Verharren Sie nicht bei dem Problem; vergeben Sie sich und fahren Sie fort.
7. Ersetzen Sie es: Tauschen Sie positive Erfahrungen und Informationen gegen negative.
8. Treiben Sie die Dinge voran und handeln Sie, bis etwas passiert!
9. Übernehmen Sie Verantwortung: Wenn es getan werden kann, dann muss es getan werden.
10. Ändern Sie die Art, wie Sie mit sich selbst reden: Flüstern Sie sich nette Worte zu und sprechen Sie nur gut von sich.

9. Schritt

Ziehen Sie aus Ihrem Ärger Vorteile: Nutzen Sie ihn und schütteln Sie ihn nicht einfach ab!

Manchmal ist ein Erfolg ein verrückt gewordener Misserfolg! Genug Wut, um zu handeln! Es ist in Ordnung, wütend zu werden, lassen Sie sich nur nicht von Ihrem Ärger packen!

Willie Jolley

Sie mussten eben erst einen Rückschlag einstecken. Sie sind bestürzt und wütend und was unternehmen Sie jetzt? Zuerst müssen Sie wissen, dass es in Ordnung ist, wütend zu sein und wütend zu werden. Aber Sie müssen sicherstellen, dass Sie die Wut kontrollieren und nicht die Wut Sie kontrolliert. Wut ist eine natürliche Reaktion, aber es ist wichtig, wie man mit ihr umgeht. Wenn Sie die Kontrolle behalten, gewinnen Sie, verlieren Sie diese aber, dann werden Sie verlieren. Behalten Sie die Kontrolle und nutzen Sie Ihre Wut, um Ihre Energien zu sammeln und Ihr Handeln auf einen Punkt zu konzentrieren.

Ich werde oft gefragt, was mich motiviert. Ich glaube, es ist die Wut, die ich spürte, als ich meinen Job als Sänger verlor und mir schwor, ich würde niemals zurückkehren. Jedes Mal, wenn ich müde werde, denke ich an jenen Job zurück und wie ich mich fühlte, als ich gefeuert wurde, und ich bin sofort energiegeladen. Ich erinnere mich sogar absichtlich an jenes Gefühl, als ich gefeuert wurde, damit ich diese Wut als motivierende Kraft nutzen kann.

Wenn ich an jenen Tag und jenes Gefühl zurückdenke, werde ich sofort wieder furchtbar wütend. Nicht, dass ich dann einfach ausraste, aber wütend genug, um in eifrige Bewegung zu geraten. Ich schäume dann zwar nicht gerade vor Wut, aber es ist genug, um ein wenig später zu weichen und ein wenig früher aufzustehen. Ich sehe nicht unbedingt rot, aber es reicht, um sagen zu können: „Ich werde nie, niemals zurückgehen", und dann tue ich, was immer notwendig ist, um diesen Worten gerecht zu werden. Wenn dies bedeutete, ich müsste ins Büro, obwohl mir so gar nicht danach war, dann tat ich das eben. Bedeutete es, ich hätte noch einen Telefonanruf zu erledigen oder noch eine weitere Seite zu tippen, obwohl meine Finger müde waren und schmerzten, so tat ich es eben: Ich tat, was immer nötig war, um nie wieder zurückkehren zu müssen. Wut, die unter Kontrolle gehalten wird, kann eine mächtige Motivationshilfe sein!

Die meisten Menschen werden ärgerlich, wenn sie einen Rückschlag einstecken mussten oder unfair behandelt wurden, und für einige Minuten werden sie davon richtiggehend motiviert. Dann lassen sie den Ärger beiseite und ziehen damit niemals Nutzen aus seiner Kraft. Wut ist wie ein gewaltiger Fluss, der genug Strom erzeugen kann, um eine ganze Stadt zu beleuchten. Stellen Sie sich vor, Sie hätten einen Fluss, aber niemand würde je seine Kraft nutzen. Wäre das nicht die reinste Verschwendung? Nun, auch in Wut steckt Kraft, die genutzt werden und positive Ergebnisse erzielen kann, so wie mit gewaltigen Wasserströmen etwas Gutes hervorgebracht werden kann. Sie müssen sie nutzen, um etwas aufzubauen, nicht um zu zerstören. Nutzen Sie Ihre Wut. Verlieren Sie sie nicht einfach oder entschuldigen Sie sich nicht dafür. Lassen Sie sie lieber heraus, so dass Sie sie kontrollieren und nutzen können, um Ihr Ziel zu erreichen!

Konstruktiv genutzte Wut kann mächtig motivieren, destruktiver Ärger dagegen kann Ihre Träume und Chancen zerstören. Manche gebrauchen Wut als ein Werkzeug bei geschäftlichen Verhandlungen: Sie versetzen ihre Gegner absichtlich in Zorn, um sie zu beunruhigen und zu emotionalen statt rationalen Reaktionen zu veranlassen. Es ist unerlässlich, dass Sie die Kontrolle behalten, denn „derjenige, der seinen Zorn verliert, verliert die Schlacht!" Erfolgsmenschen lernen, ihre Wut zu kontrollieren, und sehen darin eher einen Vorteil als eine Belastung.

Wen die Götter zerstören wollen, den bringen sie erst in Rage!

Von Euripides ist der Satz überliefert: „Wen die Götter zerstören wollen, den bringen sie erst in Rage", was für viele Geschäftsabläufe eine Tatsache ist. Viele nutzen Wut als ein Werkzeug in Verhandlungen. Wenn sie es schaffen, ihren Gegner in Wut zu versetzen, dann können sie unter Umständen einen taktischen Vorteil gewinnen, weil emotionale Gegner eher lediglich reagieren statt zu agieren. Ein emotionaler Mensch ist nicht so klar und konzentriert wie ein ruhiger Verhandlungspartner. Es ist wichtig, dass Sie in der Lage sind, Ihre Wut zu kontrollieren. Der Schlüssel dazu heißt Disziplin, denn Wut ist eine disziplinlose Gefahr. Cathy Hughes ist ein exzellentes Beispiel für jemanden, der gelernt hat, seine Wut mit Disziplin in den Griff zu bekommen und diese zu einem gewaltigen Erfolg zu kanalisieren.

Cathy Hughes wurde in eine prominente afroamerikanische Familie in Omaha, Nebraska, geboren. Als Teenager reagierte sie zunehmend rebellisch und wütend. Sie fing an, mit den falschen Freunden herumzuziehen, und wurde schwanger. Ihre Familie war bestürzt und Cathy war verzweifelt und orientierungslos. Sie entschied sich, das Kind zu bekommen. Als ihr Sohn zur Welt kam, war das laut Cathy ihr prägendes Erlebnis. Sie wusste, sie hatte einige Fehler begangen, aber sie beschloss in jenem Augenblick, diesem Kind jede erdenkliche Chance zu bieten, ein erfolgreicher Mensch zu werden.

Cathy entschloss sich, sich ernsthaft um ihre Ausbildung zu bemühen, und brachte sich als Radiosprecherin durch die Schulzeit. Sie erwarb sich den Ruf einer exzellenten Sprecherin und Programmgestalterin, man sagte ihr aber auch nach, leicht in Rage zu geraten und manchmal dadurch ihre Geschäftsentscheidungen beeinflussen zu lassen.

Sie stieg die Erfolgsleiter weiter hinauf und wurde schließlich eine der Spitzenprogrammgestalterinnen Amerikas. Sie erfand sogar das Konzept des „Quiet Storm“, das zu einem großen Hit in Sendestationen in den ganzen USA wurde. Nicht lange davor träumte sie auch von ihrem eigenen Radiosender, aber viele lachten sie aus, wenn sie ihnen von diesem Traum erzählte. „Du?“, sagten sie dann. „Du hast zu kämpfen, um diesen Jungen großzuziehen, du bist schwarz und du bist eine Frau! Und außerdem gerätst du ständig in Wut! Vergiss es!“ Aber Cathy hörte nicht auf zu träumen!

Sie bekam einen Managementposten in einem kleinen, neuen Sender angeboten, mit dem Versprechen einer Teilhaberschaft, wenn sie ihre momentane Stelle aufgeben würde. Aber mitten im Wechsel wurde das Versprechen zurückgezogen und sie auf eine niedrigere

Position ohne Teilhaberschaft verwiesen. Es war ein entscheidender Augenblick! Sie musste sich entscheiden. Sollte sie nachgeben oder für ihren Traum kämpfen, Besitzerin eines eigenen Senders zu sein und Herrin ihrer Entscheidungen? Cathy beschloss, für ihren Traum zu kämpfen!

Dann kam der äußerst wichtige Test, als sie 1987 versuchte, ihren ersten Sender zu erwerben. In der letzten Minute machte die Bank, die die Finanzierung übernehmen sollte, einen Rückzieher und verlangte für den Kredit Einflussnahme auf die Struktur des Senders. Sie war großartig in ihrem Job, aber die Banker dachten, sie wüssten es besser. Cathy wurde wütend. Die Verhandlungsführer der Bank kannten ihren Ruf, leicht in Wut zu geraten, und erwarteten, sie würde emotional reagieren. Aber das tat sie nicht. Sie machte eine Pause, sammelte sich, behielt die Kontrolle über ihre Wut, konzentrierte sich auf ihre Energien und behielt die Fassung und war so in der Lage, während der Verhandlungen klar zu denken.

Sie verhandelte geschickt und erhielt sowohl das Geld als auch die Aufsicht über die Organisation des Senders, so wie sie es sich vorstellte. Und ihr Sender war in kurzer Zeit ein Erfolg und sie konnte einen weiteren dazukaufen! Danach erwarb sie noch viele weitere und heute ist Cathy Hughes Geschäftsführerin von Radio One und eine der Spitzenradiomacherinnen Amerikas mit siebzehn Sendern (und Niederlassungen) im ganzen Land! Ihr Sohn, den sie als Teenager zur Welt brachte und der ihr half, von einem wütenden Mädchen zu einer zielbewussten jungen Frau zu werden, ist nun Präsident des Unternehmens. Cathy Hughes lernte, ihre Wut unter Kontrolle zu halten und wie man einen Rückschlag in den ersten Schritt zu einem Comeback verwandelt!

Manchmal ist Wut nicht nur hilfreich, sie ist auch absolut notwendig. Manche Menschen werden nicht motiviert, bis sie in Wut geraten. Sie brauchen die Wut, um aus dem Nest gestoßen zu werden und das Fliegen zu lernen. Es gibt Zeiten, da müssen wir „rechtschaffene Entrüstung“ verspüren und so wütend sein, dass wir es einfach nicht mehr aushalten. Denn oft ist ein Erfolgserlebnis ein ursprünglicher Misserfolg, der schließlich dazu führte auszurasten. Zornig genug, um zu handeln. Wut kann großartig motivieren.

Eine Freundin arbeitete eine Reihe von Jahren für die gleiche Beraterfirma. Ihre Auftraggeber behandelten sie immer schrecklich, respektierten sie in keiner Weise und setzten sie herab. Dennoch nahm sie die Aufträge an, aus Angst, eine neue Chance zu ergreifen. Ihr Selbstwertgefühl war so niedrig, dass sie allmählich glaubte, sie hätten Recht! Sie hatte auf einen bestimmten Auftrag gewartet und ihr Arbeitgeber hatte ihr diesen Posten versprochen, deshalb „hielt sie weiter die Stange“ und nahm alle möglichen Arten von Herabwürdigung hin. Schließlich war der Posten frei, sie wusste, sie müsste eigentlich zum Zuge kommen, bekam den Job aber nicht. Er ging an das neueste Mitglied der Belegschaft, um diesen sicher zufrieden zu stellen!

Meine Freundin war fuchsteufelswild und schließlich vor Wut so motiviert, dass sie in Aktion trat. Sie entschloss sich zu kündigen und ihre eigene Konkurrenzfirma zu gründen. Dann konzentrierte sie alle ihr Energien auf den Aufbau des Unternehmens und hatte bald eine erfolgreiche Beraterfirma. Vor kurzem konnte sie ihre frühere Firma einholen und schließlich überholen und am Ende war sie in der Lage, sie aufzukaufen. Sie lernte ihren Ärger zu nutzen und zu bündeln und erkannte, dass ein gewaltiger Erfolg die beste Rache ist. Wie in dem Sprichwort: „Raste nicht bloß aus, unterdrücke die Wut nicht bloß, sondern komm voran!“

Doug Craig, ein Beispiel für diese Strategie, lernte ich bei einer Rede in North Carolina kennen. Er ist ein sehr aktives Mitglied seiner Gemeinde und sehr erfolgreicher Geschäftsmann. Aber so war es nicht immer. Doug wurde in einer armen Gebirgsgegend geboren. Als junger Mann fing er bei einer kleinen Mietwagenfirma an. Er arbeitete hart, um sich zu etablieren und verhalf der Firma zu phänomenalem Wachstum.

Doug arbeitete weiter hart und brachte es bis zum Hauptgeschäftsführer. Dann wechselte der Eigentümer und die neuen Herren entschieden, dass sie auf Doug verzichten wollten, und feuerten ihn. Doug hatte nur noch wenige Jahre bis zu seinem Ruhestand. Er war verletzt und enttäuscht, aber vor allem zornig. Er fragte sich selbst: „Wie komme ich am besten gegen diese Firma an? Indem ich eine bessere aufbaue!“

Doug nutzte seine Wut und fing an, sich für sein neues Geschäft zu engagieren. Zuerst musste er Geld auftreiben, er kämpfte also monatelang und konnte schließlich 38 000 Dollar zusammenkratzen. Er arbeitete schwer, um die Firma zum Laufen zu bringen, und musste dabei zahllose Hindernisse und Herausforderungen bewältigen, wollte aber auf keinen Fall aufgeben. Jedes Mal, wenn er ans

Aufgeben dachte, setzte er sich hin und dachte an den Tag zurück, als er gefeuert wurde. Er erinnerte sich an das Gefühl und ließ die Wut wieder aufflammen. Er nutzte seine Wut, um neue Energien freizusetzen und sich wieder zu motivieren. Nach sieben Jahren hatte er es geschafft und ein äußerst erfolgreiches Unternehmen auf die Beine gestellt. Er erläuterte, welche Schritte zum Erreichen seines Zieles führten:

1. Man muss sich entscheiden, ob man sich durch die Wut schlagen oder sich von ihr aufbauen lässt. Er beschloss, die Wut zu nutzen und zu kanalisieren und sie zu einem Verbündeten statt einem Feind zu machen.
2. Man muss sich ständig auf sein Ziel konzentrieren und darf nie die motivierenden Faktoren aus den Augen verlieren, die anfangs alles in Gang setzten.
3. Man muss lieben, was man tut, wirklich lieben, denn das ist manchmal der einzige Lohn, den man bei der Arbeit an seinem Ziel erhält.
4. Man muss bedingungslos an seinen Traum glauben und bereit sein, alles dafür aufs Spiel zu setzen. Doug meint, man sollte es schmerzlicher machen zu verlieren, als dic Freude am Erfolg wiegt. „Engagieren Sie sich so sehr, dass Sie es sich nicht leisten können zu verlieren. Sie müssen es schaffen! Es gibt keine andere Möglichkeit!“
5. Die eigenen Kunden sollten mehr bekommen als das, wofür sie bezahlt haben. Die Konkurrenz kann mit außergewöhnlichem Kundenservice geschlagen werden, denn das wird immer großartige Dividenden bringen.
6. Man muss den Glauben an Gott bewahren – Vertrauen und glauben und danach handeln!

Wie hat Doug seinen Rückschlag in ein Comeback verwandelt? Indem er seine Wut in eine positive motivierende Kraft verwandelte, statt zuzulassen, dass sie zerstörerisch wirkte. Rasten Sie nicht aus (denn das bedeutet, dass Sie die Kontrolle verlieren), unterdrücken Sie die Wut nicht einfach wieder (denn das heißt, auf Rache zu sinnen, eine negative Emotion), nein, kommen Sie voran! Lassen Sie sich von Ihrer Wut motivieren, um voranzukommen, denn ausgeglichen zu werden reicht nicht! Denken Sie daran, der gewaltige Erfolg ist die beste Rache!

Übungen für die Wut

Welche Dinge haben Sie in Wut versetzt? Welche Angelegenheiten versetzten Sie in Rage? Wollen Sie wieder ausgeglichen werden oder wollen Sie vorankommen? Wenn Sie nur ruhig werden, verschwenden Sie eine große Chance, denken immer noch in kleinen Kategorien und lassen sich durch Kleinkram vom großen Ganzen ablenken. Hier sind fünf Strategien, die helfen, die Disziplin zu entwickeln, um Ihre Wut unter Kontrolle zu halten und in eine produktive statt einer destruktiven Kraft in Ihrem Leben zu verwandeln.

Durchbrechen Sie das Schema!

Sie müssen das Schema durchbrechen, in dem Ihre Wut abläuft und ein persönliches Muster zur Durchbrechung des Schemas entwickeln. Dieses Muster wenden Sie jedes Mal an, wenn Sie Wut in sich aufsteigen fühlen. Sie können bis zehn zählen, schnell einen Spaziergang machen, fünf oder sechs Mal tief durchatmen oder meditieren und ein kurzes Gebet sprechen. Was immer Sie wählen, Sie müssen so diszipliniert sein und das neue Verhalten nutzen, um den Ärger zu zügeln und einen klaren Kopf zu behalten.

Stellen Sie sich selbst Fragen!

Nachdem Sie sich mit Unterstützung der Durchbrechungshilfe beruhigt haben, müssen Sie sich selbst eine Reihe von Fragen stellen: „Wird das in einem Jahr noch relevant sein?“ Ist die Antwort Nein, dann lassen Sie es dabei bewenden. Ist die Antwort Ja, dann fragen Sie sich, ob Sie den Zeitpunkt kontrollieren können. Nein, denn schließlich kann man auch das Wetter nicht kontrollieren. Kann man kontrollieren, was andere sagen oder tun? Nein, aber sich selbst kann man unter Kontrolle halten. Dann erinnern Sie sich an Ihr Ziel und fragen Sie sich, ob das, was Sie nun unternehmen wollen, Ihrem Ziel dienlich ist oder nicht.

Übertragen Sie die Emotion, zerstreuen und nutzen Sie sie!

Denken Sie bei Ihrer Wut an eine Stange Dynamit, die sehr destruktiv wirken kann, wenn man Sie am falschen Ort einsetzt, sehr nützlich aber, wenn man Zugang zu einem Granitfelsen gewinnen will. Übertragen Sie die Kraft des Zorns, damit er nicht Ihre Umgebung oder Ihre Beziehungen zerstört. Und dann nutzen Sie diesen, um Zugang zu jenen Granitfelsen zu erlangen, die Sie vom Erreichen Ihrer Ziele abhielten.

Denken Sie, bevor Sie handeln!

„Ich war so aufgebracht, dass ich nicht mehr klar denken konnte." Oder: „Ich war so wütend, dass ich nicht wusste, was ich tat." Diese beiden Aussagen sind nur zu wahr und Sie sollten nichts unternehmen, solange Sie nicht in der Lage sind, klare und besonnene Entscheidungen zu treffen. Sagen und tun Sie nichts, bevor Sie sich nicht gesammelt haben, denn Worte und Handlungen aus dem Ärger heraus bereut man hinterher am meisten.

Erinnern Sie sich selbst an Ihr Ziel!

Konzentrieren Sie sich auf das Ziel und darauf, was Sie erreichen möchten, und sammeln Sie die Energie, die aus Ihrer Wut erwächst, hin zu einer Einstellung nach dem Motto: „Ich werde es euch schon zeigen." Denken Sie daran: Sie können nicht kontrollieren, was Ihnen widerfährt, aber Sie haben es in der Hand, was damit geschieht. Nur wenn Sie wieder ausgeglichen werden, kommen Sie weiter!

* * *

Wenn Sie einen Rückschlag einstecken mussten, so vergessen Sie ihn nicht. Vergessen Sie nicht das Ereignis, das ursprünglich Ihren Ärger verursachte. Erfassen Sie den Moment, bewahren Sie das Gefühl und nutzen Sie es als Motivierungshilfe. Wie die Freundin, die einen Briefbeschwerer auf ihrem Schreibtisch von der Firma aufbewahrte, die sie feuerte. Er steht genau in ihrem Blickfeld, um sie bei der Stange zu halten, wenn sie schwierige Tage zu überstehen hat.

Im 19. Jahrhundert war „Remember the Alamo“* der Kampfruf der texanischen Patrioten, die sich weigerten, das Massaker in Alamo zu vergessen. Selbst, als sie geschlagen waren, konnten sie sich durch die Bilder von Alamo, die der Kampfruf in ihnen hervorbrachte, wieder selbst motivieren. Sie schlugen überlegene Gegner und überwanden auch eine überwältigende Übermacht, weil sie zornig waren und rechtschaffen entrüstet. Sie erinnerten sich selbst daran, Alamo nie zu vergessen!

Wut kann immer wieder entflammt werden. Sie kann Ihnen helfen, gegen jede Übermacht zu siegen, Giganten zu schlagen und unmögliche Situationen zu bewältigen. Denken Sie an Ihre Wut und wie Sie sich fühlten. Nutzen Sie sie immer wieder, um sich selbst neu mit Energie zu laden. Vergessen Sie nicht, der riesige Erfolg ist wahrlich die beste Rache!

9. Schritt: Merksätze

1. Manchmal ist Erfolg ein ursprünglicher Misserfolg, der schließlich explodiert – genug Wut, um zu handeln.
2. Werden Sie nicht nur wütend, beruhigen Sie sich nicht bloß ... steigen Sie auf.
3. Kontrollieren Sie Ihre Wut, denken Sie daran: Wen die Götter zerstören wollen, den bringen sie erst in Rage.
4. Wut kann gefährlich sein, daher Disziplin bewahren.
5. Machen Sie die Wut zu Ihrem Verbündeten statt Ihrem Feind. Nutzen Sie sie als Motivationshilfe.
6. Denken Sie daran, gewaltiger Erfolg ist die beste Rache.
7. Entwickeln Sie Routine, wie Sie mit Wut umgehen, um ruhig und in sich gesammelt zu bleiben.
8. Entwickeln Sie ein Muster, um den Wutanfall zu unterbrechen.
9. Denken Sie nach, bevor Sie sprechen und handeln.
10. Erinnern Sie sich an Ihr „Alamo“ und rufen Sie es oft in Ihr Gedächtnis zurück, um motiviert zu bleiben.

* Deutsch: „Denk an Alamo“; ehemalige Franziskaner-Mission in San Antonio, Texas, Schauplatz eines der wichtigsten Kämpfe im texanischen Unabhängigkeitskrieg gegen Mexiko 1836 (Anm. d. Ü.)

TEIL IV

Die Kraft des Wünschens

Der letzte Teil der VEAW-Formel ist das Wünschen. Es ist absolut notwendig, um Rückschläge in Comebacks zu verwandeln. Wenn wir das Wort *Wunsch* hören, denken wir gewöhnlich an Dinge, nach denen wir uns sehnen, aber es gibt viel mehr zu wünschen. Ja, Wünschen hat eine Definition, die auch das Verlangen und die Befriedigung von Sehnsüchten einschließt. Wünschen beinhaltet auch jene Dinge, nach denen Sie sich ernsthaft sehnen, und es bedeutet auch, mit welcher Intensität Sie bereit sind, sich für diese einzusetzen. Es geht sogar um den Energieeinsatz, den Sie zur Erreichung Ihres Zieles aufwenden wollen – in anderen Worten, wie wichtig Ihnen das Ziel ist und was Sie zu tun bereit sind, um es zu erreichen.

Sie müssen den Rückschlag in den ersten Schritt zu einem Comeback verwandeln wollen und Sie müssen es unbedingt wollen. Wie sehr wollen Sie Ihren Rückschlag in den Auftakt zu einem Comeback umwandeln? Immer, wenn ich diese Frage bei meinen Vorträgen stelle, erhalte ich die gleiche Antwort: „Wirklich sehr!" Nun gut, aber wie sehr ist „wirklich sehr?" Es gibt verschiedene Ebenen des „wirklich sehr Wollens".

Sind Sie je mitten in der Nacht aufgewacht und wollten unbedingt etwas essen oder trinken? Das ist uns allen wohl schon einmal passiert. Stellen Sie sich jemanden vor, der um Mitternacht herum aufwacht und sich sagt: „Ich möchte unbedingt ein Mineralwasser!" Er geht zum Kühlschrank und sieht nach, aber da ist keines mehr. Er geht zum Fenster, öffnet die Vorhänge und sieht, dass es draußen schneit. Er geht zurück zum Kühlschrank und sieht noch einmal nach, aber da steht immer noch kein Mineralwasser. Also nimmt er sich ein Glas Leitungswasser und geht wieder ins Bett. Er wollte es also offenbar doch nicht so unbedingt!

Jemand anderes erwacht ungefähr um Mitternacht und sagt zu sich: „Ich will ein Mineralwasser, unbedingt." Er geht zum Kühlschrank und sieht nach, aber da steht keine Flasche Mineralwasser. Er geht zum Fenster und sieht, dass es schneit. Also setzt er seinen Hut auf, zieht Mantel, Handschuhe und Stiefel an und läuft einen halben Kilometer zum nächsten Geschäft, aber es hat geschlossen! Da geht er wieder nach Hause und gibt sich mit einem Glas Orangensaft zufrieden. Er wollte es also offenbar doch nicht so unbedingt!

Und da ist noch jemand, der ungefähr um Mitternacht aufwacht und sich sagt: „Ich will ein Mineralwasser, unbedingt." Er geht zum Kühlschrank, sieht nach und stellt fest, dass da kein Mineralwasser ist. Dann geht er zum Fenster und sieht, dass es schneit. Er zieht Hut, Mantel, Handschuhe und Stiefel an und läuft einen halben Kilometer bis zum nächsten Geschäft, aber es hat geschlossen! Er läuft noch eineinhalb Kilometer bis zur Tankstelle, aber dort ist Mineralwasser ausverkauft. Aber er läuft weiter und sucht, bis er sein Mineralwasser findet! Überlegen Sie, wenn Sie so weit für ein Mineralwasser gehen würden, wie weit würden Sie dann für die Erfüllung Ihrer Träume gehen? Das ist eine Frage, die nur Sie beantworten können! Wie sehr wollen Sie das?

Wünschen lässt sich in drei Teile gliedern: a) die Wünsche Ihres Herzens, die von Ihrem Glauben bestimmt werden; b) die Wünsche in Ihrem Kopf, wie sehr Sie sich konzentrieren und engagieren zur Erreichung Ihrer Ziele und c) die Wünsche Ihrer Seele. Das ist Ihre Innenansicht und Ihre Einstellung zu dem Rückschlag und wie ernst es Ihnen damit ist, den Rückschlag in den Auftakt zu einem Comeback zu verwandeln.

Wir wollen mit den Wünschen Ihres Herzens beginnen, die von Ihrem Glauben bestimmt werden. Der Glaube ist absolut notwendig in Ihrem Streben, einen Rückschlag in ein Comeback umzuwandeln!

10. Schritt

Glauben Sie an sich: „Sie sind gesegnet und auserwählt!“

... alle Dinge sind möglich dem, der da glaubt.

Markus 9,23

Der, der Geld verliert, verliert viel.
Der, der einen Freund verliert, verliert mehr.
Der, der den Glauben verliert, verliert alles.

Wir gehen durchs Leben mit einer Reihe von Gott gegebener Chancen, brillant getarnt als Herausforderungen.

Charles Udall

Obwohl ich alle Kapitel dieses Buches für wichtig halte, glaube ich ernsthaft, dieses ist das wichtigste. Denn Glaube ist entscheidend, um einen Rückschlag in den ersten Schritt zu einem Comeback zu verwandeln. Glaube ist entscheidend, denn er gibt Hoffnung, und Hoffnung lässt uns Positives für die Zukunft erwarten. Mit optimistischen Erwartungen an die Zukunft fällt es uns leichter, in schweren Zeiten weiterzumachen. Können wir in schweren Zeiten weitermachen, dann können wir auch effektiv unsere Rückschläge immer wieder in Comebacks verwandeln.

Glaube gibt uns Hoffnung und er gibt uns auch Kraft. Er ist eine Kraftquelle, die uns erlaubt, uns auch in schweren Zeiten weiter Mühe zu geben. Und da wir jetzt wissen, dass wir auch ab und an schwere Zeiten durchmachen werden, brauchen wir den Glauben. Jeder hat Glauben, die Frage ist nur: Wo steckt Ihr Glauben?

Nun, jeder hat ihn, nur leider haben manche ihren Glauben verlegt. Ich weiß, jeder hat Glauben, denn ich habe Menschen bei ihrer täglichen Routine beobachtet und ich habe gesehen, wie sie ihren Glauben anwenden. Wie zum Beispiel jemand, der ein Restaurant betritt, einen Stuhl hervorzieht und sich setzt, ohne zu überprüfen, ob der Stuhl sein Gewicht tragen kann. Er glaubt daran, dass der Stuhl das bewältigen kann, wozu er in die Welt gesetzt wurde. Oder Leute, die in ein Flugzeug steigen und Platz nehmen, ohne vorher den Piloten oder die Pilotin sehen zu wollen und dessen oder deren Fluglaubnis zu überprüfen. Wir glauben daran, dass die Fluggesellschaft den Posten eines Piloten nur mit qualifizierten, erfahrenen Menschen besetzt. Ein anderes Beispiel ist das, wenn Menschen an einer neuen Arbeitsstelle für zwei Wochen oder sogar einen Monat arbeiten, ohne von ihrem Arbeitgeber Geld zu bekommen! Sie glauben daran, dass sie zur angemessenen Zeit bezahlt werden und dass ihr Scheck in Ordnung sein wird. Glaube! Jeder hat Glauben!

Ja, jeder muss Glauben haben, um in der Welt, wie wir sie kennen, leben zu können. Aber wo steckt Ihr Glaube? Das ist eine sehr wichtige Frage, die Sie immer dann beantworten müssen, wenn Sie einen Rückschlag erleiden und diesen in ein Comeback verwandeln wollen. Wo ist er? Steckt er im Problem oder in der Lösung des Problems? Ist er in den gegenwärtigen Umständen oder in zukünftigen Möglichkeiten zu suchen? Steckt er in Ihren Ängsten oder in Ihrem Vertrauen? Ist er in Murphys Gesetz oder in Gottes Versprechen? Wo ist Ihr Glauben? Ich sage, glauben Sie an einen Gott, der Ihnen hilft, jene Dinge zu verstehen, die andere für schlecht erachten, Er aber zu Ihrem Besten zulässt. Glauben Sie an einen Gott, der Ihnen wahrhaft helfen kann zu verstehen, dass ein Rückschlag wirklich nichts anderes ist als der Auftakt zu einem Comeback.

Josef und der bunte Rock

Die biblische Geschichte von Josef ist eine der besten Geschichten überhaupt über die Macht, einen Rückschlag in ein Comeback zu verwandeln. Josef war ein junger Mann und ein Träumer. Er war der Lieblingssohn seines Vaters und er erhielt einen bunten Rock. Josef erzählte seinen Brüdern von seinen Träumen und sie hassten ihn, denn seine Träume zeigten immer, dass er über sie hinauswachsen würde. Eines Tages beschlossen sie, diesen „Träumer" ein für allemal loszuwerden. Als Josef auf das Feld hinauskam, warfen seine Brüder ihn in eine tiefe Grube, um ihn zu töten. Sie nahmen seinen bunten Rock und beschmierten ihn mit Tierblut, um ihrem Vater erzählen zu können, Josef wäre von einem wilden Tier getötet worden. Während sie überlegten, wie sie ihn am besten umbringen sollten, kam eine Gruppe von Händlern des Weges, und die Brüder verkauften Josef schleunigst an diese. Josef erlitt einen Rückschlag, eine Katastrophe!

Die Händler brachten Josef nach Ägypten und verkauften ihn an Potiphar, den Kämmerer des Pharaos, des Königs von Ägypten. Josef hatte großen Erfolg als Assistent Potiphars und alles, was er anfing, wurde ein Sieg. Bald wurden ihm alle Verwaltungsangelegenheiten Potiphars anvertraut und er wurde Potiphars Lieblingsdiener, aber Ärger zog herauf.

Potiphars Gemahlin hatte sich in Josef verliebt und versuchte beständig, ihn zu verführen und dazu zu bringen, dass er mit ihr schlafe. Josef weigerte sich standhaft. Eines Tages, als alle anderen außer Haus waren, bekam sie Josef an seinem Gewand zu fassen und bestand darauf, er solle mit ihr ins Bett gehen. Er lief weg, aber sie wurde wütend, begann zu schreien und beschuldigte Josef, er habe versucht, sie zu vergewaltigen. Potiphar glaubte ihr die Geschichte und warf Josef ins Gefängnis. Ein weiterer Rückschlag für Josef, aber Gott wusste, ein Comeback war schon auf dem Wege!

Im Gefängnis freundete Josef sich mit dem Amtmann des Gefängnisses an, der ihn zu seinem Hauptverwalter machte. Der Gefängnischef übertrug Josef die Verantwortung über alle anderen Gefangenen. Josef befreundete sich mit zwei anderen Insassen aus dem Palast, dem Bäcker und dem Mundschenk des Königs. Eines Nachts hatten beide Träume, die sie nicht verstanden, also baten sie Josef, die Träume für sie zu deuten. Er erklärte dem Mundschenk, er würde seine Position am Hof des Pharao zurückerhalten. Der Bäcker wurde ganz aufgeregt und fragte, was sein Traum bedeute. Josef erklärte ihm, sein Traum sage voraus, dass er getötet würde, und Josefs Voraussagen traten ein. Der Mundschenk versprach, er würde an Josef denken, wenn er zurück am Hofe des Pharao wäre, und ihn aus dem Gefängnis befreien, aber ... er vergaß ihn! Ein weiterer Rückschlag für Josef.

Doch Josef verlor nie sein Vertrauen. Er glaubte daran, dass aus seinem ganzen Unglück etwas Gutes erwachsen würde. Er vertraute weiter darauf, dass ein Rückschlag nichts anderes sei als der erste Schritt zu einem Neuanfang. Einige Jahre später hatte der Pharao einen Traum, den keiner seiner Bediensteten deuten konnte. Da erinnerte sich der Mundschenk an Josef. Der Pharao schickte nach ihm und erzählte ihm seine Träume. Josef konnte seine Träume nicht nur interpretieren, er gab ihm auch einen Plan an die Hand, um die kommenden Schwierigkeiten zu bewältigen. Der König war so eingenommen von Josef und seinem Glauben, dass er ihn zu seinem persönlichen Berater ernannte. In kurzer Zeit wurde Josef befördert zum Verwalter Ägyptens und bald darauf war er der zweite Befehlshaber nach dem Pharao. Im Alter von dreißig Jahren wurde Josef die zweitmächtigste Persönlichkeit Ägyptens und übte die Kontrolle über alle Zuteilungen an Besitz und Vorräten aus.

Josef hatte sieben fruchtbare Jahre vorausgesehen, gefolgt von sieben mageren Jahren. Er wies die Ägypter an, Nahrungsmittel und Güter während der sieben fruchtbaren Jahre einzulagern, in Erwartung der sieben mageren Jahre. Während der sieben fruchtbaren Jahre wuchs Josefs Einfluss beständig und ebenso sein Glaube. Den sieben fruchtbaren Jahren folgte Knappheit, aber die Ägypter hatten dank Josefs Plan genug eingelagert. Die Menschen in den angrenzenden Ländern wurden hart getroffen und viele standen am Rande des Hungertodes. Josefs Brüder hörten davon, dass es in Ägypten Nahrungsmittel gäbe, und beschlossen, dorthin zu gehen und zu versuchen, etwas zu kaufen.

Zu der Zeit war Josef der oberste Verwalter ganz Ägyptens und beaufsichtigte den Verkauf von Getreide. Daher mussten die Brüder vor Josef treten und ihm ihre Referenz erweisen, um Getreide und Vorräte zu erhalten. Josef erkannte sie, sie aber ihn nicht. Er fragte sie aus und fand heraus, dass ihr Vater am Leben und gesund war. Er fand auch heraus, dass er einen neuen, jüngeren Bruder hatte. Schließlich offenbarte er sich seinen Brüdern, wies sie an, ihren Vater zu holen und mit ihren ganzen Familien nach Ägypten zu ziehen, damit sie über Nahrung und Vorräte verfügen könnten, solange die Hungersnot andauerte. Josef vergab ihnen, dass sie ihn in die Sklaverei verkauft hatten, denn dies habe am Ende ihr Leben gerettet. Er erklärte ihnen, dass das, was andere aus niederen Beweggründen taten, Gott aus guten Gründen in die Wege leitete. Er zeigte ihnen, dass ein Rückschlag nichts anderes ist als der Auftakt zu einem Comeback, aber man muss glauben.

Um wirklich in der Lage zu sein, Ihre Probleme abzuwenden, brauchen Sie Glauben, den Glauben an Gott, der Sie nie verlassen wird. Dies ist eine meiner Lieblingsgeschichten: Die Tatsache, dass man nie alleine ist, wenn man glaubt.

Der Landarzt

Es war einmal ein alter Landarzt, der in einer ländlichen Gegend lebte. Er fuhr von Farm zu Farm und kümmerte sich um die Menschen und ihre Krankheiten. Eines Tages mitten im Sommer hatte sein Auto eine Panne und er musste zu Fuß gehen. Am Ende des Tages war er so müde, dass er kaum noch einen Fuß vor den anderen setzen konnte. Matt kam er nach Hause und er war so kaputt, dass er nicht einmal mehr Abendessen wollte, er wollte nur noch schlafen. Er ging in sein Schlafzimmer, legte sich hin und war eingeschlafen, bevor sein Kopf das Kissen erreicht hatte. Seine Frau kam und lockerte seine Krawatte, zog ihm die Schuhe von den Füßen und legte sie auf das Bett.

Ungefähr eine Stunde später klingelte das Telefon und die Frau des Doktors nahm den Hörer ab, damit er nicht gestört würde. Es war Mrs. Smith von der Farm weiter unten an der Straße. Sie war völlig aufgelöst, weil ihr Baby hohes Fieber hatte und sie nicht wusste, was sie tun sollte. Sie brauchte sofort den Doktor. Die Frau des Doktors erklärte ihr, dass dieser zu müde sei, um sofort zu kommen, sie sollte dem Baby kalte Wickel machen und ein Aspirin geben und der Doktor würde am nächsten Morgen als Erstes zu ihnen kommen. Obwohl der Doktor tief und fest schlief, registrierte sein Unterbewusstsein, dass ihn jemand brauchte. Er sagte matt: „Was ist passiert?“ Seine Frau erzählte ihm von dem Baby mit der erhöhten Temperatur und er stand auf und sagte, er müsse sich um das Kind kümmern.

Er nahm seine Arzttasche und machte sich auf den Weg zu Mrs. Smiths Farm, die ungefähr drei Kilometer entfernt lag. Um zu der Farm zu gelangen, musste er einen Tunnel passieren. Als er den dunklen Tunnel durchquerte, rief eine Stimme: „Hey, haben Sie ein Streichholz?“ Der Doktor blieb stehen und stellte seine Tasche ab, zog ein Streichholz heraus, hielt es dem Mann unter die Nase, damit er es sehen konnte, zündete es an und gab dem Mann Feuer für seine Zigarette und dann blies er es aus.

Der Doktor setzte seinen Weg zu Mrs. Smiths Haus fort. Er behandelte das kleine Mädchen, konnte seine Temperatur senken und gab ihr ein Medikament, damit es sich besser fühle. Dann machte er sich auf den Heimweg. Als er zu dem Tunnel zurückkam, traf er wieder mitten in der Dunkelheit auf einen Mann. Der Mann rief:

„Hey, haben Sie ein Streichholz?" Der Doktor blieb wieder stehen, stellte seine Tasche ab, zog ein Streichholz heraus, hielt es dem Mann unter die Nase, damit er es sehen konnte, zündete es an, gab dem Mann Feuer für seine Zigarette und blies es dann aus. Er eilte nach Hause und fiel wieder in einen tiefen Schlaf.

Einige Stunden später klingelte das Telefon erneut. Der Doktor sprang auf, griff zum Telefon und schnappte nach Luft, als er die Neuigkeit vernahm. Es war der Sheriff, der erzählte, dass Mr. Brown, einer der besten Freunde des Doktors, diese Nacht durch den Tunnel gelaufen war, wo ihn jemand ansprang, niederschlug, ausraubte und ihn halb tot zurückließ. Er brauchte den Doktor sofort, um Mr. Brown noch zu retten. Der Doktor griff eilig nach seiner Arzttasche und rannte zur Krankenstation. Er behandelte Mr. Brown in fieberhafter Eile und konnte ihn soweit stabilisieren, dass man ihn ins Krankenhaus bringen konnte.

Der Doktor fragte den Sheriff: „Haben Sie denjenigen gefasst, der das getan hat?" Der Sheriff antwortete: „Ja, wir haben ihn drüben im Gefängnis!" Der Doktor sagte: „Kann ich ihn sehen?", und der Sheriff meinte: „Ja", und brachte ihn zum Gefängnis. Dort war der Doktor überrascht, den Mann vorzufinden, den er in jener Nacht zwei Mal getroffen hatte. Der Doktor ging zur Zelle und fragte den Mann: „Warum? Warum haben Sie nicht mich überfallen?" Der Mann entgegnete: „Ich hatte geplant, Sie nicht nur zu berauben und niederzuschlagen, ich wollte Sie auch töten und all Ihre teuren Medikamente stehlen ... aber immer, wenn Sie das Streichholz anzündeten ... stand jemand neben Ihnen!"

Sie werden alle Arten von Begegnungen haben auf Ihrem Weg, wenn Sie das tun, wozu Sie beauftragt sind. Einige der Begegnungen werden erschreckend sein, schmerzlich und schwierig. Sie müssen jedoch Ihr Vertrauen bewahren und daran denken, dass wir ein Versprechen haben – Gott wird uns nie verlassen. Er wird immer an Ihrer Seite sein. Glauben Sie einfach.

Was also ist Glauben? Im Brief an die Hebräer 11,1 wird uns Folgendes erklärt: „Es ist aber der Glaube eine feste Zuversicht auf das, was man hofft, und ein Nichtzweifeln an dem, was man nicht sieht." Die Heilige Schrift sagt auch: „Denn Gott hat uns nicht den Geist der Angst gegeben, sondern den der Kraft und der Liebe und eines gesunden Verstandes." Leider leben die meisten Menschen im Geist der Angst und nicht im Geist des Glaubens. Sie erlauben der

Angst, sich festzusetzen, zu herrschen und zu verweilen in ihrem Leben. Sie leben mit der Furcht am Steuer und dem Glauben als blindem Passagier. Leben Sie mit dem Glauben als Antriebskraft und ich schlage zudem vor: Werfen Sie die Angst über Bord.

Psychiater haben nachgewiesen, dass wir mit nur zwei Ängsten geboren werden: der Angst vor dem Fallen und der Angst vor lauten Geräuschen. Jede andere Angst ist gelerntes Verhalten. Babys kommen mit nur diesen beiden Ängsten zur Welt und lernen dann die anderen dazu. Meine Freundin Dale Smith Thomas erklärt in ihren Reden die Bedeutung von Glaube gegenüber der Angst. Angst steht für falsche Beweise, die real erscheinen, Glaube dafür, die Antworten im Herzen zu finden! Welche Antworten können Sie in Ihrem Herzen suchen und finden?

Evander Holyfield, das Herz eines Giganten ... der Glaube eines Champions

Evander Holyfield ist jemand, der einen Rückschlag in ein Comeback verwandelte, indem er seinen Glauben einsetzte und die Antworten in seinem Herzen fand. 1994 verlor Evander Holyfield seinen Titel im Schwergewicht in einer Zwölfrundenentscheidung an Michael Moorer. Er war am Boden zerstört, denn er hatte so hart gearbeitet, um Schwergewichtsweltmeister zu werden. Er verlor nicht nur seinen Titel, sondern er fand bald heraus, dass es ein weiteres, größeres Problem gab. Man stellte ihm die Diagnose einer ernsten Herzerkrankung und er musste das Boxen ganz aufgeben.

Innerhalb weniger Wochen erlitt er nicht nur einen, sondern zwei schwere Rückschläge. Jedoch hatte er immer noch großes Vertrauen und er glaubte, einige große Leistungen seien noch zu vollbringen. Dann erlebte er seinen entscheidenden Augenblick. Bei einer Erweckungsversammlung in Philadelphia sagte man ihm, er würde nicht nur in den Ring zurückkehren, sondern er würde auch unglaublichen Erfolg haben. In dem Moment beschloss er, sich auf seinen Glauben zu verlassen. Und das war auch der Moment, da er sein Leben änderte und den gesamten Boxsport.

Er entschied sich dafür, sich lieber auf die Lösung, als auf das Problem zu konzentrieren. Er hätte aufgeben und sich zur Ruhe setzen können, aber er hatte das Herz eines Champions. Er konzentrierte sich auf seinen Glauben und vertraute darauf, dass diese Rückschläge nur der erste Schritt zu einem noch größeren Comeback waren. Die meisten Leute zählten ihn aus und meinten, er sei erledigt, er aber vertraute darauf, dass Größeres und Besseres auf ihn warte.

Evander konzentrierte sich auf seinen Glauben und auf seine Vision und traf die Entscheidung, aus der Situation ein Plus und kein Minus zu ziehen. Er arbeitete an seiner Gesundheit und betete weiter. Er konzentrierte all seine Energien auf seine Gesundheit und seinen Glauben. Nicht lange und seine Herzdiagnose wurde abgeändert und er erhielt ein gutes Gesundheitszeugnis. Dann sah er auf sein Ziel. Er wollte wieder Weltmeister im Schwergewicht werden. Er prüfte, was zu tun war und gegen wen er kämpfen musste. Schließlich fragte er sich selbst: „Wie sehr will ich es?" Er musste sich diese Frage stellen, denn er wusste, um sein Ziel erreichen zu können, musste er gegen Mike Tyson antreten, den schlimmsten, stärksten Kämpfer auf diesem Planeten.

Der Kampf wurde angesetzt und alle Medien, alle Experten sagten voraus, Evander Holyfield würde getötet werden. Aber Evander weigerte sich zu glauben, was andere sagten. Er verließ sich weiter auf seinen Glauben. Er las die Geschichte von David und Goliath wieder und wieder und fand, dass man immer, wenn man Gott auf seiner Seite hatte, automatisch in der Mehrheit war. Er ging in den Kampf mit einem Traum und mit starkem Glauben, während Mike Tyson schwor, er würde seinen Kopf herunterschlagen. Er kämpfte und kämpfte und als der Kampf vorbei war, stand Evander Holyfield immer noch, Mike Tyson dagegen lag auf dem Boden.

Evander Holyfield hatte das Unmögliche geschafft. Er hatte ein lebensbedrohendes Herzproblem überwunden und er hatte Mike Tyson bezwungen, der für den „schrecklichsten Mann der Welt" gehalten worden war. War das unglaublich? Ja! War es unmöglich? Nein! Wer einen starken Glauben hat, erkennt, dass mit Gott alles möglich ist! Rückschläge? Ja, aber sie sind nichts anderes als der Auftakt für Comebacks. Wo ist Ihr Glaube? In der Angst in Ihrem Kopf oder in dem Vertrauen in Ihrem Herzen? Das Herz ist der rechte Ort, um Ihre Ängste in Glauben zu verwandeln!

Der berühmte Wally Amos

Wally Amos ist in den letzten Jahren ein Freund geworden. Wir haben bei einer Reihe von Veranstaltungen zusammen gesprochen und herausgefunden, dass wir vieles gemeinsam haben. Wally ist ein großartiges Beispiel für jemanden, der einen Rückschlag in den Auftakt zu einem Comeback verwandelte. Seine Geschichte ist legendär und wurde zu einem Paradebeispiel für jemanden, der niemals aufgibt.

Wally Amos wurde in Florida geboren und wuchs in New York auf. Als junger Mann interessierte er sich für die Musikindustrie und wurde Musikagent bei der William Morris Agency. Nicht lange und er war ein erfolgreicher Agent. Nach seiner Karriere bei der William Morris Agentur gründete er seine eigene Firma für Personalmanagement. Zu jener Zeit begann er mit dem Backen von Schokoladen-Chips und verschenkte sie als kleine Aufmerksamkeit an seine Kunden. Und schließlich entschied er sich, das zu tun, was er am liebsten tat, und gründete ein Unternehmen mit dem Namen *The Famous Amos Chocolate Chip Cookie Company*.

Er arbeitete hart und in wenigen Jahren wurden die Kekse überall im Land gekauft. Er war ein Star und fing an, Reden zu halten und umherzureisen, und überließ das Keksgeschäft sich selbst. Leider kann man Geschäfte nicht sich selbst überlassen. Sie sind wie Autos, sie brauchen einen Fahrer oder sie kommen von der Straße ab. Sein Geschäft geriet in finanzielle Schwierigkeiten, also hielt Wally nach jemanden Ausschau, der den rollenden Wagen übernehmen könnte. Ein Unternehmen bot an, die Famous Amos Chocolate Chip Company zu kaufen und Wally als Sprecher der Firma zu halten. Wally verkaufte den Hauptteil an das Unternehmen.

Die ersten paar Monate lief alles großartig, dann wurde das Unternehmen an ein anderes Unternehmen verkauft, das es wiederum weiterverkaufte, von dort ging es an ein weiteres, noch größeres Unternehmen. Als es an die vierten Besitzer geriet, dachten diese, sie würden Wally nicht mehr brauchen, und sagten ihm „Auf Wiedersehen“. Und um noch etwas draufzusetzen, schrieben sie Wally vor, er dürfe den Namen „Famous Amos“ nicht mehr benutzen.

Wally erklärte ihnen, dass „Famous Amos“ sein eigener Name sei und Leute in aller Welt ihn unter diesem Namen kennen würden. Wally und das Unternehmen landeten vor Gericht und Wally verlor den Prozess. Er musste den Namen „Famous Amos“ aufgeben und konnte ihn nicht einmal mehr auf irgendwelchem Werbematerial benutzen.

Er war niedergeschlagen, aber er war noch nicht weg vom Fenster. Wally wusste, dass ein Rückschlag nichts anderes ist als der erste Schritt zu einem Comeback. Er erklärte seiner Familie, Gott sei nicht ein Gott mit einer einzigen Idee. Er sagte: „Gott gab mir die erste Idee und ich bin zuversichtlich, dass Er mir eine weitere schenken wird.“ Wally hatte bald wieder eine Idee und gründete eine neue Firma mit dem Namen *Uncle No-Names's Cookies Company*[*]. Er wurde auch zum Bestsellerautor und zur Medienpersönlichkeit und entwickelte eine Infrastruktur, die ihm erlaubt, Reden zu halten und zu reisen, während Leute seines Vertrauens die Geschäfte führen. Was jedoch wirklich beweist, dass ein Rückschlag nichts anderes ist als der erste Schritt zu einem Comeback: Wally wurde vor einiger Zeit gebeten, wieder als Sprecher für *Famous Amos* aufzutreten. Er erhielt einen zuvorkommenden Vertrag plus die Rechte an seinem Namen. Er änderte den Namen seiner neuen Firma von *Uncle No-Name's* zu *Uncle Wally's* und verkauft nun nicht nur Kekse, sondern auch fettfreie Muffins. Er stieg auf von einer Firma zu zwei Firmen und hat cin prächtig gedeihendes Rednergeschäft. Alles, weil er den Glauben bewahrt hat und seinen Rückschlag in den Auftakt zu einem Comeback verwandelte!

Wallys Schritte auf diesem Weg sind folgende:

1. Denken Sie daran, Gott ist nicht ein Gott mit einer einzigen Idee. Er schenkt Ihnen eine Idee, Er kann und wird Ihnen auch eine zweite geben.
2. Vergessen sie nicht, Gott ist größer als jede Situation, in die Sie geraten. Bewahren Sie Ihren Glauben!
3. Halten Sie immer Ausschau nach Wegen, wie man Zitronen in Limonade verwandeln kann.
4. Verlieren Sie nicht aus den Augen, dass über die Zukunft keine festen Voraussagen gemacht werden können. Sie haben in der Hand, was passieren wird!
5. Es spielt wirklich keine Rolle, wo Sie herkommen, wichtig ist, wo Sie hingehen.

[*] Deutsch: Onkel-Namenlos-Keksfabrik (Anm. d. Ü.)

6. Wally sagt: „Ich wollte den ganzen Himmel und das ist mir nicht gelungen ... also habe ich mir ein paar Sterne geschnappt.“
7. Bewahren Sie sich Vertrauen, wie wenn Sie ins Nichts hinaustreten und daran glauben, dass Sie sicher landen werden. Fokussieren heißt, Ihre Energien auf ein Projekt zu lenken und ein Feuer zu entfachen. Durchstehen heißt, beständig und beharrlich agieren und die eigenen Träume verwirklichen.
8. Wally hat bewiesen, dass selbst ein Mann ohne Namen einen Rückschlag in den Auftakt zu einem Comeback verwandeln kann.

Ja, ich bin „gesegnet und auserwählt!“

In meinem ersten Buch erzählte ich von Zemira Jones als dem Mann, der mich als Erster mit dem Ausdruck „gesegnet und auserwählt“ vertraut machte. Als ich Zemira zum ersten Mal traf, fragte ich ihn: „Wie geht es Ihnen?“ Und er antwortete: „Ich bin gesegnet und auserwählt!“ Ich fragte ihn: „Wie war das doch gleich?“ Und er sagte wieder: „Ich bin gesegnet und auserwählt!“ Ich sagte ihm, das sei ein phantastischer Gruß, und bat, ob ich ihn benutzen und auch anderen mitteilen dürfte. Er antwortete: „Bitte, erzählen Sie vielen davon und helfen Sie anderen, die Macht positiver Behauptungen zu sehen!“

Seither ist das mein Lieblingsausdruck und er hatte einen mächtigen Einfluss in meinem Leben. Er ist tatsächlich so etwas wie ein Lebensmotto für mich geworden. Ich habe unglaubliche Erfahrungen damit gemacht, wie Herausforderungen überwunden werden können, wenn man diesen Ausdruck als tägliche Beteuerung benutzt. Jetzt teile ich diesen Gruß mit Menschen aus aller Welt. Ich meine: „Sagen Sie es erst, dann leben Sie es! Ich bin gesegnet und auserwählt!“

Wir haben einen Verein gegründet, den „Gesegnet-und-Auserwählt-Klub“, mit T-Shirts, Huten, Buttons, Aufklebern, Telefon-Hotline, Newsletter, Internetseite, Reisegruppe und einer Musikkassette. Nichts würde es heute so geben, wenn ich nicht Zemira Jones getroffen und ihn einfach gefragt hätte: „Wie geht es Ihnen?“ Das Interessanteste über Zemira Jones ist aber nicht, dass er „Ich bin gesegnet und auserwählt!“ sagt, sondern vielmehr, dass er es in seinem Alltag auch lebt. Seine Lebensgeschichte klingt schier unglaublich und dokumentiert, er ist wahrlich „gesegnet und auserwählt“!

Zemira wuchs in einem Vorort von Washington, D.C., auf, wo er auch zur Schule ging. Er ging später auf die University of Maryland, wo er sich auf Marketing und Betriebswirtschaft spezialisierte. Nach seinem Abschluss arbeitete er beim Radio. Er begann bei einem kleinen Sender in Baltimore, wurde befördert und ging dann nach Cleveland. In kurzer Zeit stieg er zum jüngsten Hauptgeschäftsführer auf, den der Sender je hatte. Inzwischen hatte er geheiratet und seine Frau bekam Heimweh nach Maryland. Also ging Zemira zu dem Eigentümer des Senders und fragte, ob er zum zugehörigen Sender in Washington, D.C., wechseln könne. Der Eigentümer war einverstanden, konnte ihm aber keine Position als Hauptgeschäftsführer anbieten, sondern Zemira müsse mit dem Job des Vertriebschefs zufrieden sein.

Zemira nahm an und blieb für eine Reihe von Jahren in der Position, baute den Vertriebsbereich aus und wartete auf seinen Wechsel zum Hauptgeschäftsführer. Mittlerweile beschäftigte er sich auch doppelt so viel mit Programmgestaltung und schuf ein Programm mit dem Titel „Cool Jazz“, das seither zu einem der beliebtesten Programme in den Städten im ganzen Land wurde.

Er war in jedem Bereich seiner Position außerordentlich erfolgreich und man sicherte ihm zu, er würde ohne Frage der nächste Hauptgeschäftsführer werden, sobald die Stelle frei würde. Anfang des Jahres 1992 war die Chance da, als der Hauptgeschäftsführer sich zur Ruhe setzte. Zemira war bereit für die Aufgabe, der Posten wurde jedoch hinter seinem Rücken an den besten Freund des Präsidenten vergeben. Man erzählte dem neuen Hauptgeschäftsführer auch davon, dass Zemira diese Position versprochen worden war und er nicht gerade glücklich über diese Entwicklung war, also feuerte er Zemira! Bevor er mit ihm in einen Wettstreit treten müsste, dachte er, sei es das Beste, Zemira einfach loszuwerden.

Zemira setzte sich hin und besah sich die Zeit, die er investiert, die Versprechen, die er abgewartet, und die Opfer, die er gebracht hatte, um den Sender aufzubauen. Er fühlte sich niedergeschlagen, aber immer noch gesegnet und auserwählt! Er stellte eine Liste mit den fünf Topsendern des Landes auf und beschloss, er würde für einen von ihnen arbeiten.

Er bewarb sich, aber die einzigen Einstiegsstellen waren Anfängerposten im Vertrieb. Er wollte gerne für den Sender arbeiten, aber er müsste ganz unten anfangen und förmlich von der Chefetage zum

Anfängerniveau absteigen. Zemira entschied sich für den Job! Es war ein Rückschlag! Ein sehr harter! Er führte sich selbst sein Motto ins Gedächtnis zurück: „Mach dir keine Sorgen und rege dich nicht auf! Ich bin gesegnet und auserwählt, und darauf werde ich setzen.“

Seine Freunde beim Radio hielten es für beschämend. Manche lachten sogar, aber er sagte weiterhin: „Ich bin gesegnet und auserwählt! Ich bin gesegnet und auserwählt! Ich bin gesegnet und auserwählt!“ Er ging mit der gleichen Energie und dem gleichen Enthusiasmus in die Arbeit wie früher, als er noch an der Spitze stand. Er glaubte wahrhaftig an sich selbst und war bereit, alles auf diesen Glauben zu setzen.

Schnell wurde er der Spitzenvertriebsmann und innerhalb von drei Monaten beförderte man ihn zum Vertriebsdirektor. Er verschaffte dem Sender weiterhin Rekordprofite und das über eine Reihe von Jahren. Dann, eines Tages, rief ihn der Präsident von ABC Radio an, um ihm zu gratulieren. Er fragte nach, ob Zemira wohl bereit sei, einen der problematischsten Ableger von ABC in Chicago zu übernehmen, der auf den letzten Platz in einem hart umworbenen Geschäft gesunken war. Zemira sagte: „Sir, ich sehe das nicht als Problem, sondern als Chance!“

Zemira machte sich an die Arbeit, den Sender aufzubauen, obwohl alles gegen ihn zu sprechen schien, aber mit dem starken Selbstvertrauen, dass er „gesegnet und auserwählt“ sei. Ein Jahr später war die Station zu den fünf Erfolgreichsten im Markt aufgestiegen und nach achtzehn Monaten war sie die Nummer Eins! Als Belohnung erhielt er die Kontrolle über einen anderen Ableger von ABC auf dem Markt, den UKW-Sender, der der schwächste Sender in dem Frequenzbereich auf dem Markt war. Nach sechs Monaten hatte er die schnellste Kehrtwende vom „Schlechtesten zum Besten“ für einen Sender in der Geschichte Chicagos geschafft. Er hatte Geschichte gemacht und er hatte einen Rückschlag in Cleveland zu einem der größten Comebacks in Washington und dann in Chicago umgewandelt.

Welche Schritte unternahm er auf dem Weg zum Comeback?

1. Sie brauchen einen großen Glauben.
2. Glauben Sie an sich selbst und haben Sie Vertrauen in Ihre Fähigkeiten.
3. Seien Sie bereit, auf sich selbst zu wetten, selbst wenn andere das nicht tun würden.

4. Versichern Sie sich Ihres Traumes immer wieder von neuem.
5. Konzentrieren Sie sich auf Ihre Bestimmung.
6. Seien Sie bereit, harte Entscheidungen zu treffen.
7. Handeln Sie entschlossen.
8. Erinnern Sie sich täglich daran, dass Sie „gesegnet und auserwählt sind!“ Was immer passiert, auch wenn Sie nicht sicher sind, was dabei herauskommt, wiederholen Sie sich beständig: „Ich bin gesegnet und auserwählt! Ich bin gesegnet und auserwählt! Ich bin gesegnet und auserwählt! Glauben Sie daran und Sie werden es schaffen!

Jane Fletcher White

Jane Flechter White ist eine erstaunliche Frau aus Houston, Texas. Jane studierte im Hauptfach Musik und zwei Tage nach ihrem Abschluss erhielt sie ihren ersten Job als Sängerin auf einem Kreuzfahrtschiff, das die Karibik ansteuerte. Sie machte eine sehr erfolgreiche Karriere als Sängerin und Schauspielerin in Theatern, Klubs und Fernsehwerbespots. Ihre Karriere führte sie auch nach Houston. Am Tag ihrer Ankunft jedoch traf sie die Liebe ihres Lebens, Tom White, und ein Jahr später nahm ihre Karriere eine andere Wendung. Sie wurde seine Frau.

Die frisch Verheirateten arbeiteten hart und sparten, um sich ein Haus kaufen und eine Familie gründen zu können. Aber nach einjährigen Versuchen, sagte man Jane, sie könnte keine Kinder haben. Sie war am Boden zerstört. „Warum, Gott?“, weinte sie. „Ich wäre eine so gute Mutter und Tom wäre ein so guter Vater.“ Aber aus irgendeinem Grund, fühlte sie plötzlich *Frieden* in sich ... einen Frieden, als würde Gott durch sie hindurch sehen. Sie war dankbar für die Segnungen, die sie empfangen hatte, und einen Monat später war sie schwanger! Neun Monate später lag sie in den Wehen und zu ihrer Überraschung brachte sie fast vierzehn Pfund an *Babys* zur Welt! Ja, wirklich – ein Zwillingspärchen, Tom Junior und Laura. Nach vier Monaten entdeckte sie, dass sie *wieder* schwanger war! Neun Monate später kam ihre zweite Tochter, Stephanie, zur Welt. Drei Kinder in dreizehn Monaten! Die meisten Menschen wären überwältigt, nicht aber Jane. Bis zum heutigen Tag nennt sie ihre Kinder immer noch „Gottes Wunderkinder“.

Als die Kinder jedoch nur fünf und sechs Jahre alt waren, wurde bei Jane eine sehr seltene Art von Krebs diagnostiziert. Als der Arzt ihr die Diagnose mitteilte, wollte er sie auch sofort in die Klinik einweisen. Sie war wieder am Boden zerstört. Wieder kam die Frage: „Warum, Gott?“ Als sie sich darüber noch den Kopf zermarterte, betrat eine junge Krankenschwester den Raum, um ihr unter anderem Blut abzunehmen. Sie versuchte, Jane aufzuheitern und von ihrer Krankheit abzulenken, und fragte nach ihrer Familie. Jane meint: „Ich sprach über meine Kinder und erzählte ihr, was für ein wundervoller Vater mein Mann wäre und was für wundervolle Großeltern meine Eltern, und ich schätze, mein Gesicht hellte sich dabei einfach auf ... und plötzlich ergriff sie meine Hand und sagte: ‚Frau White, ich weiß, Sie haben Krebs ... aber ich glaube, Sie sind die glücklichste Frau, die ich jemals getroffen habe! Was für eine Familie! Ich wünschte, ich hätte eine Familie wie die Ihre. Meine Eltern wollten mich nicht haben, also hat meine Oma mich aufgezogen. Sie wollte mich eigentlich auch nicht haben. Immer, wenn ihr etwas nicht gefiel, was ich getan hatte, schlug sie mich und sperrte mich stundenlang in einen dunklen Schrank, damit ich über mein Verbrechen nachdenken könne.‘ Aber dann sagte sie: ‚Aber wissen Sie was? Jetzt, wenn ich so zurückschaue, war das alles doch nicht so schlimm, denn wenn ich in dem Schrank saß, dachte ich mir ... *eines Tages werde ich hier herauskommen und für mich alleine etwas tun. Aber ich werde etwas machen, wo ich Leuten helfen kann, statt ihnen weh zu tun.* Deshalb bin ich Krankenschwester geworden ... und im Juni mache ich meinen Abschluss.‘“

Diese Krankenschwester war ein perfektes Beispiel für jemanden, der einen Schicksalsschlag in den ersten Schritt zu einem Comeback verwandelte, und Jane erkannte dies. Sie sagt: „Ich bemerkte, dass ich die Wahl hatte, wie ich mein Leben gestalten würde, ebenso wie sie. Ich konnte entweder in einer Ecke sitzen, auf den Tod warten und mir bittere Gedanken über den Schicksalsschlag machen oder ich konnte das Beste aus den mir verbliebenen Tagen machen und, statt bitter zu sein, versuchen, besser zu sein. Genau da überkam mich ein Gefühl des Friedens, das ich nicht erklären kann. Dann kam mir dieser Satz ins Bewusstsein: *Vertraue dem Herrn, denn Er wird dir beistehen.*

Und das tat Er. So sehr, dass Jane ihr einundzwanzigstes erfülltes Lebensjahr seit der Krebsoperation feiern konnte. Ihre Aufgabe im

Leben ist es nun, anderen dabei zu helfen, zu lernen, wie sie ihr Leben in die Hand nehmen können, ob persönlich oder beruflich, und dafür reist sie durch das Land und hält Vorträge.
Ihre Hauptideen, die sie vorträgt:

1. Betrachten Sie jede Situation aus der richtigen Perspektive. Sagen Sie zu sich selbst: „Ist das im Großen und Ganzen *überhaupt wichtig*? Ist es das, dann kämpfen Sie dafür. Wenn nicht, dann lassen Sie die Geschichte hinter sich. Das Leben ist zu kurz, um sich mit Trivialem zu belasten.
2. Nehmen Sie keinen Tag, keine Angelegenheit und vor allem *keinen Menschen* für selbstverständlich. Zeigen Sie anderen, was Sie für sie empfinden, bevor es zu spät ist.
3. Trauen Sie sich, Risiken einzugehen. Öffnen Sie für sich so viele Türen, wie nur möglich. Es ist so aufregend zu sehen, was sich auf der anderen Seite befindet.
4. Vertrauen Sie dem Herrn, denn er wird Ihnen beistehen.
5. Er kann *einen Rückschlag wahrlich in einen Auftakt zu einem Comeback verwandeln.* Jane Fletcher White ist das lebende Beispiel dafür.

Nichts geht über ein Zuhause: Die Macht des Glaubens, der Konzentration und des Durchhaltens

Wenn Sie Ihr Denken verändern, werden Sie die Dinge mit anderen Augen sehen und neue Schätze an alten Orten entdecken. Ich entdeckte diese Wahrheit eines Abends, als ich mir das Märchen *Der Zauberer von Oz* ansah. Ich hatte es schon dutzende Male gesehen, aber in jener Nacht sah ich es wieder, zusammen mit meinem Sohn. Dieses Mal sah ich die Geschichte aus einer anderen Perspektive und entdeckte wundervolle Geheimnisse des Erfolges.

Es war einmal ein kleines Mädchen aus Kansas mit dem Namen Dorothy. Dorothy geriet in einen Sturm und wurde weit von Zuhause weggetrieben, benommen, verloren und verwirrt. (Mir fiel auf, dass das im Leben oft passiert, wir alle geraten manchmal in Stürme und kommen vom Weg ab. Wir finden uns an Orten und in Situationen wieder, die uns fremd erscheinen.) Dorothy wollte nach Hause, aber sie wusste nicht wie. (Sind Sie jemals vom Weg abgekommen und gerieten an einen fremden Ort, wo Sie sich verloren fühlten und keine Idee hatten, wo Sie sich hinwenden sollten?) Sie traf viele neue Leute und jeder wollte ihr einen Rat geben, wie sie das Problem lösen sollte. Sie sagten: „Geh zum Zauberer ... folge der gelb gepflasterten Straße.“

Sie machte sich auf den Weg und traf eine Vogelscheuche. Die Vogelscheuche war nett, aber sie hatte keinen Verstand und konnte daher auch nicht träumen. Sie wünschte sich verzweifelt Verstand, also schlug Dorothy ihr vor, sie zum Zauberer zu begleiten. So machten sie sich wieder auf den Weg auf der gelben Straße, damit der Zauberer ihre Träume in Erfüllung bringe.

Nach einer Weile trafen sie auf den Blechbüchsenmann, der kein Herz hatte. Deshalb war er nicht fähig, an seinen Traum zu glauben. Dorothy erzählte ihm von dem Zauberer und lud ihn ein, mit ihnen zu gehen, damit der Zauberer ihm ein Herz geben könne. Und sie wanderten wieder auf der gelben Straße. Da trafen sie auf einen feigen Löwen, der nicht den Mut hatte, seinen Traum zu leben (denn es erfordert auf jeden Fall Mut, den eigenen Traum auch zu leben). Er wollte der König des Waldes sein, aber er hatte Angst. Sie erkannten, dass er Mut brauchte, um König des Waldes sein zu können, also luden sie ihn ein, mit zu dem Zauberer zu kommen.

Auf dem Weg dorthin stießen sie auf allerlei Hindernisse, Schwierigkeiten und lebensbedrohende Situationen, aber sie gingen weiter, weil sie das Gefühl hatten, sie brauchten den Zauberer, damit er sie vervollständige. Schließlich, nach vielen Aufgaben und Erprobungen, bekamen sie den Zauberer zu Gesicht und sie entdeckten, dass er ein Schwindler war, ein Scharlatan und Täuscher. Er konnte ihnen nicht helfen. Er versuchte sogar selbst erst herauszufinden, was er aus seinem Leben machen sollte.

Sie waren am Boden zerstört. All ihre harte Arbeit war umsonst gewesen. Sie hatten so viel getan, um zu dem Zauberer, zu gelangen, nur um sehen zu müssen, dass er ihnen nicht nach Hause zurück helfen konnte. Als sie noch über das alles weinten, erhielten sie Besuch von Glinda, der guten Hexe. Sie betrachtete sie mit Mitleid und sagte: „Ihr brauchtet nicht den Zauberer, um zurück nach Hause zu kommen. Ihr hattet ihn die ganze Zeit über in euch. Alles, was ihr tun musstet, war zu glauben und eure Hacken drei Mal aneinander zu schlagen.“

In diesem Moment dachte ich an dieses wunderbare Zitat von Emerson: „Das, was vor dir liegt, und das, was hinter dir liegt, kann man niemals mit dem vergleichen, was in dir steckt!“ Vor meinem geistigen Auge konnte ich die erstaunte Gruppe vor Glinda stehen sehen, als diese sagte: „Es war in euch, die ganze Zeit über.“ Im Geiste sah ich Glinda, wie sie ihnen eine Formel an die Hand gab, die Herausforderungen in Chancen verwandeln würde. Diese Formel, mit deren Hilfe man Probleme in Möglichkeiten und Rückschläge in einen ersten Schritt zu einem Comeback verwandeln konnte, begleitete sie alle Zeit. Ich schloss meine Augen und sah sie sagen: „Glaubt einfach und schlagt drei Mal mit Euren Hacken zusammen, ein Mal für den Glauben, ein Mal für die Konzentration und ein Mal für das Durchhalten. Und wenn ihr es wirklich stark genug wollt, dann werdet ihr es nach Hause schaffen.“ Dorothy tat, wie ihr geheißen, und sie war wieder zu Hause!

Alles, was Sie brauchen, um Ihre Träume zu verwirklichen, steckt bereits in Ihnen, schlagen Sie einfach drei Mal die Hacken zusammen. Ein Mal für den Glauben, von dem die Bibel sagt, er sei die Fähigkeit, „Dinge hervorzurufen, die nicht da sind, als ob sie es wären!“ Oder wie Les Brown sagt: „Glaube ist die Bereitschaft zu springen ... und zu wissen, dass das Netz auftauchen wird!“ Wir alle werden von Zeit zu Zeit in Stürme geraten und den Nachhauseweg nicht mehr finden. Nehmen Sie sich die Zeit und beten Sie und suchen Sie Führung und arbeiten Sie an Ihrem Glauben, denn er ist wie ein Muskel – je mehr man ihn benutzt, desto stärker wird er. Wenn Sie Ihren Glauben stärken, werden Sie inmitten von Stürmen stehen können, ohne aufzugeben. Der Glaube versetzt uns in die Lage, die Verwirklichung unserer Träume für möglich zu halten.

In der Broadwayadaption des Märchens *Der Zauberer von Oz,* das den Titel *The Wiz* erhielt, sang Glinda ein Lied, das hieß „Wenn du daran glaubst“, kurz bevor sie ihnen zeigte, wie sie ihre Hacken drei Mal aneinander schlagen sollten. Sie sang, wenn man tief in seinem Herzen daran glaube, dann würde man es nach Hause schaffen. Sie müssen daran glauben, wenn Sie Ihre Rückschläge in Comebacks verwandeln wollen. Sie müssen daran glauben, dass Sie es können und dass Sie es schaffen werden. Entwickeln Sie den Glauben, dass es für Sie unmöglich ist zu verlieren, und dann handeln Sie danach. Es wird nicht misslingen. Sie werden Rückschläge einstecken müssen. Aber Sie werden diese nicht länger als Misserfolge sehen, sondern als einen ersten Schritt zu einem unglaublichen Comeback.

Das zweite Mal schlagen Sie die Absätze für die Konzentration zusammen. Konzentrieren Sie sich auf die Möglichkeiten, nicht auf die Probleme. Konzentrieren Sie sich auf die positiven Seiten und nicht auf die negativen. Konzentrieren Sie sich auf ihre Ziele, nicht auf die Hindernisse. Konzentrieren Sie Ihre Energien auf die wichtigsten Dinge und nicht auf all die kleinen Ärgernisse, die versuchen, Ihnen Ihre Zeit und Energie zu stehlen. Konzentrieren Sie sich auf die Optionen, die Ihnen zur Verfügung stehen. Derjenige, der fähig ist, seine Energien zu nutzen und zu bündeln, schafft ein Feuer fürs Leben, und nicht der, der seine Energien aufsplittet ohne Zusammenhang. Konzentrieren Sie sich.

Das dritte Mal Hackenzusammenschlagen ist für das Durchhalten gedacht, denn Sie müssen handeln, wenn Sie Ihre Rückschläge in Comebacks verwandeln wollen. Wenn Sie daran glauben, dass Sie einen Weg finden werden, und dann danach handeln mit der Erwartung positiver Ergebnisse, dann werden Sie zu fliegen beginnen. Leider haben viele Menschen den Glauben aber nicht das Durchhaltevermögen. Gott gibt den Vögeln Nahrung, aber Er wirft sie ihnen nicht ins Nest. Man braucht Glauben und Handlungsfähigkeit, denn ohne Glauben ist alle Arbeit umsonst. Glauben Sie, konzentrieren Sie sich und ziehen Sie es durch: Handeln Sie.

James Carter und Ramon Williamson haben ein Buch mit dem Titel *22 Uncommon Ways to Success*[*] geschrieben und in einem der Kapitel wird das wunderbar zum Ausdruck gebracht: „Gehen Sie im Glauben ... aber laufen Sie, wenn Sie können!“ Sie brauchen Glauben, um einen Rückschlag in den Auftakt zu einem Comeback zu verwandeln, aber dazu muss man in Aktion treten. Glaube und Aktion sind ein kraftvolles Team. Gehen Sie nicht aus dem Haus ohne diese beiden! Schlagen Sie einfach drei Mal Ihre Hacken zusammen, mit Glaube, Konzentration und Durchhaltevermögen und denken Sie daran ... nichts geht über das Zuhause!

Glauben heißt, das für wahr zu erachten, was wir nicht sehen können, und die Belohnung ist, dass wir sehen dürfen, was wir glauben.

Heiliger Augustinus

[*] Liegt bisher nicht in deutscher Übersetzung vor (Anm. d. Ü.)

10. Schritt: Merksätze

1. Überlegen Sie – woran glauben Sie? An Gott oder an die Umstände?
2. Was andere für schlecht halten, hält Gott für gut. Glauben Sie einfach daran.
3. Leben Sie Ihren Glauben, nicht Ihre Ängste.
4. Angst kontra Glauben, d.h. Falsches erscheint richtig, kontra die Antworten im Herzen finden.
5. Gott ist kein Gott, der nur eine Idee hat.
6. Bleiben Sie „gesegnet und auserwählt". Sagen Sie es und leben Sie es!
7. Rekapitulieren Sie Ihr Glück, nicht Ihre Probleme.
8. Seien Sie bereit dazu, auf sich selbst Wetten abzuschließen, auch wenn andere das nicht mehr tun würden.
9. Glaube heißt, ins Nichts hinauszutreten und darauf zu vertrauen, dass man sicher landen wird.
10. Schlagen Sie drei Mal Ihre Hacken zusammen, ein Mal für den Glauben, ein Mal für die Konzentration und dann für das Durchhalten. Entdecken Sie die Kraft tief in Ihrem Inneren und Sie werden nach Hause finden.

11. Schritt

Sagen Sie „Ja!“: Engagieren Sie sich für Ihre Verpflichtung! Seien Sie siegesgewiss, denken Sie nicht an Niederlagen und geben Sie nie auf!

Nicht, ob Sie niedergerungen werden, ist wichtig, sondern ob Sie wieder aufstehen.

Vince Lombardi

Die Größe eines Mannes zeigt sich darin, wie er sich im Unglück verhält. Ich mag verletzt sein, aber ich bin nicht geschlagen. Ich liege vielleicht eine Weile und blute, aber ich werde wieder aufstehen und kämpfen!

Plutarch

Das ist es also, „Immer geradeaus, den Blick nach vorn“ (wie man in den Nachtklubs sagte, wo ich sang), hören Sie nicht auf, es zu versuchen! Um einen Rückschlag in ein Comeback verwandeln zu können, müssen Sie dranbleiben und dürfen niemals aufgeben. Sie haben keine Wahl. Es ist absolut unerlässlich, Sie dürfen niemals das Handtuch werfen!

Sie müssen sich vornehmen, dranzubleiben. Und dann verpflichten Sie sich zu diesem Vorsatz. Die Verpflichtung ist besonders wichtig, um einen Schicksalsschlag in einen Neuanfang verwandeln zu können. Dann spüren Sie die Kraft, die in Ihnen steckt. Verpflichtung heißt, sich emotional zu zwingen nicht anzuhalten, bis Sie Ihr Ziel erreicht haben. Es ist die Bereitschaft, alles zu tun, was Sie können, alles anzuwenden, was Sie wissen, und alles, was Sie sich vorstellen können, um Ihr Ziel zu erreichen. Und wenn Sie sich selbst verpflichten, werden Sie entdecken, dass eine Kraft in Ihnen steckt, von der Sie nicht einmal etwas ahnten. Dazu braucht es Engagement und ernsthafte Selbstverpflichtung.

Die Macht der Selbstverpflichtung

In Ihrem Leben sind Sie entweder nur interessiert an einer Beziehung oder zu ihr verpflichtet. Sie sind entweder nur daran interessiert zu lernen oder Sie sind verpflichtet zu lernen. Sie sind entweder nur daran interessiert, sich selbstständig zu machen und Ihren Traum zu verwirklichen oder Sie sind verpflichtet es zu tun. Sie sind entweder nur daran interessiert, etwas für Ihre Gesundheit zu tun, Ihr Einkommen, Ihren Lebensstil oder Sie sind dazu verpflichtet. Sie sind entweder nur daran interessiert, den Stress und das Chaos in Ihrem Leben zu reduzieren oder Sie sind dazu verpflichtet. Wenn Sie sich einmal klar darüber sind, dann ist das Wichtigste, sich auf das Wichtigste zu konzentrieren. Bleiben Sie darauf konzentriert und verpflichten Sie sich dazu selbst und Sie werden Ergebnisse erhalten ... und nichts, was Sie bedauern müssten.

Jewel Diamond Taylor,
Autorin und Rednerin

Zusammen mit der Selbstverpflichtung brauchen Sie auch Mut, denn das Leben wird Sie hart rannehmen und versuchen, Sie niederzuringen. Es braucht Mut, um wieder aufzustehen und weiter zu kämpfen. Das Leben wird versuchen, Ihnen Angst einzujagen. Aber Sie müssen Mut haben, wieder auf die Beine kommen und weiter kämpfen! Etwas ist fehlgeschlagen, Sie wurden niedergerungen und Sie haben beschlossen, wieder in den Ring zurückzukehren. Was geschieht als Nächstes? Als Nächstes müssen Sie kämpfen, kämpfen mit aller Macht. Kämpfen in der Erwartung des Sieges, denn ihre Erwartungen beeinflussen direkt Ihre Ergebnisse. In seinem Buch *Trump: The Art of the Comeback** schrieb Donald Trump:

Um ein Comeback zu schaffen, müssen Sie bereit sein zu kämpfen, hart zu kämpfen. Und Sie müssen erwarten, dass Sie siegen werden. Sie werden Selbstvertrauen benötigen, Entschlossenheit und Beharrlichkeit. Und Sie müssen Widrigkeiten zu einem Vorteil machen. Das bedeutet, kreative Wege finden, um sowohl aus guten als auch aus schlechten Situationen das Beste zu machen. Und schließlich brauchen Sie für den Sieg das Herz eines Champions. Talent allein ist nicht genug, Sie brau-

* Liegt bisher nicht in deutscher Übersetzung vor (Anm. d. Ü.)

chen das Herz eines Champions und dann gehen Sie da hinaus und tun Sie, was zu tun ist.

Freunde, das Rennen geht nicht an den Schnellen oder den Starken, sondern an denjenigen, der bis zum Ende durchhält! Erwarten Sie den Sieg, weigern Sie sich zu verlieren und egal, was passiert, geben Sie niemals auf!

Beschließen Sie, dass Sie nicht aufzuhalten sein werden! Sie stolpern vielleicht, Sie fallen vielleicht sogar, aber Sie dürfen nicht anhalten!
Willie Jolley

Mir kam die Geschichte einer Dame zu Ohren, die die Vertriebschefin in Ihrem Unternehmen war. Sie war für den Preis als beste Vertriebsmitarbeiterin vorgesehen, der bei der jährlichen Festveranstaltung des Unternehmens verliehen werden sollte. Diese Dame hatte wahrhaft eine Erfolgsgeschichte hinter sich. Sie hatte zahllose Hindernisse auf dem Weg zu Ihren Zielen überwunden und war ein Vorbild für alle Ihre Mitarbeiter.

In der Nacht, als das Bankett stattfand, erschien jedermann in seiner besten Garderobe und alle warteten ungeduldig auf die Verkündung des Titels der Nummer Eins im Vertrieb. Als der Name der Dame genannt wurde, brach der ganze Saal in einen riesigen Applaus aus, weil sie so viel überwinden musste, damit ihr diese Ehre zuteil wurde. Als sie die Treppen emporlief, um ihren Preis entgegenzunehmen und ihre Dankesrede zu halten, stolperte sie auf der letzten Stufe und fiel, mit dem Gesicht nach unten, auf die Bühne.

In dem Raum wurde es sofort unheimlich still. Niemand wusste, was er tun oder sagen sollte, weil der Vorfall so peinlich war. Sie blieb eine Weile liegen, dann sprang sie hoch, lief ans Podium, nahm ihren Preis entgegen und sagte: „Leute, viele von euch wollten wissen, was ich tat, um diesen Preis zu erhalten. Nun, ihr ward soeben die Zeugen. Seht ihr, ich bin oft hingefallen ... aber ich stehe immer wieder auf! Und daher bekomme ich heute Nacht diesen Preis, weil ich immer wieder auf die Beine komme!“

Eines Abends nach einem Vortrag saß ich in meinem Hotelzimmer und zappte durch die Fernsehkanäle. Ich landete auf einem Videokanal und hörte ein Lied, das mich faszinierte. Der Sänger schien den Text herauszuschreien, aber die Musik war sehr ergreifend. Ich hörte eine Minute lang zu und hatte den Eindruck, irgendetwas an dem Lied sei auffallend. Der Sänger schrie: „Ich liege am Boden, aber ich stehe wieder auf; ihr werdet mich niemals unten halten können“, und er wiederholte diesen Text immer und immer wieder.

Mir fiel bald auf, dass das nicht der übliche Rocksong war, sondern ein „Rappel dich selbst wieder auf“-Lied. Was für eine mächtige Botschaft! Es hatte einen so ansteckenden Beat und Gesang, dass ich an jenem Tag das Hotel singend verließ: „Ich liege am Boden, aber ich stehe wieder auf; ihr werdet mich niemals unten halten können!“ Ich weiß nicht, ob Sie auf diese Art Lieder stehen, aber ich glaube, diese Worte und diese Botschaft betreffen uns alle. Ja, das Leben wirft uns manchmal zu Boden, aber wir müssen uns selbst verpflichten, wieder aufzustehen, und dass uns nichts auf der Welt unten halten kann! Sie müssen vielleicht viele Niederlagen einstecken, aber Sie müssen beschließen, dass nichts, absolut nichts Sie jemals unten halten wird. Stehen Sie wieder auf und geben Sie niemals auf!

Ein wichtiger Aspekt in dem Bemühen, Ihre Rückschläge in ein Comeback zu verwandeln, ist, dass Sie die Gründe für ein Comeback identifizieren. Diese werden Sie zwingen, wieder auf die Beine zu kommen. Wie Nietzsche sagte: „Wenn du das Warum kennst, kannst du allem widerstehen!“ Everett Hall ist eine exzellentes Beispiel für jemanden, der sich auf seine Einsichten konzentrierte. Und diese Einsichten haben unglaubliche Ergebnisse erzielt!

Everett Hall ist ein Name, der synonym wurde für anspruchsvolle Mode in der ganzen Welt. Er ist einer der Topdesigner der Sportstars der Nationalen Basketballliga (und er hat sogar schon einige Redner gut aussehen lassen, auch einen aus Washington, D.C.). Ich besuchte Everett in seinem Geschäft in Washington, D.C., und befragte ihn über seine Erfahrungen mit Fehlschlägen. Er sagte. „Wollen Sie die von heute oder die von gestern hören?“ In anderen Worten, er machte deutlich, dass Fehlschläge zur täglichen Routine gehören. Während unserer Unterhaltung erzählte er von seiner Sicht, was Rückschläge betraf und wie man diese in die ersten Schritte auf dem Weg zu einem Comeback verwandeln könne.

Everett erzählte, er habe bereits so viele Rückschläge erlitten, dass er sich nur schwerlich an alle erinnern könne! Seine Sichtweise von Misserfolgen stimmt jedoch mit der meiner weiteren Interviewpartner überein. Sie sehen Rückschläge als wachsende Erfahrungen, die sich als Niederlagen tarnen. Everett meinte. „Wissen Sie, das alte Sprichwort stimmt schon, ein Problem sei nichts anderes als eine Chance in Arbeiterklamotten. Und wenn Ihre Gründe stark genug sind, dann werden sie auch zu Ergebnissen führen!“ Konzentrieren Sie sich auf das *Warum*. Warum tun Sie das? Warum wollen Sie dieses Ziel erreichen? Warum wollen Sie etwas Unbequemes tun? Warum sind Sie bereit weiterzumachen, trotz all der Herausforderungen? Wenn die Gründe stark genug sind, dann werden Sie nicht aufzuhalten sein!

Ich erzähle meinen Zuhörern gerne, wie ich mich mit Everett Hall anfreundete. Sein Geschäft befindet sich neben einem beliebten Restaurant in Washington. Ich war auf dem Weg zum Abendessen mit meiner Frau und wir waren etwas zu früh dran, deshalb entschieden wir, noch etwas in dem Viertel spazieren zu gehen. Wir blieben vor Everetts Laden stehen. Er erwähnte, er habe einige meiner Bücher und Kassetten, und dankte mir dafür. Er erklärte, wie diese ihn beim Erreichen mancher seiner Ziele beeinflussten, und fragte, ob wir ein paar Minuten Zeit hätten, und ich sagte: „Ja.“ Er führte uns in die Tiefgarage zu seinem jüngsten „Ziel“: Ein neuer, schwarzer Rolls-Royce Convertible! Ich rief: „Den haben Sie, weil Sie meine Bücher gelesen und meine Kassetten gehört haben?! Dann werde ich mir meine Bücher und Kassetten auch noch einmal zu Gemüte führen!“ Wir lachten, aber in Wahrheit waren es nicht nur meine Kassetten, sondern auch jene von Les Brown, Zig Ziglar, Jim Rhone, Brian Tracy und noch viele, die in seinem Auto lagen. Everett hatte erkannt, dass die eigene Entwicklung ein sehr wichtiger Bestandteil des Erfolges ist. Ihr Input legt Ihren Output fest.

Ich fragte Everett, was der entscheidende Moment auf dem Weg von einem jungen Kerl in Springfield, Ohio, war, der Klamotten selbst machte, zu einem der angesagtesten Designer Amerikas und zum Lieblingsdesigner der Reichen und Berühmten. Er sah auf und, ohne eine Minute zu zögern, antwortete er: „Der Tag, als mein Vater starb! Das war der entscheidende Augenblick!“

Everett erklärte, dass sein Vater Kleidung liebte, als er aufwuchs. Er brachte seinen Söhnen bei, Kleidung zu schätzen, und zeigte ihnen, wie sie ihre Kleidung respektieren und sich um diese kümmern sollten. Sein Vater war ein Fließbandarbeiter und konnte sich keine teure Garderobe leisten, also ermutigte er seine Söhne zu lernen, wie sie sich diese selbst machen könnten! Everett übertraf die anderen darin. Seine erste Kreation war eine sehr modische Hose. Die Taschen waren nicht zu gebrauchen und ein Bein war kürzer als das andere, aber seine Brüder fanden, sie wäre cool, und baten ihn, ihnen auch welche zu machen. Bald wollten alle in der Schule solche Hosen und in seinem ersten Jahr stellte er über hundert Stück her.

Everett erinnerte sich an einen Tag, als er ein Kleidungsstück herstellte und ihm der Stoff ausging. Er erklärte seinem Vater, dass er den Stoff unbedingt brauche, um den Anzug fertig stellen zu können. Sein Vater hatte kein Auto zu jener Zeit, also ging er mehrere Kilometer zu Fuß zu dem Laden, um den Stoff zu kaufen, während Everett weiternähte.

Während wir sprachen, kam Everetts Bruder Eric in den Raum und erzählte dann eine Geschichte, die beide für eine zentrale Phase in ihrem Leben hielten. Sie waren Studenten und hatten nicht genug Geld, um das neue Semester anzufangen. Sie hatten alle ihre Rücklagen aufgebraucht. Ihr Vater kam von einer langen Arbeitsnacht zurück und die Jungen erzählten ihm ihr Problem. Er nahm seinen Urlaubsscheck heraus, den er seit Monaten aufgehoben hatte, und ging damit zur Bank und löste ihn ein. Fünfzig Dollar nahm er für sich selbst und gab den Rest den Söhnen. Die beiden Brüder sahen sich an und sagten: „Das war eine Verpflichtung!"

Ihr Vater hatte hart gearbeitet, um sicherzustellen, dass seine Söhne alles hätten, was sie bräuchten, um erfolgreich zu werden. Leider hat er das nicht mehr persönlich erlebt – er starb im Alter von fünfundvierzig Jahren. Als sein Vater starb, legte Everett das Versprechen ab, dass er immer sein Bestes geben würde, und er würde sich durch nichts davon abhalten lassen. Er verpflichtete sich zur Vortrefflichkeit. Arbeiten Sie an sich selbst, verpflichten Sie sich zu hoher Leistung und dann engagieren Sie sich für Ihre Verpflichtung! Und wenn Sie stolpern, dann denken Sie immer an Ihr *Warum*, an ihre Gründe, wieder aufzustehen.

Everett führte seine Erfolgsprinzipien detaillierter aus und meinte, wenn man die Prinzipien verstünde und annehme, dann könne man dauerhaft Rückschläge in Comebacks verwandeln. Es folgen seine Prinzipien:

1. Wenn Sie einen Rückschlag einstecken müssen, dann treffen Sie die bewusste Entscheidung, es nicht als Problem zu betrachten, sondern lieber als lehrreiche Chance.

2. Sie müssen sich entschließen, was Sie dagegen unternehmen wollen: Werden Sie aufgeben oder werden Sie aufstehen und kämpfen?
3. Sie müssen sich auf Ihr Ziel konzentrieren. Was wollen Sie erreichen?
4. Sie müssen Glauben entwickeln und wissen, dass Gott Ihnen beisteht, denn Er ist größer als die ganze Welt, die gegen Sie zu sein scheint.
5. Sie müssen handeln und dürfen nicht damit aufhören, bis Sie Ihr Ziel erreicht haben, egal, welche Steine Ihnen in den Weg gelegt werden.
6. Sie müssen an sich selbst arbeiten und sich zu hoher Leistung verpflichten. Und dann engagieren Sie sich für diese Verpflichtung.
7. Denken Sie daran, Ihr Input bestimmt Ihren Output.
8. Sie brauchen ein Warum, dann können Sie sich immer daran erinnern, warum Sie aufstehen sollen, wann immer Sie am Boden liegen.

Entwickeln Sie einen eisernen Willen zum Sieg!

Genauso wie sich die Muskeln entwickeln, wenn Sie diese trainieren, können Sie auch einen eisernen Willen trainieren. Weigern Sie sich einfach aufzugeben und sich in die Rückschläge zu fügen. Wenn Sie sich vornehmen, dass Sie Ihr Ziel erreichen werden, egal, was passiert, dann werden Sie das normalerweise auch. Diejenigen, die sich zurückziehen, sind nicht wirklich engagiert, auch wenn sie das vielleicht von sich selbst behaupten. Ein Freund, Bill Cates, der Berater, sagt: „Freiheit ist, wenn man beschlossen hat zu siegen und alle anderen Auswahlmöglichkeiten abgeschnitten hat.“ Er meint, es sei befreiend, wenn man sich sich selbst verpflichte und sich vornehme, es durchzuziehen oder zu sterben, zu ertrinken oder zu schwimmen. Das gibt einen Energieschub und legt fest auf die Erreichung des Zieles.

Er kämpft noch immer: Die zeitlose Geschichte des Bill Clark

Bill Clark ist ein weiteres großartiges Beispiel für Selbstverpflichtung und die Macht, Gründe für das Wiederaufstehen zu haben. Bill Clark arbeitete viele Stunden am Tag für einen Parkservice und hatte nur wenig Zeit, die er zu Hause mit seinen Kindern verbringen konnte. Er beschloss, zusammen mit seinem Sohn Unterricht in einer Kampfsportart zu nehmen, damit sie mehr sinnvolle Zeit miteinander verbringen könnten. Bill war über vierzig und nicht gerade in großartiger Verfassung, aber er dachte, wenigstens etwas Übung könnte nicht schaden. Sie fingen an, Kurse zu belegen, und Bill merkte schnell, dass ihm der Kampfsport nicht nur Spaß bereitete, sondern dass er auch großes Talent hatte. Er überholte bald alle jüngeren Schüler und war nach kurzer Zeit der Beste unter ihnen. Dann begann er, sich auf den schwarzen Gürtel vorzubereiten. Der Kampfsport wurde seine Leidenschaft und er trainierte dafür in jeder freien Minute.

Schließlich ging er in die Prüfung für den schwarzen Gürtel. Er hatte die anderen Übungen bereits absolviert und sogar Ziegelsteine zerbrochen und es galt nur noch einen Test zu bestehen – er sollte zwei Bretter mit einem Seitenschlag brechen. Während des Sprungs merkte er aber, dass er zu weit gesprungen war und seinen Partner verletzen könnte, der die Bretter hielt. Also drehte er seinen Körper weg, um seinen Partner zu schützen, kam unglücklich auf und sein Bein knackte. Er hatte es sieben Mal gebrochen und wurde schleunigst ins Krankenhaus gebracht. Die Ärzte meinten, dass sei einer der schlimmsten Brüche, den sie je gesehen hätten. Den Ärzten zufolge war er mit einem üblen Motorradunfall vergleichbar. Sie schrieben ihn für sechs Monate krank und meinten, es würde sechs bis acht Monate dauern, bis er wieder laufen könnte. Und sie teilten ihm auch mit, er könne nie wieder Kampfsport betreiben. Bill beschloss, die Ärzte hätten nicht Recht! Er hatte etwas gefunden, das er liebte, und es war zu einer Familienaktivität geworden. Er war fest entschlossen, diesen Rückschlag in ein Comeback zu verwandeln.

Bill begann an seinem Comeback zu arbeiten, sobald er wieder aus dem Krankenhaus nach Hause kam. Er begann mit Übungen von seinem Bett aus, denn er wollte den Ärzten beweisen, dass sie nicht Recht behielten. Nach vier Wochen ging er wieder auf Krücken zur

Arbeit. Nach sieben Wochen ging er lediglich noch auf einen Stock gestützt. Überraschenderweise ging er mit den Kindern bereits nach acht Wochen wieder in die Kurse, das Bein immer noch in einem Gips! Zur Zwölf-Wochen-Marke führte er schon wieder Oberkörperübungen und Übungen mit seinem gesunden Bein im Kampfsportstudio durch. Nach sieben Monaten lachte er über die Ärzte, machte Tritte seines Kampfsports, sprang wieder und zerbrach Bretter. Bill erhielt seinen schwarzen Gürtel und hat seither bereits eine Anzahl weiterer Gürtel errungen.

Welche Schritte ermöglichten es Bill, diesen unglaublichen Traum wahr werden zu lassen? Die Schritte lauteten:

1. Eine positive Einstellung, eine positive Sichtweise und Ausdauer. Ihm war klar, dass geistige Kraft physische Beschränkungen überwinden könne.
2. Er betrachtete es nicht als ein Problem, sondern als lehrreiche Erfahrung.
3. Als andere meinten, das wäre das Ende seiner Karriere im Kampfsport, da sah er es als ihren Anfang.
4. Als andere es als eine großartige Sache ansahen, sah er es als Mücke. Nichts weiter, als eine kleine Unebenheit in der Straße.
5. Bill erkannte, dass alles passieren konnte. Um im Leben der Sieger zu bleiben, muss man bereit sein herauszufinden, was man will, und sich nicht entmutigen lassen. Treffen Sie eine Entscheidung! Finden Sie zu einer positiven Einstellung und handeln Sie!

Bill Clark ist das lebende Beispiel für jemanden, der einen Rückschlag in den Auftakt zu einem Comeback verwandelte, und er tat dies mit einer positiven Einstellung. Nach seinem Comeback und nachdem er seinen nächsten Gürtel errungen hatte, erhielt er einen weiteren Preis für seine Leistung als besonderes Vorbild durch sein Comeback von der koreanischen Kampfsport-Vereinigung. In dem Schreiben zu dem Preis heißt es: „Verliehen an Bill Clark für Mut, Kraft und Ausdauer und Ihren unbeugsamen Willen und das Vertrauen in den sicheren Sieg. Wir gratulieren Ihnen zu Ihren Leistungen und zu dem besonderen Vorbild, dass Sie für Ihre Mitschüler wie Lehrer abgegeben haben. Sie haben uns allen gezeigt, wie man Hindernisse überwindet und was es wirklich braucht, um zu siegen!“

Ein wichtiger Aspekt der Selbstverpflichtung ist, an sich selbst zu arbeiten und Führungsqualitäten zu entwickeln. Führungspersönlichkeiten sind wie Diamanten: Sie kommen nicht als solche auf die Welt, sie entwickeln sich. Engagement hilft uns zu erkennen, dass Erfolg ein Projekt im Do-It-Yourself-Verfahren ist ... es liegt ganz in Ihren Händen!

Wie in der biblischen Geschichte von Hiob, dessen Freunde ihn kritisierten und ablehnten, als schwere Zeiten kamen, ist auch die Geschichte von Roger Johnson. Er hat gelernt, wie harte Zeiten Freundschaften beeinflussen. Roger Johnson gründete ein erfolgreiches Fertigungsunternehmen und stellte auch Freunde ein, um für ihn zu arbeiten. Dann kamen harte Zeiten und seine Freunde kündigten einer nach dem anderen. Schließlich waren alle weg, aber er gab nicht auf. Er kämpfte um seine Firma und für seinen Traum. Er setzte sich durch, krempelte sein Unternehmen um und schaffte ein unglaubliches Comeback. Er lernte, dass Erfolg im Grunde genommen in der eigenen Verantwortung liegt, denn Sie können sicher sein, dass der Einzige, der garantiert nicht kündigen wird, Sie selbst sind!

Die Macht der Selbstentwicklung

Wenn Sie einen Rückschlag erleiden, müssen Sie manchmal einen Schritt zurücktreten und sich fragen: „Was muss ich tun, um sicher zu gehen, dass so etwas nicht mehr passiert?“ Ich erinnere mich, als Kind einen Comic gelesen zu haben über den Vierzig-Kilo-Schwächling, dem ein Rüpel Sand ins Gesicht schleuderte und der dann auch noch mit seiner Freundin davonzog. Der Vierzig-Kilo-Schwächling dachte, er hätte zwar keinen Einfluss auf das, was ihm passierte, aber er könnte sehr wohl kontrollieren, was er dann damit anfinge. Er begann, sich gesund zu ernähren, ging ins Fitnessstudio und trainierte. Er hob Gewichte und wurde größer und größer und stärker und stärker. Nun fanden ihn nicht nur immer mehr Mädchen attraktiv, auch der Rüpel beschloss, ihn lieber in Ruhe zu lassen. Ich habe etwas aus diesem Comic gelernt. Um alles aus sich herauszuholen, muss man ständig an sich selbst arbeiten und der eigene Chef werden. Bevor man viele führen kann, muss man erst in der Lage sein, einen Einzigen zu führen – sich selbst!

Anführer für eine einzige Person

Damit Sie Ihre Träume wirkungsvoll leben können, müssen Sie erst ein Anführer für Ihre Person werden! Wenn nicht, wird immer das Leben Sie führen und Sie werden immer den Stürmen der Veränderung ausgesetzt sein. Ich meine, Sie haben keinen Einfluss darauf, aus welcher Richtung der Wind wehen wird, aber Sie können den Wind nutzen, um dorthin zu gelangen, wo Sie hinwollen. Wenn Sie Segelboote auf einem See beobachten, dann werden Sie sehen, wenn der Wind zum Beispiel nach Süden weht, dass einige Boote mit dem Wind nach Süden segeln, einige aber segeln nach Norden, Osten oder Westen. Der Wind weht eventuell Richtung Süden, das bedeutet aber nicht, dass Sie mit dem Wind gehen müssen oder dahin, wo der Wind Sie haben will. Sie können den Wind nutzen, um dorthin zu gelangen, wo Sie hinwollen. Es ist vielleicht nicht einfach, aber es ist zu schaffen ... und wenn es zu schaffen ist, dann muss es getan werden! Um wirkungsvoll im Wind der Veränderung zu navigieren, müssen Sie Ihre eigene Führungskraft werden.

Wir alle müssen Rückschläge einstecken, aber wir müssen weise und ehrlich genug sein, uns selbst objektiv zu betrachten, und sehen, ob nicht wir selbst der Grund für manche unserer Probleme sind. Um uns entwickeln zu können, müssen wir uns selbst beobachten und aus unseren Fehlern lernen. Diejenigen, die ständig gewinnen, sind auch die, die bereit sind, sich selbst zu beobachten und aus ihren Fehlern zu lernen. Jene, die nicht aus ihren Fehlern lernen, sind dazu verdammt, sie zu wiederholen und unter ihren Möglichkeiten zu bleiben. Führungspersönlichkeiten lernen, übernehmen die Verantwortung und verstehen, dass sie „Situationen nicht nur einfach durchstehen müssen“, sondern dass es viel wichtiger ist, „an ihnen zu wachsen“. Dies sind Verse, die ich von meinem Freund Pfarrer Lamar McClain übernommen habe, Autor des Buches *God of the Valley*[*]:

Er, der nicht weiß, und nicht weiß, dass er nicht weiß,
aber denkt, er wüsste, ist ein Narr ... meide ihn!
Er, der nicht weiß, und weiß, dass er nicht weiß,
ist ein Kind ... lehre ihn!
Er, der weiß, aber nicht nutzt, was er weiß,

[*] Liegt bisher nicht in deutscher Übersetzung vor (Anm. d. Ü.)

schläft noch ... wecke ihn!
Aber er, der weiß, und weiß, dass er weiß,
und nutzt, was er weiß, ist ein Führer ... folge ihm!

Unbekannter Autor

Ich frage Sie, auf welcher Ebene des Wissens befinden Sie sich?

Vier Ebenen des Bewusstseins

Lassen Sie uns nun auf die vier Ebenen des Bewusstseins konzentrieren, die unser Auftreten im Leben beeinflussen. Zuerst ist da die Ebene der *unbewussten Inkompetenz*, das bedeutet, nicht in der Lage zu sein, eine Aufgabe angemessen zu erfüllen und diesen Umstand noch dazu gar nicht zu bemerken. Die zweite Ebene ist die der *bewussten Inkompetenz*, also zwar nicht in der Lage zu sein, eine Aufgabe zu erfüllen, aber sich dieser Unfähigkeit zugleich bewusst zu sein.

Die dritte Ebene des Bewusstseins ist die der *bewussten Kompetenz*, also bewusst in der Lage zu sein, eine Aufgabe zu erfüllen und darüber zugleich auch nachzudenken.

Zuletzt die vierte Ebene, die der *unbewussten Kompetenz*, das bedeutet, Sie sind nicht nur fähig, die Aufgabe zu erfüllen, das ist zugleich auch so in Ihre Persönlichkeit integriert, so sehr Teil Ihres Selbst, dass Sie nicht einmal darüber nachdenken müssen: Sie tun es einfach! Das konnte man am besten an der Meisterschaft Michael Jordans auf einem Basketballfeld sehen, als er einen erstaunlichen Wurf lieferte, während er zugleich durch die Luft flog. Er dachte nicht einmal darüber nach ... er tat es einfach! Wir alle sollten auf diese Kompetenzebene in dem, was wir tun, hinarbeiten. Dann werden auch wir in der Lage sein, Unglaubliches zu vollbringen!

Selbstverpflichtung, Ausdauer und beharrliche Entschlossenheit sind die Hauptaspekte, um Rückschläge in Comebacks verwandeln zu können. Sie müssen auf dem Weg zu Ihrem Ziel bleiben. Wie A. L. Williams sagt: „Alles, was man tun kann, ist alles, was man tun kann, und das ist genug. Stellen Sie einfach sicher, dass alles, was Sie tun können, absolut alles ist, was Sie tun können!“

11. Schritt: Merksätze

1. Verpflichten Sie sich selbst. Und dann engagieren Sie sich für Ihre Selbstverpflichtung.
2. Es ist nicht von Belang, ob Sie am Boden liegen, es ist wichtig, dass Sie wieder auf die Beine kommen.
3. Erwarten Sie zu siegen, weigern Sie sich zu verlieren und geben Sie niemals auf.
4. Setzen Sie Prioritäten und behalten Sie die wichtigen Dinge im Auge.
5. Entwickeln Sie einen starken Willen zu gewinnen.
6. Egal, wie oft Ihnen etwas misslingt, versuchen Sie es immer wieder.
7. Wenn Sie das Warum kennen, können Sie jedem Wie widerstehen. Konzentrieren Sie sich auf das Warum.
8. Sie sind der Einzige, der Sie nie verlassen wird, also lernen Sie sich zu lieben.
9. Bevor Sie viele führen können, müssen Sie in der Lage sein, einen zu führen.
10. Es gibt keinen Ersatz für Vortrefflichkeit, also machen Sie diese zu Ihrer Priorität.

12. Schritt

Alles ist gut: Seien Sie dankbar!

Wir wissen aber, dass denen, die Gott lieben, alle Dinge zum Besten dienen, denen, die nach seinem Ratschluss berufen sind.

Brief des Paulus an die Römer 8,28

Charles Spurgeon, der bedeutende englische Geistliche, bemerkte, dass auf der Wetterfahne auf dem Dach eines Farmhauses der Spruch stand „Gott ist Liebe“, und er war besorgt. „Glauben Sie, die Liebe Gottes sei so wechselhaft wie jene Wetterfahne?“, fragte er den Farmer.

„Sie haben das nicht richtig verstanden, mein guter Herr“, antwortete der Farmer. „Er befindet sich deshalb auf der Wetterfahne, weil Gott immer Liebe bedeutet, egal, woher der Wind weht.“ Egal, woher der Wind weht, alles ist gut, denn zur rechten Zeit fügt sich alles zum Guten.

Um einen Rückschlag vollständig in den ersten Schritt zu einem Comeback verwandeln zu können, müssen Sie zu dem Schluss kommen, dass alles sein Gutes hat. Es wird wirklich alles gut! Die letzten paar Jahre hat sich unter den jungen Leuten Amerikas eine neue Art von Dialog eingebürgert. Er verläuft ungefähr wie folgt:

„Wie geht's?“

„Cool!“

„Was ist los?“

„Alles ist gut!“

„Ja, alles ist gut!“

Ich weiß nicht, ob sie die Macht dieser Aussage wirklich verstanden haben, aber ich bin froh, dass sie es sagen. Und daher reden sie es herbei. Egal, was im Leben auch passiert, alles wird gut! Eine wundervolle Art, dem Leben zu antworten, einfach zu wissen, alles wird gut! In meinem ersten Buch erzählte ich eine Geschichte, die so positive Reaktionen hervorrief, dass ich sie auch in diesem Buch mitteilen muss. Ich denke, sie illustriert wundervoll, dass „alles gut" ist, weil wirklich alle Dinge sich am Ende gut fügen!

Alle Dinge fügen sich gut ...

Es war einmal ein weiser chinesischer Vater in einer kleinen Gemeinde. Dieser weise Vater wurde in hohen Ehren gehalten, nicht so sehr wegen seiner Weisheit, sondern wegen seiner beiden Besitztümer: einem starken Sohn und einem Pferd. Eines Tages brach das Pferd durch den Zaun und lief weg. Alle Nachbarn kamen vorbei und sagten: „Was für ein Unglück!" Und der weise Vater antwortete: „Warum nennt ihr es ein Unglück?" Ein paar Tage später kam das Pferd zurück, zusammen mit zehn anderen Pferden, und alle Nachbarn riefen: „Was für ein Glück!" Und der weise Vater antwortete: „Warum nennt ihr es Glück?" Einige Tage später ging sein starker Sohn hinaus in die Umzäunung, um eines der neuen Pferde zuzureiten, und er wurde abgeworfen und brach sich die Hüfte. Alle Nachbarn kamen vorbei und meinten: „Was für ein Unglück!" Und der weise Vater antwortete: „Warum nennt ihr es Unglück!"

Ungefähr eine Woche später ritt der böse Kriegsherr des Landes durch die Stadt und sammelte alle starken, gesunden jungen Männer ein und nahm sie mit in den Krieg. Der Einzige, den er nicht mitnahm, war der Junge mit der gebrochenen Hüfte. Alle jungen Männer wurden im Kampf getötet und als die Neuigkeiten die Gemeinde erreichten, rannten die Nachbarn zu dem Vater und riefen: „Was für ein Glück!" Der Vater sagte: „Glück? Nein! Das ist kein Glück! Alle Dinge fügen sich gut, für den, der den Herrn liebt!"

Es mag Zeiten geben, wo wirklich alles hart erscheint und nichts so klappt, wie es geplant war. Aber wenn Sie genau genug hinsehen und glauben, dann werden Sie sehen, dass mit jedem Segen eine Bürde verbunden ist und mit jeder Bürde ein Segen. Jede dunkle Wolke hat einen silbernen Rand, wenn Sie bereit sind, danach zu suchen und davon zu lernen.

Die Macht von Vision, Entscheidung, Aktion, Wunsch und Glauben

Manchmal machen wir im Leben Erfahrungen, dass uns nur so die Zähne klappern, und wir laufen zu Gott, weil unsere Welt erschüttert ist, nur um festzustellen, dass Gott derjenige ist, der sie schüttelt.

Unbekannter Autor

Manchmal muss Gott unsere Aufmerksamkeit erheischen und benutzt herausfordernde Erfahrungen dazu. Diese Erfahrungen jedoch können unser Leben verändern. Nicht lange, nachdem ich aus meinem Job in einem Nachtklub gefeuert worden war und im Schulsystem zu arbeiten begonnen hatte, erhielt ich einen Brief von der Gospelmusikvereinigung. In dem Brief hieß es, jemand hätte mich singen hören und empfehle mich als Mitwirkenden bei ihrer jährlichen Veranstaltung für neue Talente. Jede große Plattenfirma würde dort sein und es würde vor Ort Plattenverträge geben. Wahnsinn! Das war es. Ich würde ein Star werden!

Ich war sicher, ich würde einen Plattenvertrag erhalten, ich würde berühmt werden! Ich ging nach Nashville, Tennessee, und war ziemlich stolz. Ich plante dort eine Show zu liefern, wie man sie noch nicht gesehen hätte. Ich stieg aus dem Flugzeug, als wäre ich bereits ein Star, angetan mit einer dunklen Sonnenbrille und meinem Mantel lässig über der Schulter drapiert. Im Hotel erklärte ich den Leuten an der Rezeption mit sichtlicher Arroganz: „Keine Sorge, ich bin da!" In jener Nacht betrat ich den Ballsaal mit ernster Miene. Ich war ein „böser Dandy", arrogant und stolz wie ein Hahn auf dem Misthaufen. Ich benahm mich auf der Bühne wie ein Schurke, vor dem Mikrophon und als ich zu singen begann, war ich „wirklich schlecht, schrecklich schlecht!!!"

Oh, nicht dass ich nicht die richtigen Noten erwischt hätte. Auch die Melodie war in Ordnung und die Musik, rein technisch betrachtet. Aber das Motiv war falsch! Ich hatte die Bühne betreten, um die Zuhörer zu beeindrucken, stattdessen hätte ich sie inspirieren sollen! Es war die beschämendste Nacht meines Lebens! Ich war gewohnt, dass die Zuhörer mir nach meinen Vorstellungen stehend applaudierten. In dieser Nacht klatschten sie nicht einmal. Als ich durch die Menge ging, drehten sie sich nur weg und sahen woanders hin. Ich war am Boden zerstört! Zurück in meinem kleinen Hotelzimmer weinte ich, ich weinte und weinte und schließlich, in völliger Verzweiflung, schrie ich: „Was wollt ihr eigentlich?“ Und die Antwort ertönte so klar, wie der Schlag einer Glocke: „Inspiriere! Versuche nicht, sie zu beeindrucken, sondern lieber, sie zu inspirieren. Wenn Du inspirierst, musst du dir um den Eindruck keine Gedanken machen, der kommt von selbst. Inspiriere andere Menschen!“

In jenem Augenblick veränderte sich mein Leben. Es war ein Moment der Not und des Schmerzes, aber auch einer der Festlegung. Der Geist war so stark. Dann hieß mich die Stimme, ein Blatt Papier zur Hand zu nehmen und zu schreiben zu beginnen. Die Stimme sagte: „Schreib das Wort *InspirTainment Plus*, das Inspiration und Entertainment, also Unterhaltung, bedeutet.“

Ich rief: „Toll, das ist ein großartiger Name, der gefällt mir!“ Dann sagte die Stimme: „Du wirst zu Millionen von Menschen sprechen, schreib das auf!“ Ich entgegnete: „Aber ich bin kein großer Redner. Ich halte nur diese kleinen Vorträge vor den Kindern, aber ich bin wirklich kein Redner, ich bin ein Sänger.“ Die Stimme sagte nur: „Schreib es auf!“

Als nächstes sagte die Stimme: „Du wirst Bücher schreiben. Schreib das auf!“ „Aber ich bin kein Schriftsteller.“ Sie sagte: „Schreib es auf!“ Am Ende dachte ich mir, ich tat wohl besser, wie mir geheißen. Die Stimme sagte: „Du wirst im Fernsehen und im Radio auftreten. Schreib das auf.“ „Aber, Gott, ich habe keine Erfahrung mit Fernsehen und Radio, aber ich schreibe es auf.“ Dann sagte er: „Geh nach Hause und kündige deinen Job!“ Ich entgegnete: „Was? Was war das? Hallo? Hast du kürzlich mal mein Bankkonto gesehen? Ich besitze noch ganze zweihundert Dollar.“ Die Stimme sagte: „Geh nach Hause und kündige. Vertrau mir einfach!“

Ich reiste zurück, stieg aus dem Flugzeug und sah meine Frau. Ich ging zu ihr und zeigte ihr den Zettel mit meinen Visionen und sagte: „Ich werde meinen Job kündigen!“ (Gott sei Dank, habe ich eine wundervolle Frau. Obwohl sie vielleicht dachte, ich sei verrückt geworden, stellte sie mich niemals in Frage oder zweifelte an mir.) Am nächsten Tag marschierte ich in das Büro und verkündete, dass ich meinen Job an den Nagel hängen wollte, um ausschließlich von Vorträgen zu leben. Alle sahen mich an, als sei ich verrückt. „Sie wollen ihren guten Job bei der Regierung aufgeben, um Vorträge zu halten? Sie werden verhungern.“

„Vielleicht, aber ich vertraue auf Gott, und dass Er halten wird, was Er zugesagt hat, und ich bin bereit, meine Zukunft darauf zu setzen." Als ich an jenem Tag ging, fragte man sich, ob ich noch alle Tassen im Schrank habe. Sie meinten, ich würde es nicht schaffen und müsste Hungers sterben. Sie hielten mich für einen Narren, weil ich meinen Job an den Nagel hängte, um einen Traum zu verfolgen.

Nun, in den paar Jahren, seit ich meinen Job gekündigt habe, habe ich zu über einer Million Menschen in Amerika und im Ausland gesprochen. Ich habe eine eigene Radio- und Fernsehsendung, es gibt Bestseller aus meiner Feder und sehr erfolgreiche Kassetten. Ich hatte die Gelegenheit, mit einigen der größten Redner und Entertainer der Welt auf der Bühne zu stehen. Und alles begann mit einem Fehler, einem Rückschlag.

Von diesem Fehlschlag lernte ich über die Macht der Vision, der Aktion, des Wünschens! Ich lernte, dass ein Rückschlag wirklich nichts anderes ist als der Auftakt zu einem Comeback! Und am wichtigsten: Ich lernte, welche Macht im Glauben steckt und wie man mit ihm vorankommt. Ich lenkte meine Aufmerksamkeit auf Gott und stellte mein Leben mit Hilfe eines Rückschlages auf den Kopf. Vor Gott sind alle gleich. Er wird auch für andere das tun, was Er für mich getan hat. Aber dazu benötigt man eine Vision, Entscheidungsfreudigkeit, Handlungsfähigkeit, einen Wunsch und vor allem den Glauben!

Beten Sie um eine Vision. Dann treffen Sie harte Entscheidungen. Handeln Sie ohne zu zögern. Entwickeln Sie einen gigantischen Wunsch, Ihre Ziele zu erreichen. Und bewahren Sie Ihren Glauben, den Glauben, dass Gott Ihren Erfolg will. Aber Sie müssen arbeiten und so wahrhaft glauben, wie Sie nur können.

Konzentrieren Sie sich auf die Lösung, nicht auf das Problem!

Wenn Ihnen ein Rückschlag widerfährt, dann konzentrieren Sie sich auf Ihre Energien. Leider konzentrieren sich die meisten Menschen auf das Problem und nicht auf dessen Lösung. Sie wenden Ihre Augen vom Ziel ab und behalten stattdessen die Herausforderungen um das Ziel herum im Blickwinkel Ihrer Aufmerksamkeit. Sie verwenden all ihre Zeit, sich wegen des Problems Sorgen zu machen, und sehr wenig Zeit, um über die Lösung nachzudenken. Wenn Sie sich schon damit aufhalten, darüber nachzugrübeln, was passieren könnte, warum dann nicht gleich an das Gute und Positive denken, das eintreten könnte?

Sich Sorgen machen löst keine Probleme. Es schafft normalerweise nur noch neue. Sich Sorgen machen heißt, seine Vorstellungskraft zu missbrauchen. Die meisten Leute sorgen sich so viel, dass sie damit ihre Gesundheit gefährden, was noch mehr Probleme und Sorgen schafft. Medizinexperten stimmen darin überein, dass die meisten Krankheiten nicht durch das, was Sie essen, entstehen, sondern durch das, was Sie innerlich auffrisst. Sich Sorgen zu machen, löst nie Probleme. Konzentrieren Sie ihre Energien nicht auf das Problem, denn das ist ja sowieso schon da.

Konzentrieren Sie sich darauf, Lösungen zu schaffen und diese dann umzusetzen. Die Lösung wartet darauf, in die Welt gesetzt, entdeckt, aufgedeckt zu werden, aber Sie müssen das selbst tun. Lassen Sie den wunderbaren Antworten ihren Lauf, die aus dem Problem einen Gegenstand der Vergangenheit machen werden und die Lösung eine Angelegenheit der Gegenwart.

Wir alle müssen im Leben mit Herausforderungen und Problemen fertig werden. Wir alle müssen Rückschläge einstecken. Vergessen Sie einfach nicht, dass es nicht sinnvoll ist zu weinen, wenn es regnet, und dass es nicht sinnvoll ist, sich Sorgen um Probleme zu machen. Konzentrieren Sie Ihre Energie auf die Lösung und nicht auf das Problem und denken Sie daran, dass ein Rückschlag nichts weiter ist als der erste Schritt zu einem Comeback!

Seien Sie dankbar!

Zwei Farmer wandern eine Landstraße entlang, da fragt der eine den anderen: „Wie geht's dir?"

Der andere Farmer antwortet: „Der Boden ist hart, die Kühe sind alt, die Milch ist nicht mehr so süß, wie sie schon einmal war. Alles ist einfach furchtbar. Das Leben ist ein Albtraum! Wie geht's dir?"

Der zweite Farmer antwortet: „Nun, der Boden ist hier drüben auch hart, aber ich bin dankbar, denn ich erinnere mich noch an die Zeit, als ich keinen Grund und Boden hatte. Und dieser harte Boden ist viel besser, als gar keinen zu haben. Meine Kühe sind auch nicht mehr ganz jung, aber sie geben immer noch Milch und die lässt sich immer noch verkaufen. Ich besitze nicht viel, aber ich bin gesund und ich kann immer noch jeden Tag aufstehen und hinausgehen und das tun, was ich liebe. Ich bin sehr dankbar, ich danke Gott für alles!"

Die Zeit verging und der negativ eingestellte Farmer beschwerte sich weiter über das Leben und suchte nach allem nur erdenklich Schlechten. Schließlich trieb er es so weit, dass er vor lauter Sorgen und sich beschweren ins Grab sank. Der Farmer mit der positiven Einstellung arbeitete weiter schwer und genoss das Leben. Und vor allem blieb er weiter dankbar und erreichte ein hohes Alter. Er hatte einen guten, einen positiven Grund, warum er jeden Morgen aufstehen sollte. Denn so wie die Gebete und Dankbarkeit aufstiegen, so kamen Segen und Wunder nach unten. Behalten Sie das Positive im Auge und sehen Sie, dass es immer etwas gibt, wofür man dankbar sein kann, wenn Sie bereit sind, es zu sehen! Bewahren Sie sich eine dankbare Grundeinstellung und verlieren Sie nicht den Blick für das Schöne im Leben. Wir alle erleiden Rückschläge, aber die Optimisten sind bereit, mit der Zuversicht voranzuschreiten, dass egal, was passiert, alles gut werden wird. Die Ergebnisse werden ohne Zweifel zu Ihren Gunsten sein. Aber Sie haben die Wahl!

Dieses Buch handelt auch davon, die Wahl zu haben. Sie haben im Leben die Wahl. Sie können sich vielleicht nicht aussuchen, was Ihnen passiert, aber Sie können beeinflussen, was in Ihnen passiert. Und Sie können kontrollieren, was Sie mit dem, was Ihnen passiert, anfangen. Es geht darum, eine Wahl zu treffen. Entscheiden Sie sich dafür, glücklich zu sein, weiterzumachen, auch wenn die Zeiten schwer sind. Beschließen Sie, eine positive Einstellung zu kultivieren, optimistisch zu sein und gehen Sie davon aus, dass aus Ihrem Handeln Gutes erwächst. Entscheiden Sie sich, an sich selbst zu arbeiten. Machen Sie Motivation und Inspiration zu einem Teil Ihrer täglichen Routine. Wählen Sie den Glauben, denn jeder Tag auf der Erde ist ein guter Tag.

In all den Jahren habe ich eine Hymne gesungen mit dem Titel „Wir werden es mit der Zeit besser verstehen!" Ich habe sie hunderte Male gesungen, aber erst vor kurzem habe ich sie wirklich verstanden. Der Text lautet:

Oft werden wir auf der rastlosen See der Zeit umhergeworfen und getrieben.
Dunkle Himmel und heulende Stürme siegen oft über den strahlenden Sonnenschein.

In jenem Land des perfekten Tages, wenn aller Nebel verschwunden ist,
werden wir es immer besser verstehen.

Versuchungen, versteckte Fallstricke treffen uns oft unerwartet
und unsere Herzen sind geschaffen, wegen vieler gedankenloser Worte oder Taten zu bluten.
Und wir fragen uns, warum die Prüfung, wenn wir versuchen, unser Bestes zu geben,
aber wir werden es immer besser verstehen.

Mehr und mehr, wenn der Morgen kommt,
und alle Heiligen Gottes versammelt sind,
werden wir die Geschichte erzählen, wie wir es bewältigt haben,
denn wir verstehen es immer besser.

In dem Text heißt es, wir sollen nicht verzweifeln, wenngleich wir alle schwere Zeiten werden durchmachen müssen, wir sollen an unserem Glauben festhalten und voranschreiten. Denn mit der Zeit werden wir es immer besser verstehen. Wenn ich jetzt zurückschaue, sehe ich, dass ich es noch nicht verstand, als ich meinen Job als Sänger verlor. Ich verstand es nicht, als ich auf die Bühne der Gospelmusikvereinigung in Nashville, Tennessee, stürmte. Das alles waren Fehlschläge. Zu jener Zeit verstand ich nicht, warum, aber im Laufe der Zeit habe ich es viel besser verstehen gelernt.

Wenn ich nicht aus meinem Job als Sänger gefeuert worden und durch eine Karaokemaschine ersetzt worden wäre, dann hätte ich nicht den Job bei der Schulbehörde bekommen. Und ohne den Job bei der Schulbehörde, hätte ich wahrscheinlich nicht damit begonnen, Vorträge zu halten. Ich wäre nie Mitglied der nationalen Rednervereinigung geworden und ich wäre 1994 nicht eingeladen worden, vor ihrer Versammlung zu sprechen. Wenn ich nicht eingeladen worden wäre, vor dieser Versammlung zu sprechen, dann hätte ich nicht den Verleger Rick Frishman getroffen. Wenn Rick Frishman mich nicht hätte sprechen hören, dann hätte er mich nicht dem Literaturagenten Jeff Herman weiter empfohlen. Wenn ich nicht Jeff Herman empfohlen worden wäre, dann hätte ich niemals einen Autorenvertrag mit St. Martin's Press aushandeln können. Und ohne Autorenvertrag würden *Sie* nicht dieses Buch lesen!

Und alles begann mit einem Rückschlag, dem Umstand, dass ich meinen Job als Sänger verlor und durch eine Karaokemaschine ersetzt wurde! Was zu einem weiteren Fehlschlag in Nashville führte, wo ich verlegen und beschämt war, jedoch in der Lage, eine wertvolle Lektion über die Macht der Inspiration zu lernen. Das führte zu einem weiteren Rückschlag, der meinen Job in der Schule betraf, wo ich die Entscheidung treffen musste, entweder zu tun, was notwendig war, oder in Bequemlichkeit zu verharren. Ich beschloss zu kündigen und meinem Glauben zu folgen. Von da an, begann ich Vorträge zu halten und schuf eine einminütige Radiosendung, aus der ein Buch entstand, mit motivierenden Botschaften von der Dauer einer Minute. Und nun gibt es auch noch ein Buch darüber, wie man Rückschläge in Comebacks verwandelt. Und all das begann mit einem Rückschlag! Oh ja, ich verstehe endlich, dass ein Rückschlag nichts weiter ist als der erste Schritt zu einem Comeback!

Ich habe es damals noch nicht verstanden, aber heute verstehe ich es. Wenn ich einfach an meinem Glauben festhalte, weiter voranschreite und meine Vision deutlich im Blick behalte, dann werden meine Rückschläge zu Stufen auf der Treppe zu meinen Träumen. Ich habe herausgefunden, dass es stimmt, ein Rückschlag ist wirklich nichts anderes als der Auftakt zu einem Comeback! Egal, was passiert ... alles wird gut!

Die brennende Hütte

Der einzige Überlebende eines Schiffbruchs wurde an das Ufer einer kleinen, unbewohnten Insel gespült. Er betete inbrünstig zu Gott, dass er ihn retten möge, und jeden Morgen suchte er den Horizont nach Hilfe ab, aber nichts schien zu passieren. Erschöpft schaffte er es schließlich, eine kleine Hütte aus Treibholz zu bauen, um sich vor den Elementen zu schützen und seine wenigen Besitztümer aufzubewahren.

Eines Tages aber, während er auf Nahrungssuche war, sah er von weitem einen Lichtschein. Er kam nach Hause und fand seine kleine

Hütte in Flammen und der schwarze Rauch stieg in den Himmel. Das Schlimmste war eingetreten, alles war verloren. Er war voller Trauer und Wut. „Gott, wie konntest du mir das antun?“, schrie er. Aber trotz aller Schmerzen, fand er noch die Kraft zu sagen: „Ich muss weiter glauben, ich muss weiter glauben.“ Früh am nächsten Tag erwachte er von dem Geräusch eines sich der Insel nähernden Schiffes. Es war gekommen, um ihn zu retten. „Woher wissen Sie, dass ich hier bin?“, fragte der geschwächte Mann seine Retter.

„Wegen Ihres Rauchsignals“, entgegneten sie.

Es ist leicht, sich entmutigen zu lassen, wenn etwas schief läuft. Aber wir sollten nicht den Mut verlieren, denn Gott arbeitet an unserem Leben, selbst wenn wir in Schwierigkeiten stecken. Gottes Zögern ist nicht gleichzusetzen mit Gottes Ablehnung. Denken Sie daran, wenn Ihre kleine Hütte das nächste Mal brennt – es ist vielleicht einfach ein Rauchsignal, das Ihr Leben umkrempelt und Hilfe heranbringt. Ihre Welt ist erschüttert und Sie laufen zu Gott ... nur um zu sehen, dass es Gott ist, der an ihr rüttelt. Nun, Gott rüttelt und erschüttert, aber denken Sie immer daran, Gott bringt es auch wieder in Ordnung!

Bewahren Sie Ihren Glauben, halten Sie an Ihren Träumen fest, handeln Sie und vergessen Sie nicht, dass Rückschläge ein Teil des Lebens sind.

Rückschläge werden eintreten, ob es Ihnen gefällt oder nicht. Versuchen Sie es mit einem neuen Blickwinkel! Denken Sie daran, in nur einer Minute kann sich Ihr Leben ändern und eine Kehrtwende vollziehen – in der Minute, da Sie sich entscheiden, handeln und sich mit großem Verlangen auf Ihre Vision zubewegen, ändern Sie Ihr Leben. Das wird der Anfang sein und Sie werden Rückschläge in Comebacks verwandeln. Vergessen Sie nicht, Sie brauchen eine Vision, Entschlossenheit, Handlungsfähigkeit und das Verlangen. Wenn Sie das schaffen, dann werden auch Sie mitten in einem Rückschlag sagen können: „Oh, was für ein wunderbarer Augenblick ... ein Rückschlag ist nichts weiter als der erste Schritt zu einem Comeback und ich werde es schaffen!“ Packen Sie es an, *jetzt*! Es ist zum Greifen nah. Und denken Sie daran, in nur einer Minute kann sich Ihr Leben ändern, jede Minute zählt also! Und dann werden Sie herausfinden, dass all Ihre Rückschläge nichts anderes sind, als ein erster Schritt zu Ihrem Comeback! Gott segne Sie!

12. Schritt: Merksätze

1. Egal, was passiert, alles hat sein Gutes!
2. Alle Dinge fügen sich zum Guten.
3. Es hat keinen Sinn zu weinen, wenn es regnet. Konzentrieren Sie sich auf die Lösung des Problems.
4. Seien Sie dankbar.
5. Manchmal ist es Gott, der sowohl erschüttert als auch die Dinge in Gang bringt.
6. Sorgen lösen niemals Probleme, aber Handlungsfähigkeit tut es.
7. Entscheiden Sie sich dafür zu siegen! Beschließen Sie, gesund, wohlhabend, weise, glücklich und dankbar zu sein.
8. Ihre brennende Hütte könnte ein Rauchsignal für noch größeren Erfolg sein.
9. Vision, Entscheidungsfähigkeit, Handlungsfähigkeit, Aktion und Wünschen sind ein mächtiges Team. Gehen Sie nicht ohne sie aus dem Haus!
10. In nur einer Minute kann man ein Comeback schaffen. In der Minute, da Sie sich entscheiden und in Aktion treten, sind Sie auf dem richtigen Weg!

Nachwort

Dieses Buch war ein Liebesdienst. Es war eine Herausforderung und es war schwierig. Ich musste eine Reihe von Rückschlägen einstecken während seines Entstehungsprozesses. Ich musste es schreiben, umschreiben und dann wieder umarbeiten. Ich hatte große Probleme mit dem Computer und Terminschwierigkeiten. Mir tat das Herz weh, weil ich nicht wusste, wie ich das, was ich in meinem Herzen hatte, auf das Papier bekommen sollte. Trotzdem blieb ich beharrlich und wollte nicht aufgeben. Und ich bin in dem Prozess gewachsen. Ich bin zuversichtlich, dass meine jetzige Persönlichkeit am Ende eine ganz andere ist als vorher.

Ich bete, dass ich meine mir gesteckten Ziele erreicht habe. Mein erstes Ziel war, Sie zu inspirieren. Ich hoffe, dieses Buch hat Sie angeregt und inspiriert und Ihnen neue Ideen und Einsichten mitgegeben, wie Sie Rückschläge und Probleme in Ihrem Leben beurteilen können. Ich hoffe Sie wurden so motiviert, wie Sie inspiriert wurden. Deswegen werden Sie nicht nur im Sinne der Motivation bewegt sein, in Ihrem Geist, sondern auch inspiriert, Ihrem Herzen zu folgen und danach zu handeln.

Meine zweite Zielsetzung war es, Ihnen Informationen an die Hand zu geben. Motivation und Inspiration sind ohne Information nicht vollständig. Ich hoffe, Sie erhielten gute Anregungen, einige Aha-Erlebnisse und Lehrsätze, die als effektive Tipps (Techniken, Ideen, Prinzipien und Strategien) für Ihren Erfolg zurückbleiben.

Mein drittes Ziel war, in meine Philosophie und einige meiner theologischen Sichtweisen einzuführen, auf eine einfache, aber dennoch erhellende Art. Ich wollte es so einfach gestalten, dass auch ein Kind es lesen und verstehen kann, aber informativ und bezwingend genug, dass ein Universitätswissenschaftler es lesen und genießen kann. Es war schwierig, aber ich habe versucht, daraus ein Buch zu machen, das für viele Menschen eine Hilfe sein kann.

Schließlich wünschte ich mir sehr, meinen Glauben und mein Herz mitzuteilen und nicht nur Worte. Ich bin so dankbar dafür, was Gott in meinem Leben bewirkt hat, und genauso, wie ich mit Freunden ein tolles Restaurant oder einen besonders schönen Kinofilm teilen würde, wollte ich die Freude und Erfüllung teilen, die ich als

Ergebnis meines Engagements für den Glauben gewann. Wenn Sie dieses Buch gelesen haben und immer noch niemanden haben, an den Sie sich wenden können, keinen, zu dem Sie beten können, keinen, den Sie bedenkenlos Ihren Gott nennen können, dann lassen Sie mich eine Empfehlung aussprechen. Es geht um jemanden, der mir half und mir zeigte, dass ein Rückschlag nichts weiter ist als der Auftakt zu einem Comeback.

Er war ein junger Mann, der mit Anfang dreißig starb, nach einer kurzen, öffentlichen Karriere, die ihm Ruhm einbrachte zu seiner Zeit und in seinem Umfeld. Das tragische Element in seiner Lebensgeschichte ist, dass er nach einem atemberaubenden Erfolg fälschlicherweise eines Verbrechens beschuldigt wurde, das zu seiner Gefangennahme, zu einem Prozess und seiner Verurteilung führte. Die Todesstrafe wurde vollstreckt. Das Ende seines Lebens war gezeichnet von totaler Schande und Beschämung. Ich müsste weinen, würde ich das ganze Ausmaß dieses traurigen, erbärmlichen Schauspiels der sozialen Ungerechtigkeit überdenken, außer dass sein Name schließlich rehabilitiert wurde. Er kam zurück und sein Comeback war atemberaubend und spektakulär. Seine Ehre war wieder hergestellt und noch erhabener. Sein Name ist heute äußerst respektiert und bekannt in der Welt.

Heute teilen wir sogar unsere Jahre nach Ihm ein, in die Zeit vor seiner Geburt und nach seiner Geburt. Sein Name ist Jesus und Er ist mein Freund und meine Inspirationsquelle. Ich weiß, wenn Sie Ihn schlicht anrufen ... Er wird Ihnen antworten! Testen Sie Ihn einfach. Ich bin sicher, Sie werden Ihn mögen. (Übernommen von Dr. Robert Schuller.)

Danke, dass Sie dieses Buch gelesen und die Gedanken meines Herzens mit mir geteilt haben. Ich bete dafür, dass Sie diese Information auch an andere weitergeben, die sie wiederum weitergeben, und der Prozess wird in Gang bleiben. Und die Menschen werden sehen, in großer Zahl, dass „eine Kurve in der Straße nicht das Ende der Straße bedeutet!“ Gehen Sie voran und leben Sie Ihre Träume, mit Kraft, Leidenschaft und Sinn. Denken Sie daran, Sie wurden aus einem bestimmten Grund geboren und mit einer Mission und die müssen Sie leben!

Bleiben Sie immer „gesegnet und auserwählt“, selbst inmitten von Schwierigkeiten. Ich verlasse Sie mit diesem Zitat von Nelson Mandela: „Die größte Macht im Leben steckt nicht darin, nie zu fallen, sondern immer wieder aufzustehen." Stehen Sie immer wieder auf! Gehen Sie weiter voran und denken Sie daran, „ein Rückschlag ist nichts weiter als der erste Schritt zu einem Comeback!"

Erinnern Sie sich:

Sie haben nur eine Minute Zeit,
nur sechzig Sekunden,
die Ihnen aufgezwungen werden,
ohne dass Sie es ablehnen könnten.
Sie haben nicht danach verlangt,
es sich nicht ausgesucht,
aber es liegt bei Ihnen, Sie zu nutzen.
Sie leiden, wenn Sie sie verlieren,
Sie müssen Rede und Antwort stehen,
wenn Sie sie missbrauchen,
nur eine kleine, kurze Minute, aber es steckt eine Ewigkeit darin!

Literaturverzeichnis

Bristol, Claude M.: *The Magic of Believing: The Science Of Setting Your Goal And Then Reaching It*. Simon & Schuster Books 1992.

Carter, James/Williamson, Ramon: *22 Uncommon Ways To Success.*

Crawford, Roger: *How High Can You Bounce?* Bantam Books 1999.

Dudley, Joe: *I Am, I Can, I Will.*

Flatow, Ira: *They All Laughed: From Light Bulbs To Lasers: The Fascinating Stories Behind The Great Inventions That Have Changed Our Lives*. HarperCollins Publishers 1993.

Harrell, Keith et. al.: *Only The Best On Success!*

Harrell, Keith: *Attitude Is Everything*. Vermilion 2000.

Hill, Napoleon: *Think and Grow Rich*. Wilshire Publications 1999. (Dt.: *Denke nach und werde reich. Die 13 Gesetze des Erfolgs*. Ariston Verlag 2000.)

Jingwa, Daniel: *Blue Sky Thinking*.

Jolley, Willie: *It Only Takes A Minute To Change Your Life*. St. Martin's Press 1997.

Krouskop, Janice: *Happy Thoughts For A Healthy Life*.

McClain, Lamar: *God Of The Valley.*

Mortell, Art: *The Courage to Fail.*

Peck, M. Scott: *The Road Less Travelled.* (Dt.: *Der wunderbare Weg*. Goldmann Verlag 1997.)

Pitino, Rick et. al.: *Success Is A Choice. Ten Steps To Overachieving In Business And Life*. Broadway Books 1998.

Root, Wayne Allyn: *The Joy of Failure*.

Stoltz, Paul G.: *Adversity Quotient*. John Wiley & Sons 1999.

Trump, Donald: *Trump: The Art of the Comeback.*

Yager, Dexter: *Don't Let Anybody Steal Your Dreams.*

Stichwortverzeichnis